교주 고장시조선주 古長時調選註

교주 **고장시조선주**

고정옥 저
김용찬 교주·해설

보고사

책 머리에

최근 이런저런 계기로 인해 나는 초창기에 활동했던 국문학 연구자들의 논문들을 다시 읽게 되었다. 다양한 연구 성과들을 접하면서, 결국 그분들의 활동으로 인해 오늘날 국문학 연구의 토대가 이뤄졌다는 것을 새삼 실감하고 있다. 시가 연구를 기반으로 이루어진 이 시기의 학문적 업적은 고전시가를 전공하는 나에게, 지금까지와 마찬가지로 학문적 지향에 대해 끊임없는 시사를 주고 있기도 하다. 때로는 간단하게 연구의 방향만을 제시한 경우도 없지 않으나, 그들이 힘써 토대를 닦은 연구의 틀을 완성시켜야 하는 것은 온전히 우리 후학後學들의 몫일 것이다. 더욱이 자료나 학문적 여건 등에서 오늘날과는 비교도 되지 않을 만큼 열악한 환경 속에서 이루어낸 성과이기에 더욱 값진 것일 수밖에 없는 것이다.

그동안 초창기 국문학자들의 연구 업적에 대한 평가가 많은 연구자들에 의해 이루어져 왔으나, 여러 가지 이유로 여전히 학문적 관심이 충분히 미치지 못하는 경우도 발견할 수 있다. 연구자들의 학문적 관심에서 소외되어 있던 국문학자 중의 한 사람이 바로 위민渭民 고정옥高晶玉(1911~1968)이다. 나는 고정옥이 남긴 연구 성과들을 점검하면서, 그의 연구 업적이 국문학 연구사에서 매우 중요한 위치를 점하고 있다고 여겼다. 고정옥은 여러 편의 저술들을 통해서 국문학의 이론적인 체계를 정립하는 데 힘을 쏟았을 뿐만 아니라, 특히 기층 민중들의 양식인 민요가 국문학에서 차지하는 비중이 적지 않다는 것에 주목하였다.

또한 우리의 문학사에서 새로운 움직임이 진행되던 조선 후기 문학의 다양한 흐름들은 고정옥이 가장 관심을 기울이던 주제이기도 했다. 그동안 조선 후기 문학에 대해서 주된 학문적 관심을 기울여왔던 나에게도 고정옥의 연구 성과가 매우 중요한 자료일 수밖에 없는 이유이기도 하다. 이 책 역시 조선 후기 문학의 주요 갈래의 하나인 사설시조를 다룬 고정옥의 저서 『고장시조선주』를 교주校註한 것이다. 주지하다시피 『고장시조선주』는 고정옥이 '장시조長時調', 곧 사설시조辭說時調 작품 중에서 50수를 가려 뽑아 각 작품에 대한 주석과 해석을 붙여 펴낸 책이다. 1949년에 정음사에서 출간된 이 책은 당시로서는 불모지나 다름없었던 사설시조 연구에 한 획은 그은 저서로, 당시의 국문학 연구 수준을 한 단계 높였다는 평가를 받았다.

그러나 고정옥이 1950년 발생한 한국전쟁의 와중에 월북越北을 하고, 이후 북에서 고전문학 연구자로 활발한 활동을 하면서 자연스레 남쪽에서는 그의 연구 성과들을 쉽게 접할 수 없게 되었다. 납·월북 인사들에 대해서 이름조차 제대로 거명하지 못했던 현실은 우리 현대사에 깊게 아로새겨진 비극적 현실의 한 단면이라고 할 것이다. 1980년대 후반 무렵 납·월북 작가들의 작품이 해금되면서, 고정옥의 저서들도 남쪽에서 자유롭게 접할 수 있는 조건이 형성되었다. 그동안 일부 연구자들에 의해서 고정옥의 연구 성과들이 조심스럽게 언급되기는 하였으나, 여러 가지 한계로 인해서 몇몇 저서들을 제외하고는 여전히 연구의 사각지대에 묶여 있었다.

『고장시조선주』역시 그러한 이유로 오랫동안 학계에서 잊혀져 있었던 경험을 지니고 있다. 이 책은 사설시조에 대한 최초의 '본격적인 연구서'로서 사설시조 연구사에서 매우 중요한 위치를 차지하고 있다고 평가된다. 그런데 그의 다른 저서들과 마찬가지로, 이 책 역시 최근에는 시가 연구자들조차도 접하기가 쉽지 않은 것이 엄연한 현실이다. 그리하여 이번 기회에 『고장시조선주』를 연구자들이나 일반 독자들에게 소개함으로써, 고정옥의 국문학자로서의 면모를 밝히고 그의 학문적 업적을 널리 알리고 싶다. 이 책의 발간으로 인해 고정옥과 그의 저술에 대해 학계의 관심이 깊어질 수 있는 계기가 마련된다면 더할 나위가 없겠다.

고정옥의 책이 처음 출간된 이래로 벌써 반세기가 훨씬 넘었다. 따라서 당시의 표기법과 오늘의 그것이 서로 달라 적지 않은 언어적 장벽(?)이 느껴지는 것도 사실이다. 특히 국한문 혼용을 위주로 했던 당시의 표기법을 그대로 둔다면, 독자들이 읽기에 다소 어려운 점이 있다고 여겨 국한문 혼용체는 한글을 위주로 한 국한문 병기로 바꾸었다. 따라서 작품 원문을 제외하고는, 원저原著의 한문 표기를 한글을 내어 쓰고 한자는 그 옆에 조그만 글씨로 병기並記하였다. 다만 띄어쓰기는 현행 맞춤법에 따랐다. 그리고 일반 독자들도 쉽게 접할 수 있도록 필요한 부분에 적극적으로 주석을 달았다. 주지하다시피 『고장시조선주』는 사설시조 작품에 대한 주석과 해설을 제시한 책이다. 따라서 새롭게 펴내는 책의 형식은 작품의 주석을 위주로 한 원저의 편제에, 다시 새로운 주석과 교정을 덧붙인 교주校註 형식을 취했다. 그리하여 『교주 고장시조선주』라는 다소 어색한(?) 제목을 붙이게 된 것이다.

고정옥이 행한 원저의 주석은 매우 꼼꼼하여, 작품 이해에 큰 도움을 주고 있다. 또한 각 작품에 대한 감상과 비평을 함께 제시해 놓고 있어, 이를 통해 문학사를 바라보는 안목과 작품의 문학성을 가려내는 감식안을 구체적으로 확인할 수 있을 것이다. 그러나 오늘날의 관점에서 보자면, 고정옥이 남긴 주석에 대해서 다소의 보완을 하는 것이 필요하다고 여겼다. 또한 그가 남긴 다른 저서들에서도 사설시조에 대한 구체적인 정보가 적지 않게 발견할 수 있었다. 그리하여 교주자의 원저의 주석에 대한 적극적인 보충을 시도하였고, 또한 각 작품에 대한 필요한 정보들을 적극 수렴하여 참고할 수 있도록 하였다.
 그가 펴낸 다른 저서들에 산재해 있는 관련 내용들을 대폭 수렴하여 참고할 수 있게 함으로써, 적어도 고정옥의 사설시조에 대한 논의는 새롭게 펴낸 이 책을 보면 어느 정도 충족될 수 있도록 만들었다. 특히 원저의 맨 앞부분에 수록된 '서序'는 일종의 '장시조론(사설시조론)'에 해당하는데, 이 또한 사설시조 연구사에서 매우 중요한 자료라고 할 수 있다. 이 글에서도 역시 교주자의 주석을 적극적으로 활용했음을 밝혀둔다. 그리고 명백하게 오·탈자로 판명되는 경우를 제외하고, 가급적 당시의 언어 관습을 엿볼 수 있는 표현은 그대로 두었다. 그 또한 우리의 언어 변화의 흔적을 확인할 수 있는 중요한 자료로서의 역할을 할 수 있다고 여겼기 때문이다.
 그리고 책을 새롭게 펴내면서 고정옥의 생애와 연구 활동에 대한 기존의 연구 성과를 수용하여, 「고정옥과 『고장시조선주』에 대하여」라는 제목으로 교주자의 해제 겸 논문을 수록하였다. 또한 책의 말미에는 고정옥의 문학사에 대한 인식을 보다 적확하게 살펴볼 수 있는 두 편의 글을 '부록'으로 덧붙였다. 그 중 '형태상으로 본 국문학의 유대'란 부제를 달고 있는 「국문학의 형태」라는 글은 우리어문학회에서 펴낸 『국문학개론』에 수록되어 있으며, 고정옥이 바라보고 있던 국문학에 대한 기본적인 관점을 확인할 수 있는 글이 될 것이다. 이와 함께 우리어문학회의 기관지인 『어문』 창간호에 기고했던 「인간성의 해방」이란 글 역시, 조선 후기의 문학적 상황에 대한 고정옥의 생각을 엿볼 수 있는 소중한 자료로서 역할을 하리라고 본다. 다만 부록으로 수록된 글들은 국한문 혼용을 국한문 병기로 바꾸는 것 이외에, 앞의 글들과는 달리 교주자가 어떠한 참고 사항이나 주석을 덧붙이지 않았다는 것을 밝혀 둔다.
 오랫동안 고민을 하면서 붙들고 있었던 원고를 이제 새롭게 책으로 엮고자 세상에 내어놓는다. 이 책의 출간으로 인해서 『고장시조선주』의 가치가 제대로 알려지고, 아울러 국문학자인 고정옥을 연구하는 데 하나의 길라잡이가 될 수 있었으면 좋겠다. 하지만 이 책에서 발견되는 오류는 그대로 교주를 담당했던 나의 몫이다. 그리하여 독자들의 비판과 질정叱正을 기꺼이 받을 준비가 되어 있으며, 이후에 발견되는 오류에 대해서도 어떻게든 바로잡을 것을 약속드린다.

   지난 한 해 동안 나에게는 적지 않은 일들이 일어났었다. 무엇보다 그로 인해 가족들과 주변의 지인들에게 뜻하지 않게 걱정을 안겨 드리기도 했다. 그러나 내가 겪었던 그 '사건'이 적어도 앞으로의 학문적 자세를 다시 가다듬도록 만드는 계기가 되었던 것만큼은 분명하다. 이 자리를 빌어서 나를 걱정해 주셨던 모든 분들에게 진심으로 감사의 말씀을 전한다. 앞으로도 세상을 살면서 '원칙과 상식'을 포기하지 않겠다는 다짐도 함께 드리고 싶다. 무엇보다 이 책의 출간을 기꺼이 맡아주겠다는 오래 전의 약속을 잊지 않고, 책의 편집과 교정 과정에서 까다로운 주문을 넉넉한 마음으로 수용하며 책을 만들어주신 보고사의 모든 가족들에게도 감사를 드린다. 어려운 과정을 함께 이겨내며 나에게 격려를 아끼지 않았던 아내와 아들 가은이는 변함없이 나를 굳건하게 지탱해주는 든든한 존재들이다. 앞으로도 학문적 진지함과 문제 의식을 놓지 않고, 치열한 자세로 살아가겠다는 다짐을 스스로에게 해 본다.

2005년 5월에
동해에서 김용찬

차례

책머리에 · 5

고정옥과 『고장시조선주』에 대하여 · 13

【 교주 고장시조선주 】

서序 ——— 61
예언例言 ——— 82
주해註解 ——— 85
색인索引 ——— 243

【 부록 】

국문학의 형태 ——— 249
인간성의 해방 ——— 285

고정옥과 『고장시조선주』에 대하여

고정옥과 『고장시조선주』에 대하여

1. 머리말

　국문학을 연구함에 있어, 식민지 시절부터 활동을 했던 초창기 학자들의 연구 성과를 검토하는 것은 매우 중요하다. 초창기 학자들에 의해 국문학 연구의 기초가 확립되었고, 그들이 남긴 연구 성과들은 국문학 연구자들이 반드시 거쳐야 할 중요한 자료적 가치를 지니고 있기 때문이다. 이런 관점에서 고정옥高晶玉(1911~1968)이 남긴 연구 성과들 역시 국문학 연구사에서 매우 중요한 위치를 점하고 있다고 하겠다. 초창기 국문학자들의 학술적 성과에 대해서는 그동안 많은 연구자들에 의해 다각적으로 연구가 진행되어 왔다. 하지만 비슷한 시기에 활동했던 다른 학자들과는 달리, 지금까지 학계에서 고정옥과 그의 연구 성과들에 대한 논의는 여러 가지 이유로 제대로 다뤄지지 못했다.

　현 시점에서 고정옥과 그의 저작에 대한 연구가 제대로 이루어지지 않았던 가장 중요한 이유를 든다면, 그가 남긴 연구 성과들을 접하기 쉽지 않았던 때문이라고 할 수 있다. 사실 『조선민요연구』[1]를 제외한 고정옥의 다른 저작들은 지금까지도 연구자들에게조차 제대로 소개되고 있지 못한 것이 엄연한 현실이다. 고정옥은 식민지로부터 해방된 이후 본격적인 학문 활동을 시작하였고, 민요와 고전시가를 중심으로 국문학의 전 영역에 걸쳐 진행된 그의 연구 성과들은 당시로서는 매우 탁월한 것이라고 평가할 수 있다. 때문에 국문학 연구사에서 여전히 미답未踏의 영역으로 남겨져 있는, 고정옥과 그의 학문적 성과에 대한 연구를 이제부터라도 서둘러야 하는 이유가 너무도 자명하다고 하겠다. 따지고 보면 그가 이룩한 문학적 성취에 비해, 그에 대한 학문적 관심은 지극히 미약하다고 할 수 있겠다.

주지하다시피 고정옥은 1950년 발생한 한국전쟁의 와중에 월북하였고, 이후 세상을 떠날 때까지 북에서도 학문 활동을 계속하여 적지 않은 성과를 제출하였다. 1980년대 후반 월북 작가들의 작품들이 해금解禁될 무렵까지, 고정옥을 비롯한 많은 작가들의 저작을 남쪽에서는 제대로 접할 수 없었다. 그동안 연구자들에게는 그들의 작품 등이 조심스럽게 인용이 되기도 하였으나, 납·월북 작가들의 작품은 여전히 연구의 사각 지대에 묶여 있었던 것이다. 이처럼 단지 납·월북했다는 이유만으로 해당 인물의 작품이나 연구 성과들이 문학사에서 거론조차 되지 못했던 상황은, 남북의 분단이 우리 현대사에 아로새긴 비극적 현실을 적나라하게 보여주었던 반증이라고 하겠다. 그의 연구 성과가 제대로 다루어질 수 없었던 오랜 시간 동안 고정옥은 남쪽의 국문학 연구사에서 외면되었고, 그렇게 잊혀져 있던 존재였다. 더욱이 월북 학자나 작가들의 저작들을 마음껏 볼 수 있고 또 그들의 작품과 학

---

1) 고정옥, 『조선민요연구』(수선사, 1949).

문적 업적에 대해 꾸준한 연구가 진행되고 있음에도, 고정옥에 대해서는 여전히 연구자들의 관심이 미약한 것이 사실이다.2)

　고정옥의 연구 성과들을 차분히 검토해 보았을 때, 지금까지의 연구사에서 그는 학문적 성과에 걸맞는 대우를 받지 못하고 있다고 판단된다. 고전시가를 국문학의 주류로 인식해 각 갈래들의 형성과 변천에 대한 체계적인 이론화를 시도한 그의 안목은 당시로서는 매우 독창적인 것이었다. 또한 당시까지 국문학의 주요 영역에 포함시키지 않았던 민요를 비롯한 구비문학에 깊은 관심을 보이고, 이에 대한 다양한 연구 성과를 제출한 것도 주목할만하다. 고정옥은 국문학의 이론적인 체계를 정립하는 데 힘을 기울였을 뿐만 아니라, 개별 작품들에 대한 해석 작업도 병행하였다. 이 글에서 주요 대상으로 삼고 있는 그의 저서 『고장시조선주古長時調選註』3) 역시 '장시조長時調'4), 즉 사설시조에 대한

---

2) 고정옥의 삶과 학문 활동에 대해서는, 현장 조사 등을 통하여 '열전' 형식의 글로 신동흔 교수가 이미 상세하게 다룬 바 있다. 그와 비슷한 시기에 고정옥의 연구 성과를 개관하면서 구비문학의 성과를 다룬 김헌선의 연구가 있었고, 최근 고정옥의 『고장시조선주』를 중심으로 '장시조론'을 다룬 김용찬의 연구도 제출되어 있다. 신동흔, 「고정옥의 삶과 학문세계」(상)(『민족문학사연구』 제7호, 민족문학사연구소, 1995); 신동흔, 「고정옥의 삶과 학문세계」(하)(『민족문학사연구』 제8호, 1995); 김헌선, 「고정옥의 구비문학 연구」(『구비문학연구』 제2집, 한국구비문학회, 1995); 김용찬, 「고정옥의 '장시조론'과 시가 해석의 한 방향」(『시조학논총』 제22집, 한국시조학회, 2005) 등 참조.
3) 고정옥, 『고장시조선주』(정음사, 1949).
4) '장시조'는 조선 후기에 새롭게 등장한 사설시조의 다른 명칭이다. 대체적으로 사설시조는 평시조에 대립되는 개념으로, '대개의 경우 종장은 평시조와 비슷한 틀을 유지하되 초·중장 혹은 그 중 어느 일부가 4음보 율격의 정제된 구조에서 현저하게 이탈하여 장형화'된 시조를 일컫는다.(김흥규, 『한국문학의 이해』, 민음사, 1986, 48면 참조) 고정옥의 경우 '장시조'란 갈래가 단순히 '장형화된 시조'라는 의미뿐만

독창적인 이론과 작품의 주석을 행한 성과물이다.

그의 연구 성과들을 살펴보면, 고전시가에 대한 고정옥의 학문적 관심이 남달랐음을 확인할 수 있다. 민요에 대한 체계적 분류와 이론적 정립을 시도한 『조선민요연구』는 물론, 사설시조를 선별하여 주석을 행한 『고장시조선주』도 고전시가에 대한 그의 애정을 단적으로 보여주고 있는 저서들이다. 그리하여 앞에서 언급했듯이 고정옥의 저작을 아직까지 연구자들조차 제대로 접할 수 없는 현실에서, 사설시조에 관한 중요한 성과를 담고 있는 『고장시조선주』만이라도 먼저 세상에 소개하고자 한다. 이 책은 사설시조를 연구하는 데 있어 매우 중요한 저서지만, 그 내용을 자세히 검토한 이들은 많지 않은 것으로 여겨진다. 이 책은 당시로서는 불모지나 다름이 없었던 사설시조 연구에 한 획을 그은 저서로, 국문학 연구의 수준을 한 단계 높였다는 평가를 받기에 충분하다. 따라서 이번 기회에 이 책을 연구자들이나 일반 독자들에게 소개함으로써, 학자로서의 고정옥의 면모를 밝히고 그의 학문적 업적을 널리 알리고자 하는 것이다.

여기에서 다룰 『고장시조선주』에는 모두 50수의 사설시조가 수록되어 있고, 각 작품들에 대한 주석과 함께 작품 해설이 제시되어 있다. 이 책에 선정된 작품들은 그 면모로 보아 오늘날까지도 사설시조의 대표적인 것으로 평가되고 있으며, 이 책에 수록된 작품들의 면면을 통해서 우리는 그가 지닌 문학적 안목을 새삼 확인할 수 있게 된다. 특히 이 책의 '서문'은 일종의 사설시조론에 해당하는데, 이 또한 고전시가

아니라, 조선 후기의 새로운 문화적 환경에서 등장한 문학 갈래라는 것을 분명히 하고 있다. 이러한 내용에 대해서는 이 글의 뒷부분에서 자세히 거론될 것이다.

연구사에서 매우 중요한 연구물이라고 할 수 있다. 사설시조의 발생과 문학적 특징을 조선 후기 서민정신의 발흥과 연결시켜 설명하는 그의 논법은 지금까지도 유효한 이론적 성과물이라고 할 수 있다. 물론 고정옥이 행한 사설시조에 대한 이론적인 작업들이 전적으로 받아들여질 수 있는 것만은 아니다. 일부 작품에 대한 해설에서 피상적인 인식이 드러나기도 하고, 사설시조에 대한 다소 '인색한' 평가도 발견할 수 있기 때문이다. 그럼에도 불구하고 사설시조에 대한 고정옥의 선구적인 작업은 지금도 여전히 연구사적으로 유효한 측면이 적지 않다고 평가할 수 있을 것이다.

이상의 관점에서 이 글에서는 그동안 제출된 연구 성과를 참조하여 고정옥의 생애와 그가 남긴 저서들의 성격에 대해서 간략하게 정리하고, 『고장시조선주』가 지닌 문학적·문학사적 성과들을 검토하기로 한다. 특히 그가 지닌 고전시가에 대한 전반적인 인식을 살펴봄으로써, 우리 문학사를 바라보는 학문적 관점도 확인할 수 있을 것이다. 또한 '장시조'에 대한 이론적 결과물에 대한 진지한 검토를 해보고, 고정옥이 남긴 작품의 해석에 대한 다양한 관점을 점검해보기로 하겠다.

2. 고정옥의 생애와 그의 저서에 대한 개관

1) 고정옥의 생애

고정옥은 호가 위민渭民으로, 1911년 경상남도 함양에서 태어났다.[5] 고정옥의 본관은 제주이며, 어린 시절을 대체로 풍족한 생활 환경에서 자랐다. 그는 1918년 함양공립보통학교에 입학하였고, 보통학교를 졸업한 1924년 서울의 명문인 경성제2고보(현재의 경복고)에 진학하였다. 학적부를 직접 확인한 신동흔에 의하면, 고보 시절 그는 기숙사에서 생활하였고 성적 또한 우수한 편이었다고 한다. 그의 4~5학년 당시 학적부에는 성질이 온화하고 사색적이지만, '비판적'이라는 평가도 덧붙여 있다고 한다. 고보 재학 시절 결석이 모두 34일이나 된다고 하니, 식민지 시절의 그는 결코 학교 공부에만 매달리지 않았던 것으로 보인다. 고정옥은 고보 4학년 무렵부터 신문에 시를 발표하기도 했는데, 이를 통해서 그가 일찍부터 문학에 관심을 기울이고 있었음을 확인할 수 있다.[6]

1929년에 경성제2고보를 졸업한 고정옥은 곧바로 서울대학교의 전신인 경성제국대학 예과(6회)에 진학하였다. 대학 진학 후 학교 근처에서 하숙을 하였던 고정옥은 재학 중 동료·선배들과 어울려 독서회 활동을 했다고 한다. 대학 시절 그를 지켜보았던 지인들은 고정옥이 학자적인 타입이었으며, 본래 조용한 성격으로 공부에 열중하였다고 기

---

5) 고정옥의 생애는 신동흔 교수에 의해 상세히 다뤄진 바 있다. 신동흔 교수는 고정옥의 가족과 친지를 직접 방문하기도 하고, 또 관련 기록들을 폭넓게 수집하여 그의 생애를 가능한 부분까지 재구해 놓았다. 새로운 자료가 나타나지 않는 한, 신동흔 교수의 연구는 고정옥의 생애에 관한 가장 정확한 관점을 제공하고 있다고 평가할 수 있을 것이다. 특별한 언급이 없더라도, 이 글에서 고정옥의 생애를 다룬 부분은 전적으로 신동흔 교수의 연구를 정리하여 다룬 것임을 밝혀 둔다. 신동흔, 「고정옥의 삶과 학문 세계」(상,하) 참조.
6) 고정옥은 고보 시절 모두 13편의 시를 발표했다고 하는데, 그의 시에 대한 면모와 해석은 신동흔 교수의 글에서 상세하게 다루어져 있다. 신동흔, 「고정옥의 삶과 학문 세계」(상), 273~278면 참조.

억하고 있었다. 그는 대학 시절에도 신문에 시와 영화 평론 등을 발표
했다.7) 이 시기에 고정옥이 창작한 시들에는 당시의 현실에 대한 비판
적인 인식과 참여의 의지를 주제로 삼고 있는 것이 많다고 한다. 그의
시들에서는 현실에 대한 울분과 삶에 대한 의지가 잘 드러나고 있는
데, 그만큼 문학적 감성과 열정이 강렬했던 때문일 것이다. 주목할만
한 점은 고정옥이 신문에 썼던 영화평론에서 '스스로 프로예술 진영에
서 있음을 분명히 하고 있으며, 예술의 공리적 기능을 유난히 강조하
는 등 전적으로 사회주의에 경도된 모습을 보이고 있다'는 사실이다.8)

대학 시절 그는 독서회와 반제동맹 활동을 한 것으로 확인되고 있는
데, 이러한 활동을 통해서 사회주의적 관점을 접했음을 짐작할 수 있
다. 이러한 사회주의적 관점은 그의 학문 세계에도 적지 않은 영향을
미쳤을 것이라고 파악되어, 고정옥의 저술을 살피는 데 매우 중요한
단서를 제공하고 있다고 하겠다. 고정옥이 활동했던 독서회는 비밀결
사의 성격을 띠고 있었으며, 독서회를 통하여 맑스의 『자본론』과 부하
린의 『유물사관』 등의 사회주의 이론서들을 접했다. 필연적으로 당시
의 독서회는 식민지 현실에 대한 비판적 이해를 전제로 하고 있었던
셈인데, 때문에 그들의 활동은 은밀하게 진행될 수밖에 없었을 것이
다. 독서회에 참여하고 있는 사람들은 때로 자신들의 활동 방향이 민

---

7) 대학 시절 신문에 발표한 글은 시가 7편이며, 영화평 2편과 영화 이론 1편 등이
있다. 고정옥은 대학 시절 영화를 매우 즐겼던 것으로 확인되는데, '어느 영화든 첫
날 첫 회에 혼자 가서 감상하고 작품평을 썼다'고 한다. 그가 대학 시절 신문지상에
발표한 글들의 목록과 자세한 내용은 신동흔 교수의 글에 자세히 다루어져 있다.
신동흔, 「고정옥의 삶과 학문 세계」(상), 279~285면 참조.
8) 신동흔, 「고정옥의 삶과 학문 세계」(상), 285면.

족주의 운동이냐 혹은 사회주의 운동이냐를 놓고 열띤 토론을 벌이기도 했으나, 쉽게 결론이 나지 않았다고 한다. 여하튼 고정옥은 독서회 활동을 하면서 사회주의적 관점을 받아들였고, 이후의 학문 활동에도 상당한 영향을 끼쳤을 것이라는 점은 충분히 추론할 수 있을 것이다.

고정옥이 참여했던 독서회는 1931년에 민족 독립을 위한 실천 운동의 성격을 띠는 반제동맹으로 발전하였다. 경성제대 학생들을 중심으로 결성된 반제동맹은 국제반제동맹의 지부 성격을 띠고 있었으며, 일제가 '만주사변'을 일으켰을 때 이 단체가 유일하게 침략을 중단하라고 목소리를 높였다고 한다. 단체의 회원을 사회인으로까지 확대한 반제동맹은 특히 실천적 활동을 목표로 하고 있었다. 고정옥의 하숙집도 반제동맹의 모임 장소로 활용되었다고 하니, 이 모임에서 그의 역할은 적지 않은 것이라 할 것이다. 이들은 1939년에 '만주사변'이 발발하자 즉각 행동을 개시하기로 하고, 「반전격反戰檄」이란 격문을 작성한 다음 등사하여 9월 28일 극장 등지에 비밀리에 살포하였다. 이 일이 터진 이후에 일제는 관련자 색출에 나서 모두 50여 명을 검거하였고, 고정옥을 비롯한 19명이 최종적으로 공판에 회부되었다. 그해 11월에 고정옥은 이 사건으로 징역 1년 6월과 집행유예 3년형을 선고받아 풀려났으나, 대학에서는 퇴학 처분을 받고 학업을 중단해야만 했다.

신동흔 교수의 조사에 의하면, 고정옥은 이 사건 이후 집행유예 기간 3년 동안 주로 고향에서 생활했으며, 우리 전래의 민요에 대한 관심을 갖고 자료를 수집했던 것으로 파악되고 있다. 그는 집행유예가 끝난 뒤 경성제대에 재입학을 한다. 지인들의 전언에 의하면 고정옥은 반제동맹 사건으로 퇴학하기 이전에는 전공이 영문학이었으나, 재입학하면서 국문학으로 전공을 바꾸었다고 한다. 퇴학을 당한 이후 짧지 않은 기간 동안 고향에서 지내면서 민요 수집을 하는 등의 활동에서 짐작할 수 있듯, 평소 국문학에 대한 진지한 고민이 있었을 것이라 짐작된다. 우여곡절 끝에 고정옥은 1939년 경성제대를 졸업하게 되는데, 그의 졸업논문은 「조선민요에 대하여」라는 민요에 대한 것이었다. 이 졸업논문이 후에 그의 저서인 『조선민요연구』(1949년)의 밑바탕이 되었을 것이라는 것은 충분히 짐작할 수 있을 것이다.9)

 대학을 졸업한 이후의 고정옥의 행적은 자세하게 알려지지 않았으나, 식민지에서 해방될 무렵까지 춘천사범 교사로 재직하고 있었다고 한다. 아마도 반제동맹으로 재판에 회부되기도 했던 자신의 전력에 대한 영향인 듯, 이 기간 동안 고정옥은 조심스러운 처신을 해야만 했던 것으로 보인다. 해방이 되자 그는 서울대학교 사범대학 교수로 부임하게 되고, 비로소 이 때부터 본격적인 국문학자로서의 길을 걷게 된다. 서울대 교수로 재직하면서 그는 특별한 사회 활동에 관여하지 않고, 단지 강의와 연구에 열중했던 것으로 알려져 있다. 그는 강의를 통해서 국문학의 다양한 분야에 대해서 학생들과 같이 고민했던 것으로 보이는데, 강의의 결과는 그의 저서에 많이 반영되어 있다고 한다. 현재까지 드러난 자료를 통해서 보건대, 고정옥은 식민지에서 해방된 이후 현실 정치에는 일정한 거리를 두고 국문학 연구에만 전념하였던 것으로 확인되고 있다. 이러한 연구 활동의 결과로 1949년을 전후한 무렵

---

9) 이상 고정옥의 대학 시절 독서회와 반제동맹 등과 관련된 부분은 신동흔, 「고정옥의 삶과 학문 세계」(상), 285~289면의 내용을 정리한 것이다.

에 그는 여러 권의 저서를 출간하게 된다.

고정옥은 당시 서울사대 교수와 강사들을 중심으로 구성된 '우리어문학회'의 일원으로 활동하기도 했다. 이 학회는 순수한 학술 모임으로 국문학 연구자들의 학문적 발표와 토론을 진행하면서, 그 성과물로 강의에서 사용할 교재를 편찬하는 것이 주된 활동이었다.[10] 실제 고정옥은 우리어문학회에서 발간한 『국문학사』와 『국문학개론』의 주요 집필자이기도 했는데, 이 두 저서의 그가 집필한 내용을 통해서 국문학에 대한 진지한 문제 의식을 구체적으로 확인할 수 있다. 또한 그는 학회의 활동과 병행해서 자신의 연구 성과를 저서로 출간하기도 했는데, 비슷한 시기에 출간된 『고장시조선주』・『국어국문학요강』・『조선민요연구』 등이 그것이다.[11] 이외에도 고정옥은 우리어문학회의 기관지인 『어문』에도 논문을 싣기도 했다.[12] 이러한 왕성한 저술 활동을 통해서, 우리는 그의 학문적 열정이 매우 컸다는 것을 확인할 수 있을

---

[10] '우리어문학회'의 취지에 대해서는 이 학회에서 발간한 『국문학개론』(일성당서점, 1949)의 서문에 잘 나타나 있다. 이 서문은 방종현方鍾鉉이 썼는데, 학회의 성격에 대하여 논한 부분은 다음과 같다. "국어국문학이라는 학문學問의 같은 방면을 공부하고 있는 우리 몇 사람이 서로 시간 있는 대로 한 자리에 앉아서 그 아는 것을 피차彼此 토론하고 그 의심疑心 있는 데를 공동으로 질정質正하여 써 서루의 친목親睦된 합력合力에 의依하여 우리의 학문을 좀 더 효과效果있게 전진前進의 길로 인도引導코자 하는 자연自然한 학문심學問心의 발로發露인 데에 이 모임의 근본 뜻이 있었던 것이다."

[11] 월북 이전에 출간했던 고정옥의 저서와 그 특징에 대해서는 다음절에서 보다 자세하게 살펴보기로 한다.

[12] 『어문』에는 고정옥의 논문 2편이 수록되었는데, 그 제목은 다음과 같다. 「인간성의 해방」(『어문』 창간호, 1949.10.); 「잡감雜感-철자법・단속법斷續法・한자 문제・외래어 문제・기타에 관해서」(『어문』 2권 1호, 1950.1.). 이 중에서 「인간성의 해방」은 이 책의 부록(285~293면)에 수록되어 있다.

것이다.

그러나 연구자로서 왕성한 활동을 하고 있던 중에 발생한 한국전쟁은 그의 인생에 결정적인 변화의 계기로 작용한다. 전쟁이 나자 미처 피난을 가지 못한 그는 가족들과 함께 서울에 남아 은신을 하고 있었으나, 사태를 파악하기 위해 학교에 들렀다가 곧바로 북으로 향했다고 한다. 당시 고정옥이 북을 선택했던 이유는 정확하게 알려져 있지 않지만, 일찍부터 사회주의를 받아들였던 그의 사상적 측면도 적지 않은 영향을 끼쳤을 것이라고 짐작할 수 있을 따름이다. 어쨌든 그는 결과적으로 전쟁의 와중에 북으로의 길을 선택하였고, 이후 북에서도 세상을 뜰 때까지 학자로서의 삶을 살았다. 북에서도 대학에서 교수로 재직하면서 학문 활동을 했던 것으로 확인되고 있는데, 고정옥은 『조선 속담집』 등 구비문학에 관한 몇 권의 책을 출간하였다고 한다.13) 신동흔 교수는, 확인할 수 있는 자료를 통해서 보건대 고정옥의 북에서의 학자적 삶은 대체로 순조롭고 영예로운 것이었다고 한다. 그는 북

---

13) 신동흔 교수가 조사한 바에 의하면, 고정옥이 북에서 발표한 저서와 논문은 다음과 같다. 저서 『조선 속담집』(국립출판사, 1954); 『전설집』(국립출판사, 1956); 『조선 구전문학 연구』(과학원출판사, 1962). 논문 「조선 민간극 연구 서설」(『조선어문』 3호, 1957); 「판소리에 관하여」(『과학원 창립5주년 기념논문집』, 과학원출판사, 1957); 「최치원론」(『고전작가론』(1), 조선작가동맹출판사, 1958); 「동리 신재효에 대하여」(『고전작가론』(2), 조선작가동맹출판사, 1959); 「조선의 설화에 관하여-패설문학의 성격 및 소설의 발생 문제를 중심으로」(『조선어문』 1호, 1959); 「조선의 수수께끼에 대하여」(『조선어문』 2호, 1960); 「조선 고전문학에서의 사실주의의 발전단계들」(『조선어문』 3호, 1960); 「조선문학에서의 사실주의 발전의 첫 단계는 9세기이다」(『우리나라 문학에서 사실주의의 발생, 발전』(토론집), 과학원출판사, 1963). 이밖에도 다수의 평론과 글을 쓴 것으로 확인되고 있다. 고정옥이 발표한 글들의 목록은 신동흔, 「고정옥의 삶과 학문 세계」(하), 224~225면을 참조할 것.

에서 학자로서 연구 활동을 하다가, 1968년 7월에 병으로 세상을 뜨고 만다.14)

이상 간략하게 고정옥의 생애에 대해서 살펴보았는데, 이 시기를 살았던 사람들의 삶이 대개 그렇듯이 그 역시 삶의 여정이 간단치 않았다고 하겠다. 특히 전쟁의 와중에서 북으로 갔던 그의 행적은 한동안 남쪽의 학계에서 그를 외면하게 하는 결과를 초래하기도 하였다. 그러나 삶의 행적과 관계없이, 객관적으로 본다면 고정옥은 국문학 연구자로서 탁월한 연구 성과를 적지 않게 제출하였다. 국문학의 전 영역을 섭렵한 그의 국문학에 대한 연구 성과들은 당대 최고의 수준이라고 평가할 수 있겠다. 바로 이런 이유에서 이제라도 고정옥에 대한 관심을 환기시키고, 그의 연구 성과들에 대해 주목해야만 하는 것이다.

2) 월북 이전 저서들에 대한 검토

고정옥은 서울사대 교수로 재직 중 '우리어문학회' 활동을 하면서 2권의 저서에 공동 저자로 참여하였으며, 그 자신의 이름으로 저술한 3권의 저서를 남기기도 하였다.15) 월북 이후에도 그는 꾸준한 학문 활동을 통하여 다수의 논문과 저서를 발표하였다. 여기에서는 월북 이전

---

14) 이상 고정옥의 북에서의 활동에 대해서는 신동흔, 「고정옥의 삶과 학문 세계」(하)의 내용을 정리한 것임.
15) 그가 저술하였거나, 집필에 참여한 저서는 다음과 같다. 우리어문학회, 『국문학사』(수로사, 1948); 우리어문학회, 『국문학개론』(일성당서점, 1949); 고정옥, 『국어국문학요강』(대학출판사, 1949); 고정옥, 『고장시조선주』(정음사, 1949); 고정옥, 『조선민요연구』(수선사, 1949).

에 남긴 그의 저서들을 중심으로, 국문학에 대한 그의 인식을 중점적으로 검토해보기로 한다.16)

① 『국문학사』와 『국문학개론』

고정옥은 우리어문학회의 주요 구성원이었으며, 학회에서 발간한 국문학 교재에 집필자로 참여하였다. 우리어문학회는 당시 서울사대 교수와 강사들을 중심으로 구성된 학술모임의 성격을 지니고 있는데, 국어국문학 교육의 어려움을 극복하기 위하여 국어국문학에 대한 서로의 의견을 나누려는 의도에서 만든 것이었다.17) 우리어문학회에서

---

16) 고정옥이 북에서 활동하면서 적지 않은 연구 성과들을 지속적으로 발표하였으나, 월북 이후의 연구들은 주로 구비문학을 중심으로 진행되었다고 한다. 목록을 통해 확인했을 때 '속담'이나 '전설' 등 이전에는 다루지 않았던 새로운 주제에 대한 관심도 나타나 있지만, 대체로 이전부터 관심을 기울여 온 민요 연구에서 대상을 확장시킨 것이라고 여겨진다. 이밖에도 작가론과 사실주의에 대한 논의 등 다양한 분야에 대한 연구 성과를 제출하고 있는데, 대체로 이러한 작업들은 서울사대 교수 시절의 학문 활동이 심화·확대된 것이라 여겨진다. 특히 월북 이후의 연구 성과들에 대해서는 필자가 아직까지 제대로 접하지 못한 상태에서 다루는 것은 적절치 않다고 여겨 추후의 과제로 남기고, 여기에서는 월북 이전의 저서들을 중심으로 그의 국문학자로서의 면모를 살펴보기로 하겠다. 월북 이후의 연구 성과들에 대해서는 신동흔, 「고정옥의 삶과 학문 세계」(하)를 참조할 것.
17) '우리어문학회'의 활동 방향에 대해서는 기관지인 『어문』 창간호(1949. 10.)의 「'우리어문학회' 일지日誌」에 잘 나타나 있다. "「'우리어문학회' 일지」 1. 4281년(서기 1948년) 6월 18일(금) 오후에 방종현方鍾鉉, 김형규金亨奎, 손낙범孫洛範, 정형용鄭亨容 4인이(어於방종현씨댁) 모이어 국어국문학과 국어교육에 관한 문제를 토론하고 국어국문학총서와 같은 것을 발간하는 모임이 필요함을 상의하고 내來 20일(일) 오전에 사범대학 국문과 연구실로 집합하기로 하다. 2. 동년同年 6월 20일 오전에 방종현, 정학모鄭鶴謨, 구자균具滋均, 김형규, 손낙범, 고정옥高晶玉, 정형용 7인이 집합하여 '국어교육연구회'를 발기하고 위원이 되는 동시에 아래와 같이 결의하다.

는 당시 '대학 강의를 효과적으로 감당하기 위하여', 회원들이 국문학의 여러 분야를 나누어 강의 교재 형태로 모두 2권의 책을 펴내었다. 『국문학사』와 『국문학개론』이 그것인데, 이 책들의 집필에 참여한 '다른 필자들이 대개 평이한 개설 수준에서 내용을 서술한 데 비하여 고정옥은 문제 의식이 수반된 독창적인 견해를 많이 제시하고 있다'18)고 평가되고 있다. 먼저 이 두 권의 저서의 성격을 살펴보고, 고정옥이 집필을 담당한 부분에 대하여 간략하게 논해보기로 하겠다.

우선 우리어문학회가 펴낸 『국문학사』는 '해방 이후의 첫 국문학사'19)라고 할 수 있다. 이들은 '적어도 국문학사에 관한 일반적 지식은 우리 국민이 반드시 가져야 할 상식'이기에, 그리고 '이 국문학의 역사를 알려고 하는 이에게 아주 단순히 또 다만 상식적으로나마 이것을 사적으로 통괄하여 보여줄 만한 것이 없는 것이 참으로 유감되'기에 『국문학사』 편찬에 나섰다고 밝히고 있다. 또한 국문학사가 '단순하게 작품이나 작가의 나열에 그칠 수' 없으며, '그것은 반드시 체계가 정연하고 사관史觀이 확립된 저작이어야' 함을 분명히 하고 있다. 그러나 이들은 이러한 최종적인 목표에 도달하기 전에, 국문학에 대한 '한 재

(가) 매월 제1 금요일(오후 3시)을 예회일例會日로 정하고 집합 장소를 사범대학 국문과 연구실로 하다. (나) 본회의 위원은 위원 중 1인이 위원회에 추천하여 그 결의에 의하여 결정함. (다) 사업으로서는 기관지와 문학총서를 발간하기로 함. …(중략)… 7. 동년 8월 8일(금). 고정옥 위원이 「문장 기사記寫에 있어서의 언어 단속법 斷續法에 대한 소고」를 발표하고 복합어의 기사에 관하여 토론하다. 본회의 명칭을 '우리어문학회'라 개칭改稱하다. …(하략)"

18) 신동흔, 「고정옥의 삶과 학문 세계」(상), 294면.
19) 김헌선, 「고정옥의 구비문학 연구」, 326면.

료로서 또는 학교 교재로서나 쓰'기 위해서 이 책을 우선적으로 편찬했다고 한다.20) 먼저 『국문학사』의 차례를 보자.21)

    서
    제1장 상고문학上古文學
        제1절 국문학의 발생
        제2절 삼국문학
    제2장 중고문학中古文學
        제1절 중고시대의 문학
        제2절 향가
    제3장 중세문학中世文學
        제1절 고유문학의 위축과 한문학의 침투
        제2절 장가의 발달
        제3절 시조의 발생
        제4절 한문학에 포섭된 고려문학
        제5절 나례와 처용가
        제6절 한양조 초기의 문학

---

20) 이상은 『국문학사』 '서'의 내용을 정리한 것임.
21) 『국문학사』의 '서'에는 해당 부분의 집필자를 기록하고 있는데, 각 부분의 집필자는 다음과 같다. "서 : 방종현 / 제1장 상고문학 : 정형용 / 제2장 중고문학 : 김형규 / 제3장 중세문학 : 손낙범 / 제4장 근세문학 제1절~제3절 : 정학모 / 제4절~제6절 : 고정옥 / 제5장 현대문학 : 구자균." 특히 국문학사의 시대 구분에 대해서는 학회의 토론을 거쳐 마련된 것으로 확인되고 있다. "4. 동년(1948년) 동월(7월) 16일(금). 정학모 위원이 「국문학의 시대 구분」이라는 소론小論을 발표하고, 이에 관하여 토의하여 아래와 같이 결정하다. 상고上古…신라 통삼統三까지. / 중고中古…신라 말까지. / 중세中世…훈민정음 반포까지. / 근세近世…갑오경장까지. / 현대…이후 금일今日까지.", 「우리어문학회 일지」(『어문』 창간호, 우리어문학회, 1949), 22~23면 참조.

제4장 근세문학近世文學
　　　제1절 훈민정음의 반포와 국문학
　　　제2절 시가의 발전
　　　제3절 소설의 발족과 연극의 전통
　　　제4절 영·정 시대를 중심으로 한 소설의 발흥
　　　제5절 가집 편찬과 영·정 이후의 시가
　　　제6절 문학으로서의 민요
　　제5장 현대문학
　　　제1절 제1기 신문학 태동발흥기
　　　제2절 제2기 기성문단과 신흥문단 대립기
　　　제3절 제3기 순수문학기
　　　제4절 제4기 암흑기
　　　제5절 제5기 신출발기
　　색인

　이상이 『국문학사』의 목차인데, 고정옥은 '제3장 근세문학'의 제4절~제6절까지를 집필하였다. 시대적으로는 조선 후기에 해당하는데, 목차의 내용을 보면 그의 문학사적 인식을 단적으로 파악할 수 있을 것이다. 먼저 조선 후기를 '소설의 발흥'이라는 관점에서 파악하고, 영조와 정조 시대의 활발한 문화적 분위기가 이를 가능하게 했음을 제목에서부터 드러내고 있다. 또한 조선 후기의 시가문학은 가집의 편찬에서 그 특징을 찾을 수 있다는 것을 분명히 하고 있다. 흥미로운 것은 고정옥이 당시까지 국문학의 주류에서 배제되고 있었던 민요를 문학의 관점에서 전면적으로 다루고 있다는 점이다. '고정옥이 민요의 가치를 논의하는 관점은 비교적 선명하고, 오늘날에도 찾기 어려운 탁견 다음으로는 뒤이어 편찬된 『국문학개론』을 살펴보기로 하자. 우리 어문학회에서는 '우리 문학이 형태별로 한 번 정리되어야 할 필요'23)에 의해서 『국문학개론』을 편찬하게 되었음을 밝히고 있다. 국문학 개론 역시 학회의 회원들이 각 분야별로 나누어 집필하였고, 목차에는 해당 부분의 집필자를 밝혀 놓고 있다.24) 고정옥은 『국문학개론』에서 총론에 해당하는 'Ⅰ. 국문학의 형태'와 그가 가장 관심을 기울이고 있었던 'Ⅸ. 민요' 부분의 집필을 담당하였다.

'형태상으로 본 국문학의 유대'란 부제를 달고 있는 'Ⅰ. 국문학의 형태'는 국문학의 각 갈래들에 대한 개괄적 설명과 함께, 문학사의 흐름을 염두에 두고 각 갈래들에 대한 상호 발전 관계를 명확히 하려는 고정옥의 시각이 잘 드러나 있다. 이 글을 통해서 고정옥이 지니고 있었던 문학 일반에 대한 이론적 안목을 살펴 볼 수 있는데, 먼저 『국문학개론』의 목차에 제시된 'Ⅰ. 국문학의 형태'의 세부 내용을 살펴보기로 하자. 앞에서 지적했듯이 고정옥이 쓴 'Ⅰ. 국문학의 형태'는 국문학 전반에 대한 총론의 성격을 지니고 있기에, 다루고 있는 범위는 국문학사 전반에 펼쳐져 있다.

---

22) 김헌선, 「고정옥의 구비문학 연구」, 327면.
23) 방종현이 쓴 『국문학개론』의 '서'에서 인용하였음.
24) 『국문학개론』의 목차와 집필자는 다음과 같다. "서 : 방종현 / Ⅰ. 국문학의 형태 : 고정옥 / Ⅱ. 국어학과 국문학 : 김형규 / Ⅲ. 한문학과 국문학 : 정학모 / Ⅳ. 향가 : 손낙범 / Ⅴ. 가사 : 정형용 / Ⅵ. 시조 : 정형용 / Ⅶ. 소설 : 정형용 / Ⅷ. 연극 : 구자균 / Ⅸ. 민요 : 고정옥 / Ⅹ. 신문학 : 구자균."

장르의 발전 / 국문학과 형태의 문제 / 세칭 향가의 형태상 분석(광・협 양의의 향가) / 쇠잔기의 향가 / 향가 발전의 두 갈래 길 / 고려가요의 성격과 시조의 파생 / 경기하여체가의 성격과 시조와 가사에의 발전 / 장・단가 의식과 양자의 선후 문제 / 가사 형태의 완성과 발전 / 가사와의 역사적 관계 / 평시조와 장시조 / 신문학과 시조 / 소설[25]

고정옥은 국문학의 여러 갈래(장르)들의 성격에 대해서 비교적 상세히 설명할 뿐만 아니라, 각 갈래 사이의 역사적 관계에 대해 자신의 문학적 관점에 입각하여 제시하고 있다. 그가 가설적으로 마련한 국문학사의 진행 과정에 대한 입장은 'Ⅰ. 국문학의 형태' 말미에 첨부한 '국문학 형태 발전표'에 집약적으로 제시되어 있다.[26] 고정옥은 이에

---

[25] 『국문학개론』의 목차. 그러나 본문은 목차와는 다르게 모두 10개의 소항목으로 나누어 기술하고 있는데, 소항목의 번호만 제시되어 있는 본문 부분의 앞에 각 소항목의 주요 내용을 다음과 같이 간략하게 요약해 두고 있다. "1. 형태와 장르‥장르의 어의와 형태‥브튜티에에르의 「장르의 발전」. 국문학계와 장르의 문제‥독선적 문학관의 해독. / 2. '향가' 이의異議‥향가의 완성 정형‥향가 습작기 문학과 진정 향가(광・협 양의의 향가). 쇠잔기 향가(광의 향가의 일―). / 3. 향가 발전의 두 갈래 길‥경기하여체가와 고려가요의 상사성과 이질성. 고려가요의 성격‥시조의 파생. 경기하여체가의 성격‥가사에의 발전. / 4. 장가・단가의 차별 의식과 그 역사적 관계. 가사의 완성 형태‥3・4음三四音에서 4・4음四四音으로의 발전‥대중적 토대에 선 가사‥가사와 소설과 창극의 삼각형‥가사는 중세기의 산문‥가사 형태의 신문학에 끼친 유산. / 5. 시조와 가사의 교호 작용. 시조의 정형과 그 발전‥시조의 두 장르(평시조와 장시조). 신문학에 끼친 시조의 영향. / 6. 소설의 3형태‥번역적 소설‥가사체 소설‥내간체 소설‥그 발전. / 7. 소설 이외의 내간체 산문‥수필문학. / 8. 민요의 두 종류‥민요의 고전적 가치‥민요의 형태‥유대의 관점에서 본 민요. / 9. 연극의 종류(가면극・인형극・창극・구극・신파극・신극). / 10. 국문학을 문학과 민속적 문학으로 이분하고 중국・서구 문학의 영향을 고려에 넣은 국문학 발전상 일람표."

[26] '국문학의 형태'의 내용과 표 등은 이 책의 부록(249~283면)에 수록되어 있다.

대하여 '우리 문학을 정통 문학과 민속적 문학으로 이분하고, 거기에 중국과 서구의 문학과의 관계를 고려에 넣은, 형태상으로 본 국문학의 발전상의 일람표'27)라고 설명하고 있다. 구비문학과 기록문학의 상호 교섭에 의한 문학사의 전개 과정을 설명하고 있는 그의 글은 '아직 구비문학에 대한 인식이 일천했던 당대의 학문적 풍토에서는 가히 획기적인 것이'28)라고 평가할 수 있겠다. 이처럼 국문학의 체계를 이해하는 데 있어 구비문학을 주요한 바탕으로 삼고 있는 그의 시각은 민족 문학으로서의 민요의 가치에 주목한 내용의 'Ⅸ. 민요'에 잘 반영되어 있다.

②『국어국문학요강』

이 책은 고정옥이 혼자서 저술한 것으로, 서두의 '예언例言'에서 그 성격을 '국어학과 국문학의 간략한 개론인 동시에 역대 국문학 작품의 해독·감상의 방법을 제시한' 것이라 밝히고 있다.29) 아무래도 그 당시 대학의 강의에서 사용할만한 적절한 교재가 많지 않았던 탓에, 고정옥은 『국어국문학요강』을 '국어국문학의 일반 입문서'로 집필하여 대학 등에서 교과서나 참고서로 활용할 목적을 지니고 있었던 듯하다. 특히 국어학과 국문학을 포괄해서 다룸으로써, 당시 채 정리되지 못했던 '국어국문학에 대한 학문적 체계화'를 시도한 것이라 평가할 수 있

---

27) 우리어문학회, 『국문학개론』, 35면.
28) 신동흔, 「고정옥의 삶과 학문 세계」(상), 297면.
29) 『국어국문학요강』의 '예언例言'.

을 것이다. 흔히 고정옥의 학문적 특징을 '실증적 방법론과 함께 이론적 안목, 문학적 감식안을 겸비'[30]한 것으로 논의되고 있는데, 『국어국문학요강』이야말로 고정옥의 이러한 면모를 유감없이 보여주는 저술이라고 할 수 있다.

특히 고정옥은 이 책을 통해서 '지금까지 비교적 묻혀 왔던 부면部面을 밝히'기 위해서 몇몇 갈래들에 대한 배려를 하고 있는데, 이런 이유로 '장시조·민요·연극·신소설 등'을 국문학의 영역 속에서 적극 다루고 있다는 것을 알 수 있다.[31] 이러한 태도는 이 책에서뿐만 아니라, 그의 다른 저서들에서도 분명히 나타나고 있다. 이 중에서도 '장시조'와 민요에 대한 관심은 특별한 것이어서, '장시조'에 대한 관심은 『고장시조선주』의 출간으로 나타나고, 민요에 대한 연구는 『조선민요연구』의 출간으로 이어졌다고 하겠다. 이 책은 '국어학과 국문학을 포괄해서 세부적 실증으로 내용을 채운 것'으로, 이를 통해서 '고정옥의 학문적 가능성을 짐작할 수 있는 사례가 된다'[32]고 논할 수 있을 것이다.

『국어국문학요강』은 전체가 모두 3부분으로 구성되어 있는데, '제1편 고문古文'과 '제2편 현대문'은 세부적으로 각각 '시가詩歌'와 '문장'으로 나뉘어져 있다. 실제 이 두 부분은 모두 작품을 제시하고, 각각의 작품에 대한 간략한 주석과 해제를 붙여놓고 있다. 특히 시가는 독립된 항목으로 다루고 있는 데 비해, '문장'의 항목에서는 소설과 기타의

---

30) 신동흔, 「고정옥의 삶과 학문 세계」(상), 297면.
31) 『국어국문학요강』의 '예언' 참조.
32) 김헌선, 「고정옥의 구비문학 연구」, 328면.

갈래들을 포괄적으로 다루고 있음을 알 수 있다. 따라서 이러한 구분을 통해서, 그가 국문학에서 시가문학을 얼마나 중요하게 생각했었는지를 확인할 수 있을 것이다.

고정옥은 향가를 '국문학 최고最古의 형태'33)라고 논한 바 있는데, '제1편 고문'의 '시가'는 향가인 '제망매가'로 시작하고 있다. 여기에 수록된 갈래들은 향가·고려가요·시조·가사·장시조·내방가사·민요를 포괄하고 있으며, 「용비어천가」와 「두시언해」를 다루고 있는 것도 지적할 수 있을 듯하다. '문장'에서는 「춘향전」을 비롯한 소설들과 「훈민정음」과 「꼭두각씨」를 포함하고 있으며, 특히 기행문과 제문 등의 수필도 함께 다루고 있는 것이 주목할 만하다. '제2편 현대문' 역시 같은 체제를 취하고 있는데, '시가' 항목에서는 창가 「동심가」와 신체시 「해에게서 소년에게」, 그리고 현대시인 「불노리」 등 3편만을 다루고 있다. 현대문의 '문장'에서는 신소설 「혈의누」와 이태준의 소설 「밤길」, 그리고 「3·1운동 독립선언문」 등 모두 3편을 수록하고 있다. 이러한 내용으로 보아, 그의 관심은 현대문학보다 고전문학, 특히 고전시가에 두어져 있음을 확인할 수 있다고 여겨진다.

앞의 두 항목이 작품의 소개와 해설에 무게가 두어져 있다면, '제3편 어문학語文學'은 이론적 고찰인 셈이다. 이는 다시 '어학語學'과 '문학'으로 나뉘어져 있으며, 각 소항목에 대한 갈래의 정의를 제시하고 이와 함께 이론적 고찰을 펼치고 있다. '어학' 부분은 이두吏讀·훈민정음·언해·사전류·국자國字 발달 과정·어학 기관 등으로 소항목이 짜여져

---

33) 우리어문학회, 『국문학개론』, 7면.(이 책의 253면)

있으며, 이들에 대한 상세한 설명을 제시하고 있다. '문학'에서는 향가 鄕歌 이래의 국문학의 각 갈래들에 대한 이론적 작업을 시도하였다. 여기에서 다루고 있는 갈래들은 향가·고려가요·시조·가사·소설·연극·민요·신소설·신문학 등이다.

③『조선민요연구』

이 책은 우리 나라의 민요에 대한 본격적인 연구서로서, '우리 민요 연구사의 새 장을 연 기념비적인 성과'[34]라고 평가되고 있다. 앞에서 설명한 바와 같이, 고정옥은 대학 시절부터 민요에 대한 관심을 지니고 있었고, 민요에 대한 주제를 가지고 졸업논문을 썼을 정도였다. 이 책의 서문을 통하여 민요가 '이미 문학이라 호칭하지 못하'고, '민요의 학문적 범주를 찾는다면 그것은 민속학에 포섭될 성질의 것이'라고 서술하고 있다. 그러나 우리의 '문학이 현재와 미래에 있어 민주적인 민족문학의 건설을 지향함에 있어서는, 과거에 있어 가장 서민적이며 가장 향토적이었던 민요 유산의 구명·섭취야말로, 새로운 우리 문학의 길을 개척하는데 불가결의 한 선행 과제라 할 것'[35]이라고 하여 민요가 국문학의 영역 속에 있음을 분명히 하고 있다.

그는 민요의 개념을 설명하면서, '민民'의 성격을 모두 3가지 측면에서 풀어내고 있다. 이를 살펴보면, '1. 개個에 대한 민民'과 '2. 군君·관官에 대한 민民', 그리고 '3. 국國에 대한 민民'이 그것이다. 먼저 '개個에

---

34) 신동흔, 「고정옥의 삶과 학문 세계」(상), 301면.
35) 이상 『조선민요연구』의 '서'에서 인용하였음.

대한 민'의 관점은 '문학이 개인의 제작임에 반하여 민요가 문자 그대로 민(집단)의 공동 창작이라는 점에 민요의 본질이 간취'될 수 있다고 보았다. 또한 '군·관에 대한 민'에서는 지배 계급의 양식이었던 시조와의 대비를 통하여, '민요의 향유 계급은 통치 계급이 아닌 민중이며 인민'이라고 밝히고 있다. 마지막으로 '국에 대한 민'에서는 '정치적 세력 범위가 민요의 단위를 결정하는 것이 아니라, 혈통적 민족 정신이 민요의 단위를 형성'한다고 하여, '민요는 국가의 노래가 아니고 민족의 노래'임을 분명히 하고 있다.36) 이런 관점에서 '집단에 의하여 공동적으로 제작되며, 인민 대중에 의하여 노래 불리우며, 민족의 전통적 피가 맥맥히 물결치는 노래가 민요'37)라고 그 개념을 정리하였다.

　이처럼 고정옥은 '과거에 가장 서민적이고 향토적이었던' 민요의 연구를 통해 국문학의 올바른 상을 해명할 수 있다고 본 것이다. 『조선민요연구』는 모두 10장으로 구성되어 있는데, 크게 본다면 민요에 대한 이론적 고찰을 시도한 부분(제1~7장)과 개별 작품들을 분류하고 각각의 작품들에 대한 구체적인 설명을 하고 있는 부분(제8장 조선 민요의 분류)으로 구분할 수 있다. 여기에 '조선 민요의 특질'(제9장)과 '조선 민요 수집 연구의 장래를 위하여'(제10장)의 항목을 덧붙여, 민요의 특질과 민요 연구에 대한 앞으로의 과제를 간략하게 제시해 놓고 있다. 이 책에서 민요에 대한 이론적 고찰은 민요의 개념과 역사, 민요의 형식과 분류 방법, 그리고 민요와 상호 관련을 맺고 있었던 다른 문학

---

36) 이상 민요의 개념에 대한 설명은 『조선민요연구』의 10~14면을 참조할 것.
37) 고정옥, 『조선민요연구』, 14면.

갈래들과의 관계 등 다양한 논의를 펼치고 있다.

이 책의 상당한 분량을 우리 민요를 분류하는 데 할애하고 있는데, 대체로 크게는 창자의 성별에 따른 '남요男謠'38)와 '부요婦謠'39)로 나누고 이를 다시 기능과 내용에 따라 다시 하위 항목으로 분류하였다. 고정옥이 시도한 작업들이 '학문적 일관성을 지니고 일률적인 전개를 보인다고 보기 어'려우며, '실제로 명료한 서술이 이루어지지 않'았다고 평가되기도 한다. 그러나 그럼에도 불구하고 '민요의 실상을 최대한 존중하면서 독특한 접근을 꾀한 것은 우리 민요 연구의 획기적 성과로 평가'할 수 있을 것이다.40)

그는 민요의 '특질을 논의하려면, 완전한 수집이 선결'되어야 한다는 것을 전제하고 있다. 그것은 '일부분의 민요만을 보고 곧 함부로 단안을 내려서 어떠한 관념을 날조하여, 그 관념으로 조선 민요 전체의 특질을 연역해 내려는 태도는 지극한 위험한 것'이기 때문이다. 그렇지만 자신이 다룬 작품들을 대상으로 하여, 민요의 특질에 대해서 '지극히 총괄적인 고찰'을 시도하고자 한다.41) 하여 구체적인 작품에 대한 논의의 결과, '제9장 민요의 특질' 항목에서 우리 민요의 내용적 특질을 다음과 같이 7가지로 들고 있다. 이를 제시하면, ①부요의 양적 질

---

38) '남요'의 하위 항목은 다음과 같다. '1.노동요 / 2.타령 / 3.양반노래 / 4.도덕가 / 5.취락가醉樂歌 / 6.근대요 / 7.민간신앙가 / 8.만가輓歌 / 9.경세가 / 10.생활요 / 11.정치요 / 12.전설요 / 13.어희요 / 14.유희요 / 15.정가情歌 / 16.동남동녀 문답체요'.
39) '부요'의 하위 항목은 다음과 같다. '1.시집살이노래 / 2.작업요 / 3.모녀애련가 / 4.여탄가 / 5.열녀가 / 6.꽃노래 / 7.동녀요童女謠'.
40) 이상의 인용은 김헌선, 「고정옥의 구비문학 연구」, 332면 참조.
41) 이상 고정옥, 『조선민요연구』, 497면 참조.

적 우세, ②풍부한 해학성, ③풍류를 해解하는 점, ④유교 교리의 침윤浸潤, ⑤일반 서민의 지배 계급에 대한 순종성과 여성의 남성에 대한 복종성이 규범화, ⑥무상취락적無常醉樂的 경향, ⑦생활고의 전면적인 침식 등으로 요약된다. 이밖에도 형식적 특질로는 ①아름다운 운율적인 관용구 내지 애용구가 많음, ②리듬의 장난이 너무나 많음, ③향토적 다양성이 적음, ④무용요의 희귀함 등을 지적하고 있다.[42]

이상에서 간략하게 살펴보았거니와 『조선민요연구』는 '민요 연구의 학문적 성격, 우리 민요의 성립과 발전, 우리 민요와 문학의 상관 관계, 우리 민요의 수집사, 우리 민요의 분류, 우리 민요의 특질 등을 체계적으로 다룬 저작'[43]인 것이다. 실로 민요에 대한 고정옥의 관심은 지대하여, 이 책을 비롯하여 그의 모든 저서에는 국문학의 주요 갈래로 민요를 다루고 있음을 확인할 수 있다. 바로 이런 측면에서 『조선민요연구』를 고정옥의 대표적인 연구 성과로 평가할 수 있는 것이다.

4. 『고장시조선주』의 성격과 '장시조'에 대한 인식

이 책은 고정옥이 가장 사설시조다운 작품 50수를 선정하여 주석과 함께 작품 해설을 붙여 펴낸 것이다. 여기에 실린 작품들은 19세기에 편찬된 〈청구영언 육당본〉(일명 대학본)에서 가려 뽑았다. 고정옥은 이 책을 편찬할 당시에, 〈청구영언 육당본〉을 김천택이 편찬한 원본으로

---

42) 이상 민요의 특질에 관해서는 고정옥, 『조선민요연구』, 497~505면을 참조할 것.
43) 김헌선, 「고정옥의 구비문학 연구」, 331면.

알고 있었던 듯하다. 몇몇 작품에 대한 해설을 하면서, 김천택의 기록을 근거로 〈청구영언〉과의 관련성을 논의하고 있으며, 특히 '사설시조론'이라고 할 이 책의 '서序'에서는 '청구영언서'의 기록을 근거로 사설시조의 작가군을 이끌어내고 있기도 하다. 그러나 결론적으로 말하면, 〈청구영언 육당본〉은 김천택이 편찬한 〈청구영언 진본〉(1728년)보다 약 1세기 뒤에 편찬된 별개의 가집이다.44) 대체로 조선진서간행회에서 〈청구영언 진본〉이 활자본으로 소개되기 이전에는, 고정옥을 비롯한 연구자들까지도 〈청구영언 육당본〉을 김천택 편찬본으로 잘못 알고 있었던 듯하다.

『고장시조선주』의 성격에 대해 본격적으로 논하기 이전에, 그가 '장시조'에 주목하게 된 계기를 잠시 살펴보기로 하자. 고정옥은 조선 후기의 문학 담당층이 지배계급에서 중인계급으로 이동했다는 사실을 매우 중요하게 생각하고 있었다. 그는 '우리의 역사에 있어서는 단적으로 말하면 임·병란壬丙亂이 중세기가 서민기庶民期로 이행하는 역사적 모멘트이며, 양란 이후 갑오경장까지가 곧 서민 문학기庶民文學期'45)라고 여겼던 것이다. 따라서 이전 시기에는 양반 계급에 의해서 시조가 활발하게 창작·향유되고 있었지만, 조선 후기에 접어들면서 담당층의 변화와 함께 자연스럽게 그 내용과 형식도 달라졌다는 것이다. 그리하여 시조 갈래에서 새롭게 등장한 양식이 바로 '장시조', 즉 사설시조인 것이다. 그에 의하면 '장시조'는 '대체로 말하면 영英·정正 이후

---

44) 〈청구영언 육당본〉의 성격과 특징에 관해서는 김용찬, 「〈청구영언 육당본〉의 성격과 시가사적 위상」(『조선 후기 시가문학의 지형도』, 보고사, 2002)을 참조할 것.
45) 고정옥, 「인간성의 해방」(『어문』 창간호, 우리어문학회, 1949), 13면.(이 책의 287면)

서민 계급이 자기네들의 생활 감정을 담고저 종래의 양반 계급이 써오던 시조(평시조)의 형을 개조한 것'[46]이다.

사실 시조는 '봉건 관료·양반·귀족·학자의 문학 양식'[47]이며, '봉건 귀족 문학으로서의 시조'는 '중세기 문학이 창조한 가장 티피칼(typical)한 문학 형태로서, 우리 민족의 문학은 시조 있음으로써 세계 각 민족의 문학 가운데서 그 특이한 존재를 확보할 수 있'을 정도로 중요한 의미를 지니고 있다고 하겠다.[48] 하지만 이처럼 엄격한 형식을 지니고 있는 시조 양식은 조선 후기에 새로운 담당층이 출현함으로써, 필연적으로 새로운 내용과 형식으로 바뀌게 된다는 것이다. 따라서 시조 형식의 파괴란 곧 '장시조'의 등장을 의미하는 것이다. 다음의 기록들을 통해서 고정옥의 '장시조론'에 대해서 논의해 보고, 그것이 구체적으로 어떻게 『고장시조선주』에 반영되었는지를 살펴보기로 하자.

조선에 있어서도 이조 말에 이르러 봉건적 정치 체제의 붕괴에 따라, 양반을 대신하여 새로 일어난 서민 계급(중인·서얼·서리·평민·천민)에 의해서, 민요의 소재·정신 내지 운율을 양반 계급의 독점적 시가였던 시조에 도입함으로써, 새로운 노래의 장르를 형성하였으니, 이조 말의 시가집 〈청구영언〉·〈가곡원류〉·〈해동가요〉 등에 수록된 소위 장시조 혹은 엇시조·사설시조가 이것이다. 봉건 사회의 관료들이 길러낸 시조가 그 주인을 잃고, 점점 여위어 가든 것을 신흥 서민 계급이 이를 이용하여, 그들도 비로소 글자로 쓴 그들의 노래를 여기에다 담은 것이다. 이 노래들은 그러므로 형식

---

[46] 고정옥, 『국어국문학요강』, 395면.
[47] 고정옥, 『고장시조선주』, 6면.(이 책의 65면)
[48] 고정옥, 「국문학의 형태」, 『국문학개론』, 22~23면.(이 책의 269면)

과 내용의 저어齟齬, 형식의 불통일不統一, 소재문학화, 기술의 치졸 급及 내용의 추잡醜雜 등등의 대혼란을 이르키고 있는 한편, 소박하고 인간적이고 명랑한 신국면을 조선 시가 가운데 투영하였다.[49]

장별章別의 불명료, 가사 또는 민요 운율의 도입, 새로운 종장 형식의 창조, 이야기의 침입 등은 그 가장 두드러진 특성인데, 이들을 총괄해서 종래의 시조 형태와 근본적으로 다른 점을 꼬집어 낼진댄 그것은 그 길이(長)가 길어졌다는 점이다. 그래서 나는 종래 시조를 '평시조'라고 하고, 여상如上한 근세시조를 '장시조'라고 불러 시조를 이대분二大分하는 것이다. 세칭 엇旕시조는 평시조에서 장시조로 이행하는 과도적 형태일 것이고, 사설시조의 대부분은 장시조에 속할 것이나, 이러한 명칭은 그 율조律調에만 치중한 이름이고, 시조 문학의 역사적 발전상은 도외시했거나 불연不然이면 거기에 생각이 미치지 못한 데서 온 것이므로, 나는 귀족시조는 평시조, 서민시조는 장시조라고 이대분해서 시조 문학의 장르를 명맥히 하고저 하는 바다.[50]

위의 인용문에서 확인할 수 있듯이, 고정옥은 기본적으로 문학사를 바라보는 관점이 '문학과 사회의 관계를 중시하고 역사의 발전을 전제로 삼고 있다'[51]고 할 수 있다. 고정옥은 '단형 문학이란 원래 지극히 엄격한 율조상 제약을 받게 되는 것이니 만치 어느 민족의 문학사에서나 문학이 상당한 수준에 도달한 뒤에야 비로소 형성되는 것'[52]이라고 주장한다. 또한 비교적 엄격한 정형성을 지니고 있는 단형 문학인 시

---

49) 고정옥, 『조선민요연구』, 2~3면.
50) 고정옥, 「국문학의 형태」, 『국문학개론』, 24면.(이 책의 270~271면)
51) 신동흔, 「고정옥의 삶과 학문 세계」(상), 298면.
52) 고정옥, 「국문학의 형태」, 『국문학개론』, 18면.(이 책의 264면)

조는 '조선말에 애착을 가진' 문학 갈래로서, '국자國字'인 한글의 '제정을 계기로 급속한 발전을 진행한 것은 당연한'[53] 결과인 것이다. 기본적으로 양반 계급의 문화적 식견을 바탕으로 하고 있던 '이 귀족 시조의 형식이 흔들리기 시작한 것은 … 임·병란壬丙亂 후 양반 사회가 몰락하'[54]면서부터 인 것이다.

외적外敵에 의해 두 차례의 전란이 발생했을 때, '이를 막지 못하고 그 노쇠를 서민들 앞에 폭로한 양반 계급은 정치에 있어서 뿐 아니라 문화에 있어서도 정체 상태에 빠지지 않을 수 없었'[55]다고 단언한다. 그 결과 '봉건적 정치 체제가 붕괴'하고, 이전의 '양반을 대신하여 새로 일어난 서민 계급'이 새로운 문학 담당층으로 자리를 잡게 된다는 것이다. 첫 번째 인용문에서는 새로운 문학 담당층을 '중인·서얼·서리·평민·천민'들로 구성된 '서민 계급'으로 설정하고 있지만, 『고장시조선주』에서는 '1. 신진 중인 작가, 2. 창곡가唱曲家·창극가唱劇家, 3. 부녀자, 4. 기녀, 5. 민요 시창자始唱者, 6. 몰락한 양반'[56] 등으로 이를 보다 구체화하고 있다.

기존의 사대부들이 향유하던 시조문학을 그대로 물려받게 된 이들 새로운 담당층들은 '자기네들의 비위에 맞는 새로운 율문 양식을 창조하기에는 너무나 교양이 부족했고, 그보다는 앞을 내다보는 눈이 없었'[57]다고 주장한다. 그리하여 서민 계급은 기존의 시조에 '가사 또는

---

53) 고정옥, 『고장시조선주』, 6면.(이 책의 66면)
54) 고정옥, 「국문학의 형태」, 『국문학개론』, 23면.(이 책의 269~270면)
55) 고정옥, 『고장시조선주』, 7면.(이 책의 67면)
56) 고정옥, 『고장시조선주』, 9면.(이 책의 71~72면)

민요의 운율'을 도입한다든지, '민요의 소재와 정신'을 도입함으로써 '장시조'라는 양식을 찾아내게 되었던 것이다. 결론적으로 '교양이 부족'한 서민 계급들에 의해 형식과 내용면에서 새로운 시도가 다양하게 이루어졌지만, 끝내 사설시조는 '형식과 내용의 저어齟齬'에서 비롯한 한계를 극복하지 못하고 '실패의 문학'[58]으로 귀결될 수밖에 없었다는 것이다. 그렇지만 '그 중에는 고전적인 완성미를 보여주는 작품들도 가끔 있으며, 그렇지 않더라도 이는 문학사적으로는 의미있는 유산遺産'[59]이라고 할 수 있다.

두 번째 인용문에서 볼 수 있는 것처럼, '장시조'가 종래의 평시조와 근본적으로 다른 점은 바로 길이가 길어졌다는 점이다. 또한 평시조에서 파생된 것들로는 엇시조와 사설시조가 있지만, 이러한 명칭은 역사적 발전상을 제대로 반영하지 못한 율조律調에만 치중한 명칭이라고 주장한다. 따라서 고정옥은 역사적 발전상과 그 내용 및 형식을 종합적으로 고려하여, 시조문학을 '귀족시조는 평시조, 서민시조는 장시조'로 분명하게 구분하고 있다. 시조의 갈래를 이처럼 구분한 것은 일차적으로 그 형식에서 비롯되었지만, 시대 변화에 따른 역사적 관점에서의 내용의 변화도 중요한 요인이 되는 것이다. 바로 이런 측면에서 율격상으로는 평시조에 근접한 작품들까지도, 그 내용에 주목해서 '장시조'로 다루고 있다는 것을 알 수 있다.

---

57) 고정옥, 『고장시조선주』, 8면.(이 책의 68면)
58) 고정옥, 『고장시조선주』, 15면.(이 책의 79면)
59) 우리어문학회, 『국문학사』, 150면.

다음으로 아래의 인용문을 통해서, 『고장시조선주』에 수록된 작품 선택의 기준을 살펴보기로 하자.

> 이 책에는 가사맥歌辭脈을 끄은 한구漢句가 많이 쓰인 장시조는 전연히 싣지 않았으니, 이는, 설혹 서민 작가가 지은 작품이라 치더라도, 거기에 아무런 현실 타개 정신이 엿보이지 않으므로 그런 것이다. 또 그 반대로 상류 계급의 작품이라고 추단되는 작품일찌라도, 거기에 새로운 기도가 엿보이는 노래라면 서슴지 않고 넣었다. 또 교실에서 읽을 수 없는 이야기적인 노래도 여기에는 몇 수 넣었으며, 대체로는 모든 장시조군의 대표가 될 만한 것을 망라하려 애썼고, 그것을 뽑는 데 있어서는 물론 문학적 가치를 첫째 기준으로 삼았다.60)

인용문에서 보듯이 고정옥의 작품 선택 기준은 비교적 명확하다. 그 형식이 비록 기존의 평시조에서 벗어난 '장시조'라 하더라도, 작품의 내용이 '새로운' 것이 아니라면 취하지 않는다는 것이다. 아울러 한문구 위주로 된 작품은 배제되고, 가급적 고유어 위주로 구성된 작품이 우선적으로 가려지게 되는 것이다. 때문에 서민 작가가 창작한 작품일지라도 그 내용이 적절하지 못한 경우는 제외되지만, 상류 계급의 작품이라도 그 내용에서 새로운 시도가 엿보이는 노래는 선택되게 된다. 또한 모든 작품을 음악적인 것을 고려하지 않고, 철저히 문학 텍스트로 분석한다는 것을 밝히고 있다. 물론 이러한 관점이 오늘날의 기준으로 보건대 자의적인 부분이 없지 않다고 할 수 있겠으나, 사설시조 연구에 대한 연구 기반이 척박했던 당시로서는 불가피한 측면이었다

---

60) 고정옥, 『고장시조선주』, 16면.(이 책의 79~80면)

고 이해할 수 있을 것이다.[61]

　고정옥은 『고장시조선주』에서 전체 50수의 작품을 수록 순서에 따라 번호를 붙이고, 각 작품에 상세한 주석과 감상을 아울러 적어 두고 있다. 먼저 각각의 작품은 띄어쓰기가 전혀 안된 가집 원문 형태의 작품(본문 1)과, 이를 시조의 초·중·종장 혹은 대화체나 가사 형식으로 배열하여 당시 표기법에 맞게 고친 작품(본문2)으로 재구성하여 수록하고 있다. 이렇게 작품의 배치가 이루어지면, 그 뒤에 작품의 이해를 돕기 위해서 주요 어휘나 표현 등에 대해서 주석을 붙였다. 여기에 다시 저자의 관점으로 작품을 분석한 '감상·비평' 항목을 배치하였다. 이렇듯 이 책은 단순히 작품의 주석집이 아닌, 작품의 감상까지를 망라한 해설서의 역할도 겸비하고 있다는 것을 알 수 있다. 또한 작품에 대한 주석이나 감상을 펼치면서도, '장시조'의 일반적인 특징에 대해서 언급하는 것을 잊지 않고 있다.

　예를 들면 고정옥은 이 책의 서문에서 '장시조'의 형식적 특징으로 '새로운 종장 문구를 개척했다'[62]는 사실을 매우 중시하며 언급하고 있다. 이에 대해 '귀돌이 져 귀돌이…'로 시작하는 『고장시조선주』 3번 작품의 종장 첫구인 '두어라'에 대한 주석을 붙이면서, 다음과 같이 '장시조' 종장 형식에 대한 일반론으로 확대하여 설명하고 있는 것을 볼

---

61) 『고장시조선주』의 체제나 특징에 대해서는 김용찬, 「고정옥의 '장시조론'과 작품 해석의 한 방향」을 참조할 것.
62) 고정옥은 '장시조'의 형식적 특징으로 다음과 같이 지적하고 있다. "1. 소설식으로 길어졌다. 2. 가사투가 혼입混入했다. 3. 민요풍이 혼입했다. 4. 여상如上한 제 경향이 한 작품 속에서도 잡연雜然히 혼재하고 있다. 5. 대화가 많다. 6. 새로운 종장 문구를 개척했다.", 고정옥, 『고장시조선주』, 10면.(이 책의 72면)

수 있다.

> 두어라 : '아마도…', '아희야…' 등과 같이 제3장(종장) 모두에 쓰이는 상투어다. 이러한 말들은 종장 말미에 쓰이는 상투어 '…하노라', '…로라' 등과 시종 연결되는 것인데, 이것은 시조가 다른 율문과 구별되는 결정적인 형식적 조건이 되는 것이다. 시조의 점잖고 으젓한 귀족성, 언연하고 고답적인 강호 시정은 이 독특한 종장의 형식에 의거하여 여실히 형상화되었던 것이며, 또 이 형식은 필연적으로 그러한 귀족적 한일성을 그 내용으로서 요구했던 것이다.
> 이조 말엽 평민 시조 작가들이 자기네들의 평민적 생활 감정을 담는 그릇으로 역시 종래의 시조 형식을 빌어 왔을 때, 그들이 가장 거북스럽게 느낀 것도 이 종장 형식이 가진 귀족성이었을 것이다. 그 결과 상놈이 사대부의 의관을 걸친 것 같은 기이한 형식과 내용의 저어를 낳았던 것이다. 그래서 그들은 이 사대부의 거북스런 옷을 아주 벗어버리고 그들의 비위에 맞는 새로운 옷을 꿰매 보려고 애를 썼던 것이다.
> 저자가 관계하고 있는 대학의 국문학 전공 학생이 조사한 바에 의하면, 〈청구영언〉 소수 약 일천 수의 시조 중, 종장 기구 상투어로서 가장 많은 것은 '아마도…'이고, 다음 많은 것이 '아히야…'이다.
> …(중략)…
> 이것으로 보면 '아마도 …… 하노라'가 그 전형적인 기결 형태인 것을 알 수 있다.[63]

---

63) 고정옥, 『고장시조선주』, 23~25면. 중략된 부분은 고정옥이 조사한 '장시조' 종장 첫 구와 마지막 구의 분포를 기록하고 있는데, 참고로 이를 적시하면 다음과 같다. "다음에 말과 수를 들어 보기로 하자. 아마도 … 81 / 아히야 … 52 / 두어라 … 26 / 우리도 … 24 / 어즈버 … 14 / 하물며 … 13 / 묻노라 … 6. / 다음에 결구 상투어는 이러하다. 하노라 … 324 / 로라 … 158 / 하리라 … 160 / 하여라 … 76 / 나니 … 70 / 하리오 … 75 / 더라 … 65 / 세라 … 32."(이 책의 92~94면)

이렇듯 고정옥은 작품의 주석과 감상을 제시하면서, 단지 특정 작품뿐만이 아니라 '장시조' 일반에까지 관심을 환기시키고 있다. 고정옥에 의하면 '장시조란 대체로 그 종장 형식으로 말미암아 겨우 시조가 되는'[64] 문학 양식이다. 어떤 작품일지라도 일단 종장 형식을 제대로 갖추지 못하면 그 작품은 마땅히 '장시조'가 될 수 없다는 것이다. 그러나 시조의 성격을 결정짓는 요소인 '독특한 종장 형식'은 사대부들이 그들의 '귀족적 한일성閒逸性'을 담고자 마련한 시적 장치였던 것이다. 이처럼 '종장 형식의 귀족성'과 서민 계급의 미의식을 담고 있는 '장시조'의 양식 사이에는 필연적으로 '형식과 내용의 저어齟齬'가 생겨날 수밖에 없게 된다.

그리하여 '장시조'의 향유층인 서민 계급은 '이 사대부의 거북스런 옷을 아주 벗어버리고 그들의 비위에 맞는' 종장 형식을 새롭게 찾아야만 했던 것이다. 위의 인용문에서 조사한 내용은 형식과 내용의 불일치를 겪은 '장시조' 작자층이 애써 찾은 그들 나름의 새로운 종장 형식에 대한, 고정옥의 실증적 탐색 작업의 보고서인 셈이다. 고정옥이 이처럼 사설시조의 종장 형식에 대하여 지속적인 관심을 표하고 있는 것은, 새롭게 등장한 서민 계급이 기존의 시조 형식을 수용하면서도 그들 나름대로 새로운 내용에 걸맞는 종장 형식을 개척한 것에 더 큰 의의를 부여할 수가 있기 때문인 것이다.[65] 이처럼 개별 작품들에 대

---

64) 고정옥, 『고장시조선주』, 11면.(이 책의 74면)
65) 고정옥은 『고장시조선주』의 '서'에서 사설시조 특유의 종장 형식의 예들을 다음과 같이 지적하고 있다. "맞츰에(맞초아) ……만정 행혀 …런들 ……번 하꽤라(하여라). / 오날은 ……시니 ……가 하노라. / 글로사 ……이라(인지) ……일락패락 하여라.

한 주석이나 감상을 펼치면서도, 그 내용이 시가사 전반으로까지 관심이 확대되어 있는 것을 곳곳에서 확인할 수 있을 것이다.

고정옥은 형식의 변화는 반드시 내용의 변화를 가져온다고 보고 있으며, 특히 내용상의 변화 중에서도 '구체적인 이야기와 비유를 대담하게 도입했다'는 측면에 대해서는 '장시조'의 문학적 성패를 논할 만큼 중요한 것으로 지적한다.66) 몇몇 작품의 평가를 들어, 사설시조에 대한 고정옥의 관점을 보다 상세히 살펴보기로 하자.

    농민의 채신행採薪行을 여실히 그린 서사가사다. … 이 노래는, 순 객관적으로 초부樵夫의 일일 행정行程을 현실 그대로 서술한 것이다. 대단히 건실한 신소재 탐구의 정신을 여기에서 보는 것이다. 그와 동시에 근대적 리얼리즘의 싹을 우리는 여기에서 보는 느낌이 있다.67)

/ …… …… 하시오(하시소). / …… ……다 하데. / 아마도 …… 대사—로다. / 아마도 …… 값 없은가 하노라. / 우리도 ……노라.", 고정옥, 『고장시조선주』, 12〜13면.(이 책의 76면)

66) 고정옥은 '장시조'의 형식의 변화에 따른 내용상의 변화로 다음과 같은 특징들을 적시하고 있다. "1. 구체성 내지 형이하적形而下的인 성질을 가진 이야기와 비유의 대담한 도입, 2. 강렬한 애정의 표출, 3. 육욕肉欲의 기탄없는 영발詠發, 4. 어희語戲, 재담才談, 욕설의 도입, 5. 적나라한 자기 폭로, 6. 비시적非詩的 사물의 무사려無思慮한 시화詩化 기도.", 고정옥, 『고장시조선주』, 10면.(이 책의 73면)

67) 고정옥, 『고장시조선주』, 44면.(이 책의 126면) 여기에 해당하는 작품은 다음과 같다. "논밧 가라 기음 믹고 뵈잠방이 다임 쳐 신들메고 낫 가라 허리에 추고 도의 벼러 두러메고 / 무림산중茂林山中 드러가서 삭싸리 마른 셥흘 뷔거니 버히거니 지게에 질머 집팡이 밧쳐 노코 싀옴을 추주 가서 점심點心도슭 부시이고 곰방딕를 툭툭 써러 닙담빅 퓌여 물고 코노릭 조오다가 / 석양夕陽이 직 넘어 갈 졔 엇씩를 추이즈며 긴 소릭 져른 소릭 ᄒ며 어이 갈고 ᄒ더라.", (선주11 / 청육*728 / 전서#654). 앞으로 작품을 인용할 경우 원문을 3장 형식으로 구분하여 제시하고, 한문은 한글을 내어쓰고 나란히 병기하기로 한다. 또한 작품 말미에 『고장시조선주』의 작품 번호

연애 감정의 고뇌를 구체적인 비유로 영발詠發한 노래는 이 외에도 여기 저기 보이는데, 이러한 구상도 말기 평민 문학에 있어서의 리얼리티의 추구 정신의 한 발로라 할 것이다. 그들은 무어나 눈에 보이는 형체를 그리지 않고는 만족하지 않았고, 또 그렇게 함으로서만 자기네들의 비위에 맞는 표현의 길을 찾은 것이다.(68)

전 시대 말기의 평민 문학의 길이 결국 이러한 경지에 떨어지고 만다는 것은 그들을 위하여 애석한 일이나, 그들이 미구未久에 당도할 새 시대에 대한 투시력을 갖지 못했고, 또 문학할 교양을 쌓지 못했음을 생각할 때, 양반들이 물려 준 시조 형식을 그것이 자기네들의 생활 감정을 담기에 적당한지 여부를 고려할 여지도 없이, 그것을 그대로 이용하여, 일상 생활의 이모 저모를 아무런 선택도 없이 되나 개나 글로 써보았던 것에 불과한 결과가, 간혹 이러한 비문학非文學을 낳았다는 것은 차라리 당연하다 할 것이다. 이것은 사설시조가 싫어도 거느리지 않을 수 없는 한 천한 일가 친척이라 할 것이다.(69)

와 원전인 〈청육〉의 가번歌番 및 『역대시조전서』(심재완, 세종문화사, 1972)의 가번을 함께 제시하였다.
68) 고정옥, 『고장시조선주』, 53면.(이 책의 142~143면) 여기에 해당하는 작품은 다음과 같다. "창窓 니고져 창窓 니고져 이 니 가슴에 창窓 니고져 / 들장자障子 열장자障子 고모장자障子 셰살장자障子 암돌적지돌赤只 슈돌적지돌赤只 쌍 배목雙排目 외 걸싀를 크나큰 쟝도리로 쑥싹 박아 이 니 가슴에 창窓 니고져 / 임任 그려 하 답답畓畓흘 제면 여다져나 볼 가 하노라.", (선주17 / 청육*782 / 전서#2713).
69) 고정옥, 『고장시조선주』, 82~83면.(이 책의 192면) 여기에 해당하는 작품은 다음과 같다. "일신一身이 사쟈 하니 물 것 계워 못 살리로다 / 피겨 갓튼 가랑니 보리알 갓튼 슈통니 잔 벼록 굴근 벼록 쥐는 놈 긔는 놈에 비파琵琶 갓튼 빈디삿기 사령使숑 가튼 등에어이 갈따귀 수뮈약이 센 박휘 누른 박휘 바금이 거져리 부리 쑈족흔 모긔 다리 기다흔 모긔 살진 모긔 야윈 모긔 그리마 쑈록이 주야晝夜로 뷘 틈 업시 물거니 쏠거니 쏫거니 쏘거니 심甚한 당唐비루에 어려왜라 / 그 중中에 춤아 못 견딜슨 오뉴월五六月 복伏더위에 쉬파린가 하노라.", (선주32 / 청육*888 / 전서#2437).

위의 인용문들에서 대상으로 삼고 있는 작품들은 지금도 사설시조의 가장 전형적인 것들로 평가되고 있다. 특히 한 초부樵夫가 산으로 들어가 나무를 하는 모습을 그린 첫 번째 작품을 '서사가사'라고 지칭하며, 이 작품에서 사설시조의 '신소재 탐구의 정신'을 확인할 수 있다고 주장한다. 더욱이 이를 '근대적 리얼리즘(realism)의 싹'으로까지 평가하는 것에서, 사설시조에 대한 그의 긍정적 인식을 엿볼 수가 있을 것이다. 또한 화자가 느끼는 '연애 감정을 고뇌를 구체적인 비유로 영발詠發한' 두 번째 작품 역시, 고정옥의 관점에서는 '리알리티(reality)의 추구 정신의 발로'로 높이 평가할 수 있다. 이처럼 추상적인 소재를 구체적인 사물을 들어 표현하는 것을 '눈에 보이는 형체를 그리지 않고는 만족하지 않았고, 또 그렇게 함으로써 자기네들의 비위에 맞는 표현의 길을 찾은 것'으로 인정하게 된다.

앞의 두 작품에 대한 평가가 비교적 긍정적이라고 한다면, 세 번째 인용문은 대상 작품에 대한 부정적 평가를 보여주는 사례라고 할 수 있겠다. 실제 작품의 형상화 측면에서 본다면, 세 번째 인용문의 대상 작품이 앞의 두 작품에 비해서 딱히 차이가 나는 점을 발견하기 어렵다. 단지 작품에서 다루고 있는 제재가 앞의 두 작품들과는 달리, 고정옥의 관점에서 보자면 '비시적非詩的 사물'들의 나열로 이루어졌기 때문이라고 짐작될 따름이다. 우리가 선입견을 거두고 작품을 살펴본다면, 이 작품 역시 다른 두 작품들과 마찬가지로 '구체적인 이야기와 비유를 대담하게 도입'했다고 논할 수 있다. 오히려 새로운 소재를 찾으려는 작가의 시도를 '참신한' 것을 받아들여질 수도 있을 것이다.

그러나 고정옥은 이러한 시도 자체를 '일상 생활의 이모저모를 아무런 선택도 없이 되나 개나 글로 써보았던 것에 불과'하며, 결과적으로 이러한 작품들은 '비문학非文學'으로 평가할 수밖에 없다고 주장한다. 여타의 작품에서도 이러한 평가는 적지 않게 발견된다. 예컨대 '문학이 될 수 있는 하층인의 생활의 일단면을 잘 포착했으나, 그것을 문학화함에 있어 역량이 모자랐'70)다거나, '안사돈 사이에 주고받은 비속한 대화를 노래처럼 서술한 것인데, 이 역 문학이 되기에는 거리가 있는 야비한 부녀자의 욕지거리의 한 토막'71)에 불과하다는 등의 작품 평가가 그것이다. 대체로 부정적 평가를 내리고 있는 작품들은 기존의 시조에서는 절대 다루어질 수 없는 제재를 다루고 있으며, 작품의 형상화에 있어서도 서민들의 일상 용어가 적나라하게 사용되고 있다는 특징이 있다. 결국 고정옥의 이러한 작품 해석의 관점 뒤에는 문학에 대한 '교양주의적 태도'가 자리잡고 있었던 때문이라고 판단된다.

사설시조의 내용적·형식적 특징 중에서 고정옥이 주목하고 있는

---

70) 여기에 해당하는 작품은 다음과 같다. "물 우희 사공沙工 물 아레 사공沙工놈들이 삼·사월三四月 전세田稅 대동大同 실너 갈 제 / 일 천 석一千石 싯는 대중선大中船을 자귀 듸혀 숨혀닐 제 삼색三色 실과實果 머리 가존 것 갓쵸와 피리 무고巫鼓를 둥둥 치며 오강五江 성황지신城隍之神과 남해南海 용왕지신龍王之神쎄 손 고초와 고사告祀 홀 제 전라도全羅道ㅡ라 경상도慶尙道ㅡ라 울산蔚山바다 나주羅州ㅡ바다 칠산七山바다 휘도라 안흥安興목이라 손돌孫乭목 강화江華ㅡ목 감도라 들 제 평반平盤에 물 담은 드시 만리 창파萬里滄波에 가는 듯 도라오게 고스리 고스리 소망所望 일게 ᄒᆞ오소서 / 어어라 져어라 이어라 빗뜨여라 지국총地菊叢 나무아미타불南無阿彌陀佛.", (선주6 / 청육*655 / 전서#1084).
71) 여기에 해당하는 작품은 다음과 같다. "직 넘어 막덕莫德의 어마네 막덕莫德이 쟈랑 마라 / 밤중中만 품에 드러 돌계잠 쟈고 니 갈고 코 고으고 방기放氣 쉬고 오좀 싼다 춤아 모진 닉 밋기도 하 즈즐ᄒᆞ고나 어서 다려 니거라 막덕莫德의 어마 / 막덕莫德의 어미 대답對答ᄒᆞ되 이 나의 아기쌀이 빈 앏피고 고름증과 잇다감 제증 외外에 연의 잡병雜病은 처녀處女적부터 업셰라.", (선주34 / 청육*890 / 전서#2531).

것은 또한 민요 혹은 가사의 운율이나, 민요의 소재나 정신을 도입한 작품들이다. 특히 민요에 대한 적극적인 평가와 함께 이의 형식을 도입한 작품들에 대해서는 예외 없이 긍정적인 평가를 내리고 있는 것을 확인할 수 있다.72) 예를 든다면 한 작품을 '민요적 가사'라고 평가하고, '수박·참외·호박— 이런 누구에게나 친압親押한 식물에 비겼음에도 불구하고 조금도 부엌 냄새가 풍기지 않고 훌륭히 문학이 된 이 작품은, 가사와 민요가 혼연히 융합한 전대 말기 가요의 일품逸品의 하나임에 틀림'73)이 없다는 해석이 그것이다. 물론 그 작품이 형상화의 측면에서 비교적 잘된 작품임에는 분명하나, 이 작품이 어떤 측면에서 민요나 가사와 연결될 수 있는지는 분명히 설명하지는 않는다. 단지 작품의 제재나 다루고 있는 소재가 민요의 그것과 유사하다는 측면에서 이런 평가를 내리고 있는 듯하다.

이처럼 고정옥은 각각의 작품에 대한 상세한 해석을 덧붙이고 있는데, 이러한 논의들을 통하여 '장시조'에 대한 그의 이론이 형성된 것이라고 파악할 수 있을 것이다. 물론 작품 해석에 있어서 다소 인상적으

---

72) 이러한 태도는 그가 사설시조의 문학사적 평가를 내리고 있는 다음의 기록을 통해서도 쉽게 확인할 수 있다. "이로써, 장시조의 형식과 내용에 걸쳐 그 현저한 조건을 들어서 검토해 왔거니와, 요컨댄 장시조란 서민 계급이 양반 계급의 율문 문학을 상속받아, 그것을 자기네들의 문학으로 만들려고 발버둥친 고민의 문학이며, 실패의 문학이다. 그러나 우리는 문학사적으로 이를 중요시하지 않으면 안되는 동시에, 그 가운데에서 주옥같은 몇 편의 노래를 발견하는 기쁨을 또한 갖는 것이다. 그것은 주로 민요적인 내방가사의 성격을 띤 노래들이다.", 고정옥, 『고장시조선주』, 15면. (이 책의 78~79면)

73) 여기에 해당하는 작품은 다음과 같다. "슈박것치 두렷한 님아 츠뮈 것튼 단 말슴 마소 / 가지가지 흑시는 말이 말마두 원말이로다 / 구시월九十月 씨동아 것치 속 셩 긘 말 마르시소.", (선주25 / 청육*863 / 전서#1696)

로 흐른 면이 종종 발견되기도 하지만, 대체로 작품의 내용과 표현의 측면에 주목해서 탐색한 결과가 그의 저서 곳곳에 '장시조론'의 형태로 구현되어 있다고 여겨진다. 결론적으로 작품을 통한 치밀한 실증적 작업의 바탕 위에서, 문학적 감식안과 문학에 대한 이론적 안목이 적절히 어우러져 완성된 것이 바로 『고장시조선주』라고 할 수 있겠다.

마지막으로 『고장시조선주』의 체제에서, '편저자의 주관으로 분장 또는 분단'하여 재정리한 '본문2'의 항목을 간략하게 살펴보기로 하자. 일단 대부분의 작품들은 시조의 3장 형식에 맞추어 수록하는 경우가 일반적이다. 하지만 몇몇 작품의 경우 대화로 여겨지는 것은 대화체로, 민요나 가사로 파악하는 작품은 해당 시가의 형식으로 재배열하고 있다. 이러한 작품 배열의 특징을 살펴봄으로써, 고정옥이 파악하고 있었던 사설시조에 대한 인식의 일단을 확인할 수 있기 때문이다.

(장사) "댁들에 동난지들 사오."
(주인) "네 황우 긔 무엇이라 외나니, 사자."
(장사) "외골 내육에 양목은 향천하고, 대아리 이족으로 능착 능방하며, 소아리 팔족으로 전행 후행 하다가 청장 흑장 아스삭하난 동난지들 사오."
(주인) "장사야 하 거북히 외지 말고 '궤젓 사소' 하야라."74)

어이려뇨 어이려뇨,
이랄 어이려뇨.

---

74) 이 작품의 원문은 다음과 같다. "댁宅드레 동난지들 ᄉᆞ오 뎌 장사匠事—야 네 황우 긔 무어시라 웨ᄂᆞ니 ᄉᆞᄌᆞ / 외골外骨 내육內肉에 양목兩目은 향천向天ᄒᆞ고 대大아리 이족二足으로 능착能捉 능방能放하며 소小아리 팔족八足으로 전행前行 후행後行하다가 청장靑醬 흑장黑醬 아스삭 ᄒᆞᄂᆞᆫ 동난지들 사오 / 장사匠事야 하 거북이 웨지 말고 궤젔 사쇼 하야라.", (선주9 / 청육*714 / 전서#844).

시어머니 소대남진
밥 담다가 놋주걱 잘를
부르질러꾀야.
이랄 어이려뇨.
시어머니 "져 악아 하 걱정말아.
우리도 졈어서
많이 겄어 보앗노라."[75]

  첫 번째는 이른바 「댁들에 노래」의 한 작품이다. 고정옥은 조선 후기 가집들에 이와 유사한 형식의 노래가 다수 존재하는 것에 주목하여, 이를 '장사꾼과 주인의 문답에 착안하여' 만들어진 문답체 작품으로 파악하고 있다. 비록 이러한 형식의 「댁드레 노래」는 문학으로서 훌륭히 결실하지 못한 채 희시戲詩로 타락하고 말았'지만, '그 양식이 종래의 모든 율문 문학 양식을 완전히 무시하고 출발한 데 평민 작가의 대담한 문학 혁신 정신'[76]이 있다고 보았다. '장시조'에서 이러한 대화체의 도입은 고정옥이 그 형식적 특징 중에 가장 두드러진 측면으로 지적했던 것이다. 우리가 위의 인용문만을 두고 본다면, 결코 시가라고 생각할 수 없을 정도이다. 그러나 고정옥은 사설시조의 다양한 형식적 실험의 사례를 드러내기 위하여 굳이 이러한 방식으로 작품을 재구성하였던 것이다. 각각의 대화에 인용 부호를 붙이고, 해당 대화의 주체를 괄호 안에 표기하는 등 자못 파격적인 형식을 취하고 있는

---

75) 이 작품의 원문은 다음과 같다. "어이려뇨 어이려뇨 이를 어이려뇨 싀어머니 / 소딕남딘 밥 담다가 놋쥬걱 잘늘 부르질너뫼야 이를 어이려뇨 싀어머니 / 져 아가 하 걱졍마라 우리도 졈어서 만이 것거 보앗노라.", (선주18 / 청육*813 / 전서#1960)
76) 고정옥, 『고장시조선주』, 41면.(이 책의 119면)

것이다. 『고장시조선주』에 수록된 50수 중 이렇게 대화체로 재구성한 작품은 모두 9수나 되는데, 이러한 수치에서 확인할 수 있듯이 사설시조에서 대화체의 도입을 매우 중요한 비중을 차지하고 있었던 셈이다.

두 번째 작품은 '시조와 가사와 민요의 제 요소가 혼연히 섞인 전형적인 작품'이라고 논하고 있다. 시조와 민요적인 요소를 지적하고, 그럼에도 '이 작품이 결정적 성격은 가사- 특히 내방가사적인 데 있다'고 단언한다. 또한 '이 노래에 있어서는 이조 말엽 평민문학이 가진 도덕적 혼란을 반영한 노래의 하나란 점에 있어, 민요적 요소가 많음에도 불구하고 보다 더 말기 시조에 가까운 것이 되고 말았다'[77)고 평가하고 있다. 『고장시조선주』에는 '민요' 혹은 '민요적 가사'라고 평가되는 작품들이 모두 4수가 수록되어 있는데, 이 부류의 작품들은 사설시조가 어떻게 민요와 교섭하여 새로운 내용을 담아내고 있는지를 잘 보여주고 있다고 하겠다.

이상 개략적으로 고정옥의 연구 성과를 중심으로 '장시조'에 대한 인식과 그것이 구체적인 작품의 분석을 통해 마련되었다는 것을 검토해 보았다. 고정옥은 대체적으로 대상으로 삼고 있는 '장시조' 작품들과 그 갈래에 대해서 비교적 긍정적 평가를 내리고 있다는 것을 확인할 수 있었다. 물론 여기에서 미처 거론되지 못한 개별 작품들까지 논의를 확장한다면, 고정옥의 문학관에 대해서 보다 풍부한 해석을 내릴 수 있을 것이다. 작품을 평가하는 문학적 식견은 그의 여타 저서들에서도 쉽게 발견할 수 있는데, 지속적인 관심을 가지고 그가 지닌 문학

---

77) 고정옥, 『고장시조선주』, 55~56면.(이 책의 146면)

관을 탐구하기로 하겠다.

5. 맺음말

　어떠한 연구 성과라도 그것이 연구자들의 관심 밖에 놓여져 있을 때, 그것이 지니는 연구사적 가치는 결코 드러나지 않게 된다. 특히 민족의 분단이라는 비극적 현대사를 지니고 살아야 하는 우리 민족에게 있어서, 해당 연구자가 서 있는 위치가 어디인가에 따라 그동안 한쪽의 문학사에서 선택되거나 배제되는 경우가 분명히 존재하고 있었다. 여기에서 다룬 국문학 연구자인 고정옥이 이러한 경우에 해당된다. 물론 1980년대 후반부터 납·월북 작가들에 대한 해금이 단행되면서, 그동안 제대로 다루지 못했던 작가나 연구자들이 비로소 학문적 탐구의 대상이 되었다. 하지만 오랜 기간 동안의 연구사적 공백은 고정옥의 국문학 연구에 대해 정당한 평가를 내리는 데 적지 않은 어려움을 안겨 주고 있다.

　무엇보다도 고정옥이 남긴 연구 성과들을 접하는 것이 쉽지 않았다. 해당 자료에 대한 접근이 쉽지 않다는 것은, 연구자들에게 그것을 연구하고자 하는 의욕을 저하시키는 요인이 될 수 있다. 더욱이 우리가 살펴본 고정옥의 연구 성과는 당대의 국문학 연구사를 조망하는 데 반드시 거쳐야 할만큼 중요한 것들이었다. 민요를 중심으로 한 구비문학에 대한 관심과 문학사에 대한 체계적인 인식은 지금 따져보아도 매우 중요한 성과임이 분명하다. 고정옥은 어느 문학 갈래를 연구의 대상으로 하더라도, 큰 틀에서 여타 갈래와의 연관성을 고려하면서 문학사의 지형을 그려 나갔다. 때문에 이제라도 그의 연구 성과들을 면밀히 검토하여, 실제적인 학문적 성과에 걸맞는 대우를 해 주어야 마땅하다고 생각한다.

  이 글은 이러한 관점에 기반하여, 우선 조선 후기 사설시조를 집중적으로 다룬 그의 저서『고장시조선주』를 중심으로 그의 연구사적 성과의 일단을 살펴본 것이다. 기존의 연구 성과를 수용하여 고정옥의 생애를 재구해 보았고, 또 월북 이전 그가 남긴 저서들의 특징을 검토해 보았다. 또한 '장시조'에 대한 이론적 고찰과 함께 작품 분석을 시도한『고장시조선주』는 그의 문학관을 살피는 데 매우 중요한 자료임이 분명하다. 고정옥은 '장시조'의 연원을 살피면서, 삼국시대의 향가로부터 당대의 민요까지 폭넓게 고려하는 자세를 보여주고 있다. 단순히 특정 시기에 등장한 문학 갈래가 아닌, 여타 갈래와의 문학사적 교섭을 통하여 탄생한 것임을 끊임없이 강조하고 있다. 따라서 그의 논의를 따라가다 보면, 어느 갈래를 대상으로 하고 있더라도 문학사 전반에 대한 고정옥의 인식들과 맞닥뜨리게 된다.

  여전히 고정옥에 대한 연구사적 탐색이 더 필요하다는 것이 연구자로서의 솔직한 생각이다. 물론 본고에서는 그의 저작들에 대해 개략적으로 살피고 사설시조에 대한 전반적인 성과를 검토하는 데 그쳤지만, 고정옥과 그의 학문적 성과에 대한 지속적인 관심을 기울여 또 다른 연구 성과물을 제출할 것이다. 이 글을 통해서 고정옥이 지닌 고전시가에 대한 전반적인 인식을 확인하고, 문학사를 파악하는 그의 관점의 일단을 파악할 수 있었으면 한다.

교주 고장시조선주

서序◇
예언例言◇
주해註解◇
색인索引◇

서序

시조時調¹⁾라는 조선朝鮮 율문 문학律文文學²⁾ 양식樣式의 성립成立에 관關해서 국문학도國文學徒들 사이에 견해見解가 구구區區하다. 그러나, 그것이 향가鄕歌³⁾의 전통傳統 속에서 우러난 문학文學이란 것은 움직일 수 없는 사실事實일 것이다.

우리는 한 걸음 더 나아가, 새로운 문학사文學史의 자료資料가 돌현突現⁴⁾하지 않는 한限, 13세기十三世紀 전후前後 즉卽 고려高麗 고종 시대高

---

1) 형식은 4개의 음보가 결합하여 한 행을 이루고 그것이 3번 중첩되어 한 수를 이루는, '4음보격 3행시의 구조'로 이루어진 정형시 양식. 시조는 단일한 정형 구조를 지닌 시가 갈래로서는 10구체 향가 이후 가장 잘 정비되고 또 광범한 창작 기반을 가졌던 서정시 양식이다.
2) 율문律文은 일정한 율격律格에 맞추어 지은 글로, 문학에서는 대체로 시가詩歌 양식을 지칭함. 율문 문학이란, 율격에 구애됨이 없이 자유롭게 지은 글을 가리키는 산문 문학散文文學에 대응되는 개념이다.
3) 한자漢字의 음音과 훈訓을 빌어 우리말로 적는 향찰鄕札에 의해 기록되어 전하는 신라시대의 시가 양식. 현재 『삼국유사三國遺事』에 14수와 『균여전均如傳』에 「보현시원가普賢十願歌」 11수 등 모두 25수가 전하고 있다. 고정옥은 향가를 '우리 문학의 출발점'으로 보고 있으며, 그 이전에 원시종합예술이 '문학의 모태'로 존재했었다고 파악하고 있다.(고정옥, 『국어국문학요강』, 369~379면 참조)
4) 갑자기 나타남.

宗時代 전후前後에 소위所謂 '경기하여가景幾何如歌'[5]나 「어부가漁父歌」[6]의 일장一章이 분리分離하여 독립獨立한 것이라고 생각한다. 대체大體로 '경기하여가景幾何如歌'나 「어부가漁夫歌」는 일견一見 장가長歌[7]와 같은 외모外貌를 갖추고 있지만, 사실事實은 처음부터 분장分章하더라도 각 장各章이 각 장各章대로 생명生命을 유지維持할 수 있는 노래다. 그들은 후세後世의 이이李珥[8]의 「고산구곡가高山九曲歌」[9]나, 윤선도尹善道[10]의 「오우가五友歌」[11] 같은 것과 본질적本質的으로는 하등何等 구별區別될

---

5) '경기체가景幾體歌'를 일컬음. 대체로 고려 고종 때 한림 제유翰林諸儒들이 지은 「한림별곡翰林別曲」을 초기의 작품으로 꼽고 있으며, 매우 까다로운 형식 제약과 특이한 관습을 지닌 문학 갈래로 논의되고 있다. 작품의 중간과 끝에서 '위 ○○ 경긔 엇더ᄒ니잇고'(경기하여景幾何如)라는 구절로 시상을 집약하고 있기 때문에, '경기하여가景幾何如歌'라고도 한다.

6) 『악장가사樂章歌詞』에 수록된, 전체 12장으로 구성된 「어부가漁父歌」를 일컬음. 형식은 7언七言의 한시에 토를 단 형식으로 되어 있으며, 각 장마다 후렴이 있다.

7) 여기에서 '장가長歌'는 특정한 문학 양식의 명칭이 아니라, '길이가 긴 형식의 노래'라는 일반적인 의미로 쓰였음. 짧은 형식의 노래인 '단가短歌'에 대응하는 개념이다.

8) 이이李珥(1536~1584) : 조선 중기의 문인. 자는 숙헌叔獻이고, 호는 율곡栗谷·석담石潭·우재愚齋 등이다. 이황李滉과 함께 우리나라 유학儒學의 쌍벽을 이룬다. 문집으로 『율곡전서栗谷全書』가 있고, 연시조인 「고산구곡가高山九曲歌」가 전한다.

9) 이이가 황해도 석담石潭에 은거할 때 지은 연시조로, 전 10수로 되어 있다. 작품은 서사序詞와 관암冠巖·화암花巖·취병翠屛·송애松崖·은병隱屛·조협釣峽·풍암楓巖·금탄琴灘·문산文山 등의 경치를 읊은 내용으로 이루어져 있다.

10) 윤선도尹善道(1587~1671) : 조선 중기의 문인. 자는 약이約而이며, 호는 고산孤山·해옹海翁 등이다. 특히 시조에 뛰어나 정철의 가사와 더불어 시가사상 쌍벽을 이룬다. 문집으로 『고산유고孤山遺稿』가 있고, 「어부사시사漁父四時詞」 등의 시조가 전한다.

11) 윤선도가 지은 연시조로, 전체 6수로 이루어져 있다. 작품은 서사序詞와 수水·석石·송松·죽竹·월月 등의 내용으로 이루어져 있으며, 각각의 자연물을 벗으로 비겨 지은 것이다.

성질性質의 것이 아닌 것이다.

고려시대高麗時代의 이러한 상층인上層人의 노래 형식形式은 혹或은 중국 시가中國詩歌의 영향影響 하下에서 형성形成12)된 것인지도 모르되, 과문寡聞13)한 우리로서는 이를 사구체四句體14) 민요民謠의 중첩重疊으로 된 고려가요高麗歌謠15) 「동동動動」16) 같은 것과의 관련關聯에서 이해理解하려는 것이니, 향가鄕歌 전통傳統의 말예末裔17)라고 할 단가短歌 이장二章 「도이장가悼二將歌」18)에서 이미 그 시작試作을 보는 것이다.

---

12) 고정옥은 한시구 혹은 한자 어구의 나열로 이루어진 경기체가나 「어부가」 등이 그 형성 과정에서 중국 시가의 영향을 받은 것으로 파악하고 있다. 이에 대해서는 다음의 진술을 참고할 수 있다. '경기하여체가는 귀족문학의 남상濫觴이란 점에서 고려가요 일반과 절연截然히 구별'되며, '이미 보다 더 중국식 교양에서 우러난 문학인 것이다.'(고정옥, 『국어국문학요강』, 383~384면 참조.)
13) 보고 듣고 한 것이 적음. 흔히 자신의 식견이 부족하다는 겸양의 의미로 주로 사용된다.
14) 대체로 한 행이 4개의 음보音步로 이루어진 시가의 형식. 4음보의 형식이 매 행마다 반복되므로, '4음보격音步格'이라고도 한다.
15) 고려시대에 창작·향유되었던 국문시가의 갈래를 일컬음. 대체로 구전口傳 혹은 한역漢譯되어 전해지다가, 한글이 창제된 이후 편찬된 『악학궤범樂學軌範』등의 악서樂書에 수록되어 전해진다. 고려시대에 창작된 작품 가운데 경기체가景幾體歌를 제외한 국문시가를 통칭하는 개념으로 사용되고 있으며, 이들 작품들이 대체로 민간 가요적 성격이나 기원을 가진 노래들이 적지 않기 때문에 '고려속요高麗俗謠'라고 지칭하기도 한다.
16) 작자와 연대를 알 수 없는 고려가요의 작품. 구전되어 오다가 조선 초기에 『악학궤범樂學軌範』에 수록되어 가사가 전한다. 전체 13장으로 이루어진 연장체聯章體로, 서사序詞와 1월부터 12월까지의 세시 풍속歲時風俗을 화자의 상사相思의 정과 연결시켜 노래한 '달거리' 형식의 작품이다.
17) '후예後裔'의 다른 표현. 곧 핏줄을 이은 후손을 일컫는다.
18) 고려高麗 예종睿宗이 1120년(예종15)에 지었다는 향찰식鄕札式 표기의 작품을 일컬음. 고려 태조를 대신하여 전투에서 죽은 신숭겸申崇謙과 김락金樂을 추모하는 내용

한문화漢文化[19])에 완전完全히 중독中毒되어 이두문학吏讀文學[20])의 유산遺產을 계승繼承·발전發展시키려는 의욕意慾조차 상실喪失한 여대인麗代人으로서 적어도 조선朝鮮말을 써서 노래를 지으려고 했을 때는, 전래傳來의 서민 가요庶民歌謠인 민요民謠[21])의 양식樣式에 의존依存하지 아니하지 못했을 것이다. 그러므로 우리는 분장 형식分章形式[22])이면서도 각 장간各章間에 긴밀緊密한 유기적有機的 연결성連結性이 없는 여조 시가麗朝詩歌[23])의 원형原型을 월령체月令體[24]) 민요民謠 같은 사구체四句體

의 작품이다. 전체 8행으로 이루어진 이 작품은 종래 2연으로 구성되어 있다고 논해졌으나, 현재에는 전체를 1연으로 파악하는 것이 일반적이다. 따라서 본문에서 「도이장가」를 '단가 이장'이라고 한 것은 작품을 2연으로 구분한 초기의 해석을 따른 것이라 할 수 있다. 고정옥은 이 작품에 대해서 다음과 같이 설명하고 있다. "전형적인 향가의 형식과는 다소 다르나, 문학사상으로는 역시 향가의 말예末裔라 할 것이다. 이것은 예종이 서도西道(평양平壤)에 행행行幸했을 때 팔관회에서 건국 공신인 김락·신숭겸(장절공壯節公)의 가상희假像戲를 보고 초연悄然 감개하여 지은 '단가端歌' 2장이다."(고정옥, 『국어국문학요강』, 17면.)

19) 한문漢文을 근거로 이루어진 문화. 여기에서는 향찰鄕札이나 이두吏讀로 이루어진 문학 전통과 대응되는 개념으로 사용되었다.
20) 향찰鄕札로 표기된 '향가鄕歌'를 일컫는 듯. '향가' 역시 한자의 음音과 훈訓을 빌어 표기했다는 점에서, 크게 보아 '이두문학'이라고 할 수 있다.
21) 어떤 단일한 갈래로 규정할 수 없는, 일반 민중의 생활 속에서 전승되는 모든 구비 시가口碑詩歌의 총칭. 고정옥은 그의 『조선민요연구』(수선사, 1949)에서 민요의 개념을 "집단에 의하여 공동적으로 제작되며, 인민 대중에 의하여 노래 불리우며, 민족의 전통적 피가 맥맥히 물결치는 노래"(14면)라고 정의하였다.
22) 2개 이상의 연이 모여 한 편의 노래를 이루는 작품의 형식. 연장체聯章體 혹은 분련체分聯體라고도 한다.
23) 고려시대에 창작·향유되었던 국문 시가를 지칭함.
24) 1월부터 12월까지에 걸쳐 매달의 세시 풍속을 노래하는 작품의 형식. 대체로 농가農家에서 해야 할 일을 상기시키는 내용으로 이루어져 있으며, 가사인 「농가월령가農家月令歌」가 대표적인 작품이다. 최근에는 '상사의 노래'인 '달거리' 형식과 구분하

민요民謠의 중첩형重疊形에서 구求하는 것이다.

  이리하여 여조 시가麗朝詩歌는 한편으로는 조선朝鮮말에 애착愛着을 가진 단가短歌25)를 분가分家시키고, 또 한편으로는 각 장간各章間의 연결성連結性이 더욱 긴밀緊密해져서, 점차漸次 분장分章조차 불가능不可能하게 된 한시파漢詩派의 가사歌辭26)로 발전發展해 간 것이 아닐까. 그러고 이러한 장가長歌와 단가短歌의 성질性質을 반반半半씩 띠고, 거기에 민요적民謠的 정서情緖가 강력强力하게 작용作用한 것이「청산별곡靑山別曲」27),「서경별곡西京別曲」28),「가시리」29) 등等의 조선 시가朝鮮詩歌의 지보至寶30)가 아닌가.

  하여간何如間 시조時調는 다 같이 봉건 관료封建官僚, 양반兩班, 귀족貴族, 학자學者의 문학 양식文學樣式이기는 하지만, 가사歌辭보다는 연대적

여 논하는 것이 일반적이다.

25) 본래는 짧은 형식의 시가를 뜻하지만, 여기서는 그 대표적인 양식인 시조 갈래를 지칭하고 있다.
26) 4음보 연속체의 율문律文 형식의 시가. 가사는 앞에서 언급한 형태적 요건 이외에 주제・소재・표현 방식・규모・구성 등에 관한 특별한 제약이 없기 때문에, 가사 작품들의 내용과 성격은 매우 다채롭다. 다만 이 책에서 '한시파漢詩派 가사歌辭'라 논하는 것으로 보아, 저자는 가사의 발생을 한시에서 찾고 있는 듯하다.
27) 작자와 연대를 알 수 없는 고려가요의 작품. 전 8연으로 이루어져 있으며, 조선 초기의 악서樂書인『악장가사樂章歌詞』등에 수록되어 가사가 전한다.
28) 작자와 연대를 알 수 없는 고려가요의 작품. 전 3연으로 이루어져 있으며, 조선 초기의 악서樂書인『악장가사樂章歌詞』등에 수록되어 가사가 전한다. 대체로 서로 다른 3개의 연이 결합하여 한 편의 노래를 이룬 것으로 논의되고 있다.
29) 작자와 연대를 알 수 없는 고려가요의 작품. 전 4연으로 이루어져 있으며, 조선 초기의 악서樂書인『악장가사樂章歌詞』등에 수록되어 가사가 전한다. '귀호곡歸乎曲'이라고도 하며, 내용은 님을 그리는 애절한 심정을 곡진하게 표현하였다.
30) 가장 뛰어난 보물.

年代的으로 뒤떨어져 성립成立되었고, 또 가사歌辭보다는 조선적朝鮮的인 뉴앙스31)가 풍기는 문학文學이었다. 그리고 그 양식樣式에 있어서도 훨씬 독창적獨創的인 문학文學이었다.

시조時調가 국자國字의 제정制定32)을 계기契機로 급속急速한 발전發展을 진행進行한 것은 당연當然한 일이다. 국자國字 제정制定은 15세기十五世紀 중엽中葉에 일어난 조선朝鮮의 민족적民族的 자각自覺의 여명黎明33)이었다. 노래가 근대적近代的인 의미意味의 문학文學이 되기 비롯한 것은, 실實로 국자國字 제정制定 이후以後의 일이니, 그 이전以前의 작품作品들은 수다數多한 후대인後代人의 공동 참여共同參與34)를 고려考慮에 넣지 않고는 승인承認할 수 없는 것이다.

그러나, 국자國字 제정制定 후後 약約 1세기一世紀, 바야흐로 우리 중세기 문학中世紀文學35)이 개화開花하기 시작하자, 중세기中世紀의 주인공主人公이 세도勢道를 잃고 역사歷史의 무대舞臺 정면正面에서 물러나지 않으면 안되게 되었다. 16·7세기十六七世紀에 왜족倭族36)과 호족胡族37)

---

31) 뉘앙스(nuance). 곧 빛깔·소리·뜻·감정 따위의 섬세한 차이. 또는 그런 차이에서 느끼는 인상을 일컫는다.
32) 조선朝鮮 세종世宗 때인 1446년(세종28)에 창제된 '훈민정음訓民正音'을 일컬음.
33) 날이 밝기 전 어둑한 새벽녘.
34) 한글이 제정되기 이전에는 시조 작품들이 구전口傳으로 전래되었으며, 대략 18세기 무렵에 가집歌集 등에 문자로 정착되었다. 이러한 과정에 주목한다면, 한글 제정 이전에 창작된 시조 작품들은 구전과 문헌 정착의 과정에 관여된 많은 사람들의 '참여'로 인해서 전해졌다고 할 수 있다.
35) 이 글의 전반적 내용을 통해서 볼 때, 중세기 문학은 대체로 16세기 중엽~19세기 말 기간까지의 문학을 가리키는 것으로 보인다.
36) 1592년(선조25) 임진년壬辰年에 일본의 침략으로 일어난 '임진왜란壬辰倭亂'과,

이 전후前後해서 우리 국토國土에 쳐들어왔을 때, 이를 막지 못하고 그 노쇠老衰를 서민庶民들 앞에 폭로暴露한 양반 계급兩班階級은 정치政治에 있어서 뿐 아니라 문화文化에 있어서도 정체 상태停滯狀態에 빠지지 않을 수 없었다. 정철鄭澈38)과 윤선도尹善道가 이 양대 전란兩大戰亂 중中에 출몰出沒하고, 이후爾後 한 사람도 이들을 능가凌駕39)하고, 또는 이들과 비견比肩40)될 가사 작가歌辭作家, 시조 작가時調作家가 나지 못한 것은 그 증좌證左41)이다.

저물어 가는 중세기中世紀의 황혼黃昏에서 새로운 아침을 가져오려는 노력努力의 발현發顯은, 혜힐慧黠42)한 눈을 가진 지식 계급知識階級 사이에 미만彌漫43)한 서학西學44), 실학實學45), 동학東學46)이었으며, 문학文

1537년(중종32)의 정유년丁酉年에 일본의 재차 침략으로 발생한 '정유재란丁酉再亂'을 일컬음.
37) 1636년(인조14)의 병자년丙子年에 청나라가 조선을 침략하여 일어난 '병자호란丙子胡亂'을 일컬음.
38) 정철鄭澈(1536~1593) : 조선 중기의 문인. 자는 계함季涵이며, 호는 송강松江이다. 문집으로 『송강집松江集』이 있고, 「관동별곡關東別曲」등의 가사와 「훈민가訓民歌」등의 시조가 전한다.
39) 다른 사람을 제치고 윗자리로 올라감.
40) 원래는 어깨를 나란히 한다는 뜻으로, 서로 비슷하다는 의미이다.
41) 증인證人, 혹은 증거證據를 일컬음.
42) 지혜롭고 영리함.
43) 가득 차있음.
44) '서양의 학문'이라는 뜻으로, 조선 후기에 들어온 천주교와 그와 함께 수입된 서구의 기술과 사상을 통틀어 이르는 말.
45) 조선 후기 실생활에서 진리를 찾고 이를 실천에 옮기려던 학문적 움직임을 가리키는 말로, 대체로 '실사구시實事求是'와 '이용후생利用厚生' 등을 내세우며 당시의 문예 부흥을 주도했던 사상.

學의 영역領域에서는 서민 문학庶民文學인 소설小說47)의 새로운 등장登場이었다. 소설小說의 화려華麗한 발전發展에 눌리고 그 주인主人을 잃은, 중세기 문학中世紀文學은 점차漸次 중인 계급中人階級48)의 손에 떨어졌다. 그러나 중세기 문학中世紀文學인 율문 문학律文文學—그 중中에서도 특特히 시조時調를 우리는 지금 문제問題삼는 바어니와—을 상속相續받은 그들에게는, 첫째 그 귀족적貴族的 양식樣式이 그들의 생활 감정生活感情을 담는 그릇으로는 거북하기 짝이 없는 것이었다. 상놈이 사대부士大夫의 관복官服49)을 빌려 입은 격格이었다. 그렇다 해서, 자기自己네들의 비위脾胃50)에 맞는 새 율문 양식律文樣式을 창조創造하기에는 너무나 교양敎養이 부족不足했고, 그보다는 앞을 내다보는 눈이 없었다.

창작創作은 전면적全面的으로 부진 상태不振狀態에 빠졌다. 이러한 노

---

46) 19세기 중엽에 서학(천주교)에 반대하여 나온 조선의 고유한 민족 종교 혹은 그 종교의 철학 체계를 일컫는 말. '인내천人乃天'을 내세우며, 교주인 최제우崔濟愚(1824~1864)가 창도하였다.
47) 고정옥은 『국문학개론』에서 소설의 형태를 다음의 세 종류로 분류했다. "번역조 문장으로 쓰여진 16·7세기소설, 가사체 내지 민요조로 정착·전승된 숙肅·영英 이후의 설화소설과, 내간체 문장으로 기사記寫된 궁정소설."(25면) 그는 이 중에서 두 번째 유형인 설화소설이야말로 "봉건 말기 서민 문학의 주체이며, 고대소설은 특히 이 종류의 소설을 의미하는 것으로, 여기에는, 오랫동안 양반 계급의 정치적·도덕적 질곡桎梏에 얽매어 오다가 그 철쇄鐵鎖가 녁을 잃은 봉건 말기의 서민들의 염원과 생활 감정이 여실하게 반영되어 있는 것이다."(27면)고 주장하였다.
48) 조선 시대의 신분제도에서 양반兩班과 양인良人 사이의 중간 계급을 일컬음. 의醫·역譯·율律 등의 전문적 기술직인 잡직雜職의 벼슬에 한정되어 이를 세습하였으며, 지방에서는 주로 아전을 일컬었다.
49) 벼슬아치가 입던 정복正服.
50) 취향. 원래는 어떤 사물을 대하여 무엇을 하고 싶은 마음을 일컫는 말이나, 여기에서는 단지 취향의 정도로 해석하는 것이 옳겠다.

래의 빈곤貧困을 구救하기 위爲해서 일어난 것이 창곡唱曲51)이다. 창곡
唱曲은 점차漸次 민중民衆에게도 친親한 벗이 되고, 신재효申在孝52) 같
은 천재天才가 나서 소설小說을 창극화唱劇化하자, '창唱'은 민중民衆의
전승傳承노래인 민요民謠와도 합류合流하여, 이조李朝 말엽末葉은 계급階
級의 구별區別 없이, 그 문학 생활文學生活은 4·4조四四調의 '창생활唱生
活'로 화化한 감感이 있게 되었다.

  그렇다고 해서 시조時調나 가사歌辭의 창작創作이 아주 단절斷絶된 것
은 물론勿論 아니다. 창곡가唱曲家가 시조 작가時調作家를 겸兼한 예例도
많고, 그밖에도 수數많은 중인 계급中人階級의 무명 작가無名作家가 색色
다른 노래를 남겼으며, 특特히 영남嶺南 부녀자婦女子들은 수백 행數百行
에 선亘한 소위所謂 내방가사內房歌辭53)를 지어 규방閨房54) 속에 감추어

---

51) 시조와 가사 등의 작품을 가창歌唱하는 것에 주목하여 내려진 정의로 파악된다.
    고정옥의 다른 저작에 의하면 창곡唱曲은 구체적으로 '가사歌辭의 가창歌唱'을 지칭
    하며, '창곡이 길어진 것, 긴 창곡에 소설적 성격이 융합된 것' 곧 판소리를 '창극唱
    劇'이라 명명했다.(『국문학개론』, 21면) 이러한 분류는 대체로 조선 후기에 접어들
    면서, 시조와 가사 등의 갈래가 이전 시기와 달리 왕성하게 가창되었다는 사실에 주
    목하여 내려진 것으로 파악된다.
52) 신재효申在孝(1812~1884) : 조선 후기의 판소리 이론가이자 개작자. 자는 백원百
    源이며, 호는 동리桐里이다. 「춘향가春香歌」 등의 판소리 여섯 마당을 개작改作하여
    정리하였으며, 가사 「광대가廣大歌」를 지어서 판소리의 이론을 수립하기도 하였다.
    이외에도 「치산가治産歌」 등의 가사가 전한다.
53) 주로 사대부층 부녀들에 의해 창작·향유된 가사의 유형. '규방가사閨房歌詞'라고도
    한다. 대체로 여성 생활에 관한 윤리 규범·생활범절의 가르침에서부터 개인과 가
    정의 특기할 만한 체험·소회所懷의 기록, 그리고 「화전가花煎歌」류의 서정성 짙은
    노래에 이르기까지 매우 다양한 내용을 다루고 있다. 고정옥은 그의 다른 저서에서
    내방가사를 다음과 같이 정의하였다. "내방가사란, 가사의 한 분파이며, 문학이 서
    민의 손에 떨어졌을 지음부터 주로 영남 부녀자에 의해서 개척된 한 문학 양식이다.

두었다. 또 이조 말엽李朝末葉 가집歌集에는 기녀妓女[55])의 노래로 인정認定되는 것들이 상당相當한 양量을 차지하고 있는 것이다.

18세기十八世紀 초엽初葉 이후以後에 편찬編纂된 〈청구영언靑丘永言〉[56]), 〈해동가요海東歌謠〉[57]) 등等의 노래집 속에는, 여대麗代로부터 이조李朝에 이르는 소위所謂 명공名公·석사碩士[58])의 노래도 정성精誠들여 모아 있지만, '여정閭井·규수閨秀[59])와 무명씨지작無名氏之作'(「청구영언서靑丘永言序」)도 일일──이 수집蒐集되어 있으니, 이 후자後者야말로 소위所謂 장시조長時調[60])·사설시조辭說時調[61]) 등等의 이름으로 호칭呼

··· 그러므로 내방가사는 민요와 정통 가사와의 중간에 서는 노래다."(고정옥, 『국어국문학요강』, 399~400면 참조.)

54) 여자들이 거처하던 방.
55) 술자리 같은 데서 노래나 춤을 파는 것을 업業으로 삼는 여자. 〈청구영언〉을 비롯한 조선 후기 가집歌集들에는 기녀들의 시조 작품이 다수 수록되어 있는데, 이것으로 보아 기녀들은 사대부와 더불어 시조의 주요 담당층으로 여겨지고 있다.
56) 1828년 김천택金天澤에 의해 편찬된 현전 최초의 가집歌集. 현재 김천택의 수고본手稿本이라고 추정되는 필사본筆寫本과, 그것을 저본底本으로 1948년 조선진서간행회에서 간행한 활자본活字本(일명 〈청구영언 진본〉)이 전하고 있다. 그러나 고정옥이 직접 접한 것은 김천택 편찬본이 아닌, 〈청구영언 육당본〉(일명 대학본)이다. 〈청구영언 육당본〉은 김천택 편찬본을 저본底本으로 19세기에 새로이 편찬된 것으로, 〈청구영언 진본〉과는 성격이나 체제가 전혀 다른 가집이다.
57) 18세기 중엽 김수장金壽長에 의해 편찬된 가집. 현재 〈해동가요 박씨본〉·〈해동가요 일석본〉·〈해동가요 주씨본〉·〈해동가요 U.C.본〉 등 모두 4종의 이본異本이 전해지고 있다.
58) 이름난 사람과 학식이 뛰어난 사람이란 뜻으로, 조선 전기부터 시조문학의 주요 담당층으로 활동했던 사대부士大夫 계층을 지칭함.
59) 그 의미는 일반 부녀자들을 일컫고 있으나, 실제 〈청구영언 진본〉의 '규수 삼인閨秀三人' 항목에는 황진이·소백주·매화 등 기녀들의 작품만을 수록하고 있다.
60) 일반적으로 사설시조辭說時調의 다른 명칭으로 사용되고 있으나, 고정옥은 조선 후기에 새롭게 출현한 '서민 시조'를 장시조라고 일컬었음. "장별章別의 불명료, 가

稱되는 이조李朝 말엽末葉 특유特有의 노래군群인 것이다.

〈청구영언靑丘永言〉의 편자編者 김천택金天澤62)의 소위所謂 '여정閭井·규수閨秀·무명씨無名氏'는, 이를 분석分析하면 상술上述한 바와 같이,

1. 신진新進 중인 작가中人作家
2. 창곡가唱曲家63), 창극가唱劇家64)
3. 부녀자婦女子
4. 기녀妓女

사 또는 민요 운율의 도입, 새로운 종장 형식의 창조, 이야기의 침입 등은 그 가장 두드러진 특성인데, 이들을 총괄해서 종래의 시조 형태와 근본적으로 다른 점을 꼬집어 낼진댄 그것은 그 길이(長)가 길어졌다는 점이다. 그래서 나는 종래 시조를 '평시조'라고 하고, 여상如上한 근세 시조를 '장시조'라고 불러 시조를 이대분하는 것이다. … 사설시조의 대부분은 장시조에 속할 것이나, … 나는 귀족 시조는 평시조, 서민 시조는 장시조라고 이대분해서 시조문학의 장르를 명백히 하고저 하는 바다." (『국문학개론』, 우리어문학회, 24면.)

61) 본래는 평시조보다 긴 사설을 엮어 넘기는 창법의 범칭으로 쓰이다가, 이에 속하는 작품들 전반을 가리키는 이름으로 정착된 시조의 하위 갈래. 그 형태를 보면 대개의 경우 종장은 평시조와 비슷한 틀을 유지하되 초·중장 혹은 그중 어느 일부가 4음보 율격의 정제된 구조에서 현저하게 이탈하여 장형화되었다.

62) 김천택金天澤(1685?~?) : 18세기 전반에 주로 활동했던 가창자歌唱者. 자는 백함伯涵·이숙履叔이며, 호는 남파南坡이다. 현전하는 최초의 가집인 〈청구영언〉을 편찬했으며, 여러 가집에 그의 신분이 포교捕校라고 소개되어 있다.

63) 흔히 가객歌客이나 가창자唱者로 일컬어지는, 조선 후기에 가곡歌曲과 가사歌辭 등을 전문적으로 가창했던 이들을 가리킨다. "창곡은 원래 양반들이 시조·가사를 노래 불리어 그걸 듣고 즐기던 것인데, 이것은 소설의 가창歌唱을 유치하여 소위 창극唱劇으로 발전했고, 나중에는 창곡과 창극이 근본적으로 구별됨이 없이 다 가치 서민들의 오락으로 화했다. 그리고 김천택 이하 영英·정正 이후의 시조 작가는 대부분 창곡가唱曲家였다."(고정옥, 『국어국문학요강』, 394면.)

64) 조선 후기 판소리를 전문적으로 창했던 판소리 창자들을 가리킨다. 흔히 판소리 광대라고도 한다.

5. 민요 시창자民謠始唱者65)
6. 몰락沒落한 양반兩班

등等이다. 이들은 가사歌辭, 내방가사內房歌辭, 민요民謠, 소설小說 등등等等의 잡연雜然66)하고 엷은 문학적文學的 교양敎養을 지니고서 시조時調를 지으려 했다. 전술前述한 바와 같이 그들은 시조時調를 지으면서도 어쩐지 그 형식形式이 마음 속에 간직한 내용內容과 맞지 않음을 절실切實히 느꼈을 것이다. 그럼에도 불구不拘하고 끝끝내 시조 형식時調形式에 매여 달렸으니, 여기에 형식形式의 파열破裂은 필연지세必然之勢가 되지 않을 수 없었던 것이다.

그 결과結果 종래從來의 전형적典型的인 시조時調(평시조平時調) 형식形式은 다음과 같은 변모變貌를 초래招來하였다.

1. 소설식小說式으로 길어졌다.
2. 가사투歌辭套가 혼입混入했다.
3. 민요풍民謠風이 혼입混入했다.
4. 여상如上한 제諸 경향傾向이 한 작품作品 속에서도 잡연雜然히 혼재混在하고 있다.
5. 대화對話가 많다.
6. 새로운 종장終章 문구文句를 개척開拓했다.

---

65) 민요의 가창 방식 중 선후창先後唱이나 교환창交換唱으로 부를 때, 선창先唱으로 먼저 노래를 부르는 사람을 지칭하는 것으로 여겨진다. 대체로 민요의 선창자는 창의 음악적인 능력도 탁월하고 기억력과 창의력을 갖추어야 한다.
66) 여러 종류가 서로 섞여있는 모양.

또 형식形式의 이면裏面인 내용상內容上으로는,

1. 구체성具體性 내지乃至 형이하67)적形而下的인 성질性質을 가진 이야기와 비유譬喩의 대담大膽한 도입導入.
2. 강렬強烈한 애정愛情의 표출表出.
3. 육욕肉欲의 기탄忌憚없는68) 영발詠發69).
4. 어희語戱70), 재담才談71), 욕설辱說의 도입導入.
5. 적나라赤裸裸한 자기 폭로自己暴露.
6. 비시적非詩的 사물事物의 무사려無思慮한72) 시화詩化 기도企圖.

여상如上한 변모變貌의 구체상具體相은 개개個個의 작품作品에서 역력歷歷히 볼 수 있는 것이며, 또 그 감상鑑賞, 비평批評에서도 언급言及했으므로, 여기서는 특特히 몇 조항條項에 한限해서 부연敷衍73)을 하려 한다.

형식 방면形式方面에 있어 현저顯著한 것은 첫째 대화對話로써 한 편篇의 노래를 구성構成한 것들이다. 그러한 작품作品 중中에서도 시가사상詩歌史上으로 문제問題가 될만한 것은 '댁宅드레'란 말로 시작되는 장삿군과 사는 사람과의 대화對話로 된 일군一群의 노래다. 말기末期 장시

---

67) 초자연적이고 근원적인 영역을 가리키는 형이상形而上에 대응되는 개념으로, 형체를 갖추어 나타나 있는 물질적인 영역을 일컬음.
68) 거리낌이 없는.
69) 읊어 토해냄.
70) 언어를 이용하여 즐기는 놀이.
71) 재치 있게 하는 재미스러운 말.
72) 사려가 깊지 못한.
73) 알기 쉽게 더하여 자세히 설명함.

조장時調는 이 외外에도 유사類似한 수법手法을 기준基準으로 통합統合될 수數 군群의 노래를 포함包含하고 있으나, 이「댁宅드레 노래」74)처럼 그 구성構成의 모형模型이 고정固定되어 있는 것은 달리 구求할 수 없는 것이다.「댁宅드레 노래」의 형식形式이 고정固定된 데 대對해서는, 사회적社會的으로는 상인 계급商人階級의 득세得勢를 간과看過하지 못할 것이나, 그보다도 말기末期 시인詩人들의 신형식新形式 탐구探求의 정신精神을 여기에서 뚜렷이 볼 수 있는 점點에서 한층層 더 우리의 흥미興味를 끄으는 것이니, 이 신형식新形式이 문학적文學的으로 성공成功했느냐 여부與否는 고사姑捨하고, 그들의 혁신적革新的 노력努力이 여하간如何間 어떠한 새 것을 창조創造해 낸 데 대對하여 큰 관심關心을 갖지 않을 수 없는 것이다.

「댁宅드레 노래」는 문학적文學的 세련洗煉의 도도를 쌓아 가다가 결국結局엔 희시戲詩75)에 타墮하고76) 만 혐嫌이 있지만, 독자獨自의 신시도新詩道 개척開拓의 성과成果로서 우리가 애껴 마지 않는 일군一群의 말기末期 시가군詩歌群이다.

둘째로는 새로운 종장終章 문구文句의 개척開拓이다. 장시조長時調란, 대체大體로 그 종장終章 형식形式으로 말미암아 겨우 시조時調가 되는 말기末期 시가詩歌 가요군歌謠群이다. 만약萬若 종장終章까지도 종래從來의 시조 형식時調形式에서 벗어나 버렸다면, 그것은 이미 시조時調와는

---

74) 이 책의 9번 작품과 [감상·비평] 항목 참조.(115~121면)
75) 주로 말장난(어희語戲)의 내용으로 이루어진 시.
76) 떨어지고.

완전完全히 연緣이 끊어진 딴 양식樣式의 노래가 되어버리고 말 것이다. 가사歌辭로 되어버릴 것도 있을 것이요, 민요民謠로 되어버릴 것도 있을 것이요, 심지어甚至於는 소설小說의 한 토막, 재담才談의 한 마당이 되어버릴 것조차 있을 것이다. 장시조長時調는 실實로 종장終章이 시조時調 전통傳統을 답습踏襲하고 있음으로 해서 간신히 시조時調의 범주範疇에 속屬하게 되는 것이다. 사실事實에 있어 이 선집選集에 수록收錄된 노래들 가운데는, 종장終章까지도 시조時調의 전통傳統에 따르지 않은 작품作品도 간혹間或 보이는데, 이런 것들은 우리는 장시조長時調라고는 보지 않는 것이다.

그러나 장시조長時調는 이 종장終章의 시조성時調性조차 충실忠實히 지키려고 하지 않는 일반적一般的 경향傾向을 보이고 있으니, 종구終句에 이르러 마지못해 '하노라' 등等의 말을 썼을 따름인 작품作品이 있는가 하면, 또 종전從前에는 보지 못하던 새로운 종장終章 투구套句77)가 창조創造되어 있는 것을 보는 것이다. 이것은 말할 것도 없이, 종래從來의 종장終章 형식形式과 그들이 개척開拓한 새로운 초初·중장中章 형식形式이 한 작품作品 속에 들어 있음으로 해서 노출露出된 형식形式의 불균형不均衡에 대對한 그들의 자각自覺을 의미意味하는 것이다. 그들은 이 불균형不均衡을 없애기 위爲해서, 과감果敢하게도 이여爾餘78) 부분部分에 맞은, 즉卽 초初·중장中章에 알맞은 새 종장終章을 만들어 낸 것이다. 몇 개 예例를 든다면 다음과 같은 것들이다.

---

77) 상투적 구절.
78) 나머지의.

맞츰에(맞초아) ……만정 행혀 …런들 ……번 하괘라(하여라).
오날은 ……시니 ……가 하노라.
글로사 ……이라(인지) ……일락패敗락 하여라.
…… …… 하시오(하시소).
…… …… 다 하데.
아마도 …… 대사大事-로다.
아마도 …… 값 없은가 하노라.
우리도 …… 노라.

이들 중中에서도 가장 뚜렷한 자者는 '맞츰에(맞초아) ……'와 '글로사 ……'일 것이다.

다음에 내용상內容上으로 보아 특特히 여기선 언급言及하고자 하는 것은, 첫째, 그들이 즐겨 구체적具體的인 이야기와 비유譬喩를 사용使用했다는 사실事實과, 둘째, 시詩가 되기 어려운 사물事物을 무사려無思慮하게 시화詩化하려고 기도企圖한 사실事實이다.

첫째, 그들은 관념적觀念的인 것을 싫어하고 즐겨 눈에 보이는 구체적具體的인 묘사描寫를 꾀하였으니, 그들이 시민 계급市民階級의 선발대先發隊였던 증좌證左라 할 것이다. 장시조長時調가 대부분大部分 소설적小說的인 이야기를 가지고 있고, 사설시조辭說時調란 일컬음을 받고 있는 것은 다 이 때문인 것이다. 이것은 시詩에서 소설小說로, 관념觀念에서 구체성具體性으로 옮아가는 필연적必然的 과정過程인 것인 동시同時에, 그들의 교양敎養의 정도程度가 또한 이런 방향方向으로 이끌어 간 것이다.

이것은 장시조長時調의 특질特質 중中 두드러진 자者인데, 만약萬若 이 경향傾向이 주도周到하게79) 바르게 발전發展해 나갔다면, 이조李朝 말엽

末葉에 우리는 또한 문학文學의 봉오리를 보았을 것이다. 그러나 불행不幸히도 이 경향傾向은 속俗되고 잡雜스런 사실적寫實的인 비문학非文學에 빠지고 말았단 걸 솔직率直히 인정認定하지 않을 수 없다. 그렇다고 해서, 우리는 장시조長時調의 이 구체성具體性에의 지향指向이 오로지 무의미無意味하게 실패失敗로 돌아갔다고는 보지 않나니, 우리는 이러한 경향傾向에서, 문학사상文學史上 처음으로, 시詩에 있어서의 리얼리티80)의 문제問題에 봉착逢着하는 것이요, 또 삼일 운동三一運動81) 이후以後에 일시一時 전개展開된 장편 서사시長篇敍事詩 운동運動82)의 전통傳統을 여기에서 찾을 수 있는 것이다. 이 이야기의 길과 그 실패失敗는 장시조長時調가 걷지 않으면 안 되었던 필연적必然的인 노정路程이었던 동시同時에, 그러한 길이 마지막에는 부닥치지 않을 수 없었던 위기危機에 떨어진 데 불과不過하였던 것이다.

둘째, 그들은 시詩가 될 수 있는 사물事物인지 여부與否를 판단判斷할 문학적文學的 교양敎養을 갖지 못했기 때문에, 검버섯이나 뼈새바위83) 같은 것을 노래하고, 상평통보常平通寶84)를 노래하고, 심甚한 것으로는

---

79) 생각이 두루 미치어 빈틈이 없게.
80) 리얼리티(reality). 사실성(事實性) 혹은 현실성(現實性)으로 번역되며, 대체로 문학 작품에서 현실적인 상황을 그려내는 것을 일컫는다.
81) 1919년 3월 1일을 기하여 일본의 식민지 정책에 항거하여 일어났던 우리 나라의 독립운동.
82) 김동환金東煥(1901~?)에 의해 1924년 발표된「국경의 밤」을 일컫는 듯. 기존의 연구에서「국경의 밤」은 흔히 서사시로 일컬어졌는데, 최근에는 이 작품의 갈래에 대해서 논란이 제기되고 있다.
83) 이 책의 31번 작품 참조.(188~189면)
84) 이 책의 24번 작품 참조.(167~168면)

이, 벼룩, 모기까지 노래[85]했던 것이다. 이는 무교양無敎養한 서민庶民의 문학文學이 항상恒常 빠지기 쉬운 함정陷穽이다. 물론勿論 돈이 노래의 내용內容이 될 수 없는 것은 아니며, 또 곤충昆虫이 시詩 속에서 아름답게 살지 못한다는 법은 없다. 다만 문제問題는 그 시화詩化 기술技術에 달려 있으며, 그런 걸 보는 각도角度에 매여 있는 것이다. 그런데, 그들의 처지處地를 생각할 때, 이 각도角度나 기술技術에 기대期待를 가질 수가 전혀 없는 것은, 앞서 말한 모든 새 시험試驗의 실패失敗에서 짐작이 가는 바이니, 당초當初부터 노래가 되기 어려운 사물事物을 택택擇한 것 자체自體가 벌써 그릇된 것이라 할 것이다.

그러나 이도 면免할 수 없는 장시조長時調의 한 방향方向임이 명백明白하다. 자기自己네들의 생활生活을 솔직率直하게 대담大膽하게 무사려無思慮하게 영발咏發하면, 결국結局 이런 방향方向으로도 흘러가지 않을 수 없었던 것이다. 그들은 아직 문학적文學的 교양敎養을 쌓을 여유餘裕가 없었고, 그들은 미래未來를 투시透視할 능력能力이 아직 부여賦與되지 않았던 것이니, 그러한 그들로서 노래를 짓는 자유自由를 향유享有하게 되었을 때, 아무 게나 신변身邊의 사물事物을 들고 나섰을 것은 상상想像하기 어렵지 않다.

이로써, 장시조長時調의 형식形式과 내용內容에 걸쳐 그 현저顯著한 조건條件을 들어서 검토檢討해 왔거니와, 요要컨댄 장시조長時調란 서민 계급庶民階級이 양반 계급兩班階級의 율문 문학律文文學을 상속相續받아, 그것을 자기自己네들의 문학文學으로 만들려고 발버둥친 고민苦憫의 문

---

[85] 이 책의 32번 작품 참조.(190~192면)

학文學이며, 실패失敗의 문학文學이다. 그러나 우리는 문학사적文學史的으로 이를 중요시重要視하지 않으면 안 되는 동시同時에, 그 가운데에서 주옥珠玉같은 몇 편篇의 노래를 발견發見하는 기쁨을 또한 갖는 것이다. 그것은 주主로 민요적民謠的인 내방가사內房歌辭의 성격性格을 띤 노래들이다. 이들은 주主로는 장시조長時調라고 볼 성질性質의 노래들이지만, 때로는 이미 시조時調가 아닌 노래인 경우境遇도 있다.

지난 해에 필자筆者는 대학大學에서 몇몇 전공專攻 학생學生들과 장시조長時調 강독講讀을 했을 때, 이러한 노래 또는 장시조長時調의 대부분大部分을 '파형破型노래'[86]라고 불렀다. 그것은, 진정眞正한 시조문학時調文學 양식樣式은 평시조平時調에 있는 것이요, 이조李朝 중엽中葉 이후以後에 발달發達한 서민 시조庶民時調는 시조時調의 전통적傳統的인 양식樣式을 파괴破壞하고, 새로운 시가도詩歌道를 개척開拓하려는 의욕意慾에서 제작製作된 것임으로서 였다.

이 책에는 가사맥歌辭脈을 끄은[87] 한구漢句[88]가 많이 쓰인 장시조長時調는 전연全然히 싣지 않았으니, 이는, 설혹說或 서민 작가庶民作家가 지은 작품作品이라 치더라도, 거기에 아무런 현실 타개現實打開 정신精神이 엿보이지 않으므로 그런 것이다. 또 그 반대反對로 상류 계급上流階級의 작품作品이라고 추단推斷되는[89] 작품作品일찌라도, 거기에 새로운 기도企圖가 엿보이는 노래라면 서슴지 않고 넣었다. 또 교실教室에서

---

86) 그 형식이 평시조의 정형성定型性에서 벗어난 것을 강조하여 명명命名한 것.
87) 가사의 맥을 이은.
88) 한문투의 구절.
89) 추측하여 판단되는.

읽을 수 없는 이야기적的인 노래도 여기에는 몇 수首 넣었으며, 대체大體로는 모든 장시조군長時調群의 대표代表가 될만한 것을 망라網羅하려 애썼고, 그것을 뽑는 데 있어서는 물론勿論 문학적文學的 가치價値를 첫째 기준基準으로 삼았다.

작품作品의 주석註釋과 평정評定90)에 있어서는 물론勿論, '장시조론長時調論'에 해당該當하는 이 서문序文에 있어서도 불의不意의 과오過誤91)가 없다고 자부自負할 수 없다. 독단獨斷이 있다면 그것은 필자筆者의 과문寡聞과 예지叡智92)의 부족不足에 기인起因한 것일 것이요, 오주誤註93)가 있다면 그것은 필자筆者의 고전古典에 대對한 교양敎養 부족不足에서 온 것일 것이다. 여러분의 교시敎示94)를 삼가 빌어 마지않는다.

이론理論이나 주석註釋이 모두 선배先輩의 업적業績에 힘입음이 거의 없고 오로지 내 힘만으로 된 것이어서 더구나 안심安心이 되지 않는다. 조선 문학朝鮮文學의 처녀지處女地는 여기에만 있는 것이 아니라, 전 영역全領域의 대부분大部分이 아직 인적미도人跡未到95)인 채로 진지眞摯한 학도學徒의 분기奮起96)를 기다리고 있는 형세形勢다. 필자筆者의 이 조그만 노작勞作97)이 다소多少라도 뜻을 한가지로 하는 학도學徒들에게

---

90) 평가와 감상.
91) 의도하지 않은 잘못이나 오류.
92) 사리에 통하여 깊고 밝은 지혜.
93) 그릇된 주석.
94) 가르침.
95) 사람들의 관심이 아직 미치지 못함.
96) 분발하여 일어남.
97) 노력을 기울여 만든 것.

보탬이 된다면 망외望外[98]의 다행多幸이라 할 것이다.

1948년一九四八年 6월六月

위민渭民 지識

---

98) 바라던 것 이외.

예언例言

1. 50편五十篇의 고장시조古長時調를 수록收錄하였다.

2. 각 편各篇의 머리에 번호番號를 달아 색인索引·기타其他에 편변便ㅎ게 하였다.

3. 각 편各篇은 다음과 같은 순서順序로 기술記述되어 있다.
 (1) 원전原典대로의 본문本文.[본문1本文一] 보 작품의 앞부분에 '본문1'이라는 표지를 붙였다. 또한 작품의 말미에는 이용자의 편의를 위하여, 원저原著에서 저본底本으로 이용한 〈청구영언 육당본〉(청육)의 가번歌番과 『교본 역대시조전서』의 통번通番을 괄호 안에 함께 제시하였다. 본서의 인용 작품은 〈청육〉을 위주로 하고 있다고 밝히고 있으나, 부분적으로 차이가 나는 부분이 발견되기도 한다. 차이가 나는 부분이 대체로 오·탈자誤脫字에 불과하므로 교정하지 아니하고 그대로 두었으며, 명백히 편집 과정에서 탈락된 것이라고 판단되는 부분은 [ ] 안에 첨가하여 두었다.
 (2) 편저자編著者의 주관主觀으로 분장分章 또는 분단分斷하고, 현행現行 철자법綴字法으로 고치고, 대화對話로 된 작품作品은 화자話者 급及 회화

會話의 시종始終을 밝히고, 때로는 명확明確히 오사誤寫, 오자誤字라고 인정認定되는 것을 교정校正한, 알기 쉽게 기사記寫한 본문本文.[본문2本文二] 보 앞부분에 '본문2'라는 표지를 붙였다. 원저자原著者가 대화체나 가사체로 풀어쓴 내용은, 교주자가 해설의 뒷부분에 현재 일반적으로 통용되는 초初·중中·종장終章의 3장 형식으로 바꾸어 원문을 제시하였다.

(3) 주註. 보 앞부분에 '주註'라는 표지를 붙였다. 또한 표제어는 굵은 글씨로 표기하여 구분했으며, 원저자의 원주原註가 명백한 오류이거나 혹은 다른 의미를 지니고 있다고 판단될 때에는 뒷부분에 보라는 표지와 함께 교주자의 주석을 첨가했다.

(4) 감상鑑賞, 비평批評. 보앞부분에 '감상·비평'이라는 표지를 붙였다.

보(5) 원저原著의 표기는 국國·한문漢文 혼용混用으로 되어 있으나, 독자의 편의를 위하여 한글을 내어 쓰고 한문은 그 옆에 병기竝記하여 작은 글씨로 표기했다. 단 띄어쓰기는 현행 맞춤법에 따랐다.

보(6) 원저原著에서 강조하기 위하여 글자 위에 점(상점上點)을 찍어 구분한 부분 등은 원래의 표기대로 그대로 두었다. 예)여왼 잠.

보(7) 해설의 제일 마지막 부분에 참이라는 표지를 두어, 해당 작품이 수록된 가집의 종수와 기타 작품과 관련된 사항을 첨가했다. 또한 보라는 표지는 '보충'의 의미로, 그리고 참이라는 표지는 '참고'의 의미로 원래의 편제에는 없지만, 교주자가 필요하다고 판단되는 내용을 첨가하기 위하여 설정된 항목을 구분하기 위한 것이다. 이 외에도 원저原著에는 각주가 전혀 없지만, 내용상 필요할 경우 각주를 적극적으로 활용했다. 따라서 이 책에서 사용된 보·참과 '각주'의 활용은 교주자의 편의에 따라 원저原著에 첨가된 부분이다.

보 (8) 이 책에서 사용한 주요 부호는 다음과 같다.

〈 〉: 가집의 명칭

「 」: 논문의 제목, 또는 작품명

『 』: 책의 제목

' ' : 간단한 인용, 혹은 강조

" " : 직접 인용, 혹은 대화

4. 본서本書의 '본문1本文一'은 소위所謂 대학본大學本 〈청구영언青丘永言〉을 대본臺本으로 삼고 연전延專 등사본謄寫本 〈청구영언青丘永言〉과 및 〈해동가요海東歌謠〉, 〈가곡원류歌曲源流〉 등等을 참고參考로 하여 간택揀擇·전사轉寫한 것이다. 보 원저原著에서 말한 대학본 〈청구영언〉은 현재 〈청구영언 육당본〉으로 통용되고 있으며, 19세기에 편찬된 가집이다. 따라서 18세기 초반에 편찬된 김천택 편 〈청구영언〉(청진)과는 그 체제나 성격이 전혀 다른 가집이다. 연전 등사본 〈청구영언〉도 〈청육〉의 이본異本 가운데 하나로 추정되나, 아직까지 그 실체를 확인하지 못했다. 교주의 참고 자료로 이용한 것은 심재완의 『교주 역대시조전서』를 중심으로 하여, 〈청육〉과 기타 가집을 필요에 따라 적절히 활용했음을 밝혀둔다.

5. 우리는 시조時調를 순전純全히 문학文學으로 보는 것이므로, 분장分章·기타其他에 있어 가곡歌曲으로서의 시조時調는 고려考慮 외外로 두었다.

1

본문 1

어흠아긔뉘오신고건너佛堂에동녕僧이외러니홀거ᄉ의홀노자시ᄂᆞᆫ房안에무스것ᄒᆞ려와계신고홀거사님의노감탁이버셔셔거ᄂᆞᆫ말곗테니곳갈버셔걸나왓슴네. (청육*302/전서#1985)

본문 2

(홀거사)   "어흠아, 그 뉘 오신고."
(동녕승僧) "건너 불당佛堂에 동녕승僧이외러니."
(홀거사)   "홀거사의 홀로 자시난 방房 안에 무스 것 하려 와 계신고"
(동녕승僧) "홀거사님의 노감탁이 벗어서 거난 말 곁애 내 고깔 벗어 걸라 왔읍네."

주註

어흠아 : 에헴. 일부러 만들어 하는 기침 소리.

긔 뉘 오신고 : 거기 누가 오셨는고? 혹惑은 거 누구신고?의 뜻으로도 볼 수 있다.

건너 불당佛堂에 : 저 건너 불당佛堂의. 또는 저 건너 불당佛堂에 있는(사는). 보 불당佛堂은 부처를 모셔 두는 건물로, 흔히 법당法堂이라고도 한다.

동녕승僧 : 동냥중. 물론勿論 여승女僧이다. 보 동냥은 수행하는 중이 쌀 같은 것을 얻으려고 마을을 돌아다니는 일, 또는 그렇게 얻은 돈이나 먹을 것을 일컫는다.

이외러니 : (동냥중)이온대.

홀거사 : 홀거사居士. 홀아비(독신獨身) 중. 거사居士는 도道 닦는 사람. 청거사淸居士. 보 원래 거사居士는 출가出家하지 않은 사람을 가리킨다.

홀노 자시는 : 혼자 자는. 자기自己를 존대尊待한 것은 우스우나 옛글에는 간혹間或 그러한 용례用例가 있다.

무스 것 하려 와 계신고 : 무엇 하러 와 계시오? 무엇 하러 오셨노?

노감탁이 : 노를 꼬아 만든 감투. 감투는 말총으로 엮어서 만든 조선朝鮮의 옛날 모자帽子. 망건 위, 갓 아래 쓴다. 탕건宕巾.

말 : 말뚝. 원래는 말은 말목杙木, 말장杙杖. 말(마馬)을 매는 목나무대. 보 말코지. 말코지는 물건을 걸기 위하여 벽에 달아두는 나무갈고리를 가리킨다. 흔히 가지가 여러 개 돋친 나무를 짤막하게 잘라서 노끈으로 달아맨다.

곳갈 : 고깔. 니승尼僧이 머리에 쓰는 것. 보 고깔은 주로 승려나 농악대가 쓰는, 세모지게 만든 쓰개의 한 가지이다.

감상·비평

　장시조長時調에는 이런 문답식問答式 노래가 많다. 장시조長時調의 이같은 희곡적戲曲的·소설적小說的 구성構成은 시조時調의 산문학적散文學

的 경향傾向을 말하는 것이다. 시조 형식時調形式이 가진 귀족적貴族的·관료적官僚的 오만성傲慢性은 이조李朝 중엽中葉 이후以後의 서민 작가庶民作家의 비위脾胃1)에는 맞지 않는 것이다. 그들은 그들의 일상 회화日常會話를 대담大膽하게 시조時調 속에 집어넣었다. 그 결과結果, 노래가 되지 않고 심甚한 것은 문학文學에 도달到達하지 못한 것이 많다. 그러한 중中, 이 노래는 종장終章의 동냥중의 회화會話가 묘妙하여 훌륭히 문학文學이 된 것이라 할 것이다. 남자男子 홀아비 중의 감투가 걸린 말뚝 곁에 여승女僧의 고깔이 의宜좋게 나란히 걸려 있는 광경光景을 상상想像하고, 우리는 미소微笑를 금禁할 수 없다.

 이조李朝의 주자학朱子學 정책政策으로 말미암아 불교佛敎는 산간 벽지山間僻地에 폐칩閉蟄되어2) 불우不遇했을 뿐 아니라, 이조李朝 말기末期에는 일반一般 지도 계급指導階級의 타락墮落과 궤軌를 같이하여, 우매愚昧한 민중民衆의 소박素朴한 신앙심信仰心을 이용利用하여 자못 난잡亂雜한 생활生活을 했다. 장시조長時調에는 그러한 시대상時代相을 반영反映한 노래가 많다. 또 속인俗人이 여승女僧을 우롱愚弄한 것도 많다. 불교佛敎라는 것에 대對해서 일반一般이 하등何等 외포畏怖3)를 느끼지 않았던 것을 알 수 있다. 봉건 제도封建制度가 붕괴崩壞하기 시작함에 따라, 민중民衆은 종래從來의 모든 권위權威를 대수롭지 않게 생각하게 된 것이다.

---

1) 어떤 사물을 대하여 무엇을 하고 싶은 마음.
2) 깊이 틀어박혀. 폐칩閉蟄의 원래 의미는 벌레 따위가 땅 속으로 들어가 겨울잠을 자는 것을 일컫는다.
3) 몹시 겁에 질림.

[참]〈해동가요 일석본〉을 비롯하여, 모두 27종의 가집에 수록. 이 작품을 3장 형식으로 분장分章하면 다음과 같다.

○어흠아 긔 뉘오신고 건너 불당佛堂에 동녕승僧이외러니
　홀거스의 홀노 자시는 방房 안에 무스것 ᄒᆞ려 와 계신고
　홀거사님의 노감탁이 버셔서 거는 말 겻테 니 곳갈 버셔 걸나 왓슴네.

주해 89

본문1

바룸도쉬여넘는고기구름이라도쉬여넘는고기山眞이水眞이海東靑보라미라도다쉬여넘는高峰長城嶺고기그넘어님이왓다ᄒ면나는아니ᄒ番도쉬여넘으리라. (청육*307/전서#1113)

본문2

바람도 쉬어 넘난 고개, 구름이라도 쉬어 넘난 고개
산진山陣이, 수진手陣이 해동청海東靑 보라매라도 다 쉬어 넘는 고봉高峰
　　장성령長城嶺 고개,
그 넘어 임이 왔다 하면 나난 아니 한 번番도 쉬어 넘으리라.

주註

산진山眞이: 산진山陣. 산중山中에서 자연自然스럽게 자란 매. 보 이본異本에 따라서는 '산진山陣이'로 표기되어 있기도 하다. '산진山陣이'는 보통 산에서 자란지 1년이 지난 매를 가리킨다.

수진水眞이 : 섬에서 자란 매. 노래의 구성構成으로 보아 이 '수진水眞이'란 말은 수진手陳(사람이 잡아다 집에서 길들인 매)으로 보아서는 부적당不適當하다. 수진手陳이는 거센 매가 못될 것이니까. 보 이본에 따라서는 '수진手陳이'로 표기되어 있기도 하다. '수진手陳이'는 보통 사람의 손에서 1년 이상 길들여진 매를 가리킨다.

해동청海東靑 보라매 : 해동청海東靑 즉卽 보라매다. 조선朝鮮 동북 지방東北地方에 나는 매. 구・시월九十月에 남南으로 이동移動한다고 한다. 보 해동청海東靑은 보통 태어난 지 채 1년이 되지 않은 매를 가리킨다.

감상・비평

별別로 기교技巧는 없는 노래지만 드물게 보는 힘찬 노래다. 장시조長時調의 연애 감정戀愛感情 취급取扱은 대개大概가 외설猥褻1)하고 희학2)적戲謔的이다. 그런 가운데서 이 노래는 특출特出한 것으로, 그 맑고도 고도高度로 앙양昂揚된 강렬强烈한 연정戀情이 진솔眞率한 표현表現을 통通하여 잘 그려져 있다고 생각된다. 드물게 보는 건강健康한 좋은 노래다.

참 〈병와가곡집〉을 비롯하여, 모두 25종의 가집에 수록. 〈청육〉에는 약간 변개된 형태로 여창女唱으로도 재수록(*987)되어 있다.

---

1) 말이나 행동이 사회의 풍속을 해칠 정도로 추잡함.
2) 실없는 말로 농지거리를 함.

3

본문1

귀돌이져귀돌이어엿부다뎌귀돌이어인귀돌이지 ᄂ 달시 ᄂ 밤에긴소릐져른소릐切切이슬흔소릐졔홈ᄌ우러예어紗窓여왼잠을살뜰이ᄭᅵ오ᄂ 졔고두어라졔비록微物이나無人洞房에니 ᄯᅳᆺ 알니 ᄂ 져ᄲᅮᆫ인가ᄒ노라. (청육*611/전서#352)

본문2

귀돌이, 져 귀돌이, 어여뿌다, 저 귀돌이,
어인 귀돌이, 지난 달 새난 밤에 긴 소리 저른 소리, 절절切切히 슬흔 소리, 제 홈자 울어예어 사창紗窓 여왼 잠을 살뜰히 깨오난 제고.
두어라, 제 비록 미물微物이나 무인 동방無人洞房에 내 뜻 알 이난, 저 뿐인가 하노라.

주註

어인 귀돌이 : 웬 귀뚜라미. 어쩐 귀뚜라미. 귀돌이(귀도리)는 귀뚜라미의 옛말. 귀뚜라미는 한어漢語로 실솔蟋蟀·청리蜻蜊·촉직促織이라 하며, 고독孤獨한 심회心懷를 자아내는 시정詩情의 매개물媒介物로 많이 쓰인다.

슬흔 소릐 : 구슬픈 소리.

우러예어 : 울고 울고 또 울어. '예다'란 말은 동사動詞 밑에 붙어 그 동작動作이 언제까지나 계속繼續하는 것을 나타내는 말. '예다' 한 말만의 뜻은 '가다(행行)'란 뜻.

사창紗窓 여윈 잠을 살뜰이 씨오는 제고 : 사창紗窓은 사紗로 바른 창窓, 아름다운 창窓, 아름다운 방방房을 '분벽 사창粉壁紗窓'이라고 잘 한다. 여윈 잠은 여윈 잠. 잘 들지 않은 잠, 깊이 들지 않은 잠. 살뜰이 씨오는은 잘도 깨우는의 반어적反語的 표현表現이다. 살뜰하단 말은 알뜰하단 말과 한 쌍이 되는 말인데, 단단하다, 신의信義가 있다, 오붓하다, 규모가 있다, 정정이 두텁다 라는 뜻. 제고는 저로고, 그로구나. 이 구句 전체全體를 통털어 말하면, 임을 맞을 고운 방房에 홀로 누웠으랴니, 임이 그리워 잠을 이룰 수 없어 전전반측輾轉反側[1]한 끝에 겨우 잠이 들락말락 하면, 고맙게도 귀뚜라미란 놈이 내 잠을 깨우는구나 하는 뜻이다. 그러므로, 역설적逆說的으로 표현表現된 살뜰이란 말을 구句 전체全體의 뜻으로 미루어 해석解釋한다면 얄밉게도란 말로 대치代置되어도 좋을 것이다.

두어라 : '아마도…', '아희야…' 등等과 같이 제3장第三章(종장終章) 모두冒頭[2]에 쓰이는 상투어常套語[3]다. 이러한 말들은 종장終章 말미末尾에 쓰이는 상투어常套語 '…하노라', '…로라' 등等과 시종始終 연결連結되는 것인데, 이것은 시조時調가 다른 율문律文과 구별區別되는 결정적決定的인 형식적形式

---

1) 잠이 오지 않아 누워서 엎치락뒤치락 함.
2) 말이나 문장文章의 처음에 내 놓는 말.
3) 버릇이 되어 상투적으로 늘 쓰는 말.

的 조건條件이 되는 것이다. 시조時調의 점잖고 으뜸한 귀족성貴族性, 언연偃然4)하고 고답적高踏的5)인 강호 시정江湖詩情은 이 독특獨特한 종장終章의 형식形式에 의거依據하여 여실如實히 형상화形象化되었던 것이며, 또 이 형식形式은 필연적必然的으로 그러한 귀족적貴族的 한일성閑逸性6)을 그 내용內容으로서 요구要求했던 것이다.

이조李朝 말엽末葉 평민平民 시조 작가時調作家들이 자기自己네들의 평민적平民的 생활 감정生活感情을 담는 그릇으로 역시亦是 종래從來의 시조 형식時調形式을 빌어 왔을 때, 그들이 가장 거북스럽게 느낀 것도 이 종장終章 형식形式이 가진 귀족성貴族性이었을 것이다. 그 결과結果 상놈이 사대부士大夫의 의관衣冠을 걸친 것 같은 기이奇異한 형식形式과 내용內容의 저어齟齬7)를 낳았던 것이다. 그래서 그들은 이 사대부士大夫의 거북스런 옷을 아주 벗어버리고 그들의 비위脾胃에 맞는 새로운 옷을 꿰매 보려고 애를 썼던 것이다.

저자著者가 관계關係하고 있는 대학大學의 국문학國文學 전공專攻 학생學生이 조사調査한 바에 의依하면, 〈청구영언靑丘永言〉 소수所收 약 1천수約一千首의 시조時調8) 중中, 종장終章 기구起句9) 상투어常套語로서 가장 많은 것은 '아마도…'이고, 다음 많은 것이 '아히야…'이다. 다음에 말과 수數를 들어 보기로 하자.

　　아마도 … 81八一
　　아히야 … 52五二

---

4) 점잖고 거만함.
5) 현실 생활과는 동떨어진 것을 고상한 것으로 여기는.
6) 조용하고 편안함.
7) 어긋남.
8) 〈청구영언 육당본〉에는 모두 999수의 시조와 「상사곡相思曲」을 비롯한 16수의 가사가 수록되어 있다. 이에 반해 〈청구영언 진본〉에는 모두 580수의 시조만이 수록되어 있다.
9) 시詩의 발단이 되는 구句.

두어라 … 26二六
우리도 … 24二四
어즈버 … 14一四
하물며 … 13一三
묻노라 … 6六

다음에 결구結句10) 상투어常套語는 이러하다.

하노라 … 324三二四
로라   … 158一五八
하리라 … 160一六○
하여라 … 76七六
나니   … 70七○
하리오 … 75七五
더라   … 65六五
세라   … 32三二

이것으로 보면 '아마도 …… 하노라'가 그 전형적典型的11)인 기결起結 형태形態12)인 것을 알 수 있다.

동방동방洞房 : 쓸쓸한 방房. [보] 동방洞房은 본래 깊숙한 곳에 있는 방으로, 흔히 여인들이 거처하는 방을 일컫는다.

알 니 : 알 이. 알 것. 알아줄 것. 이는 보통普通은 사람이다.

▌ 감상·비평 ▌

잠 못 이루게 하는 얄미운 귀뚜라미건만, 고독孤獨한 심회心懷를 위

---

10) 시詩의 마지막 구句.
11) 어떤 부류의 본질적 특색을 나타내는 본보기가 될 만한.
12) 시구詩句의 처음과 마지막이 서로 어울리는 형태.

로慰勞하여 주는 다정多情한 벗이기도 한 귀뚜라미. 빈 방房에 홀로 외롭게 누워 임을 그리면서 귀뚜라미 소리를 듣는 여인女人의 그윽하고 정일淨溢13)한 심경心境이, 아름답게 가늘게, 그리고 애절哀切히 잘 그려져 있다. 더욱이 '절절切切이 슬흔 소리 제 홈즈 우러예어 사창紗窓 여왼 잠을 살쓸이 찌오는 졔고'란 구句는 시조문학時調文學의 절조絶調14)라 할 것이다.

이 노래의 초구初句 '귀돌이 져 귀돌이 어엿부다 더 귀돌이'는 민요民謠에서 많이 보는 운율韻律이다. 그런 점點에서 이 노래는 민요적民謠的 정신精神에서 시작된 느낌을 준다. '긴 소릐 져른 소릐 절절切切이 슬흔 소릐'도 마찬가지다.

참 〈청구영언 진본〉을 비롯하여, 모두 25종의 가집에 수록. 이한진 편 〈청구영언〉(청연)에는 작자가 송용세로 되어 있다. 송용세宋龍世(생몰년 미상)는, 조선 후기 여항閭巷의 가창 공간에서 「실솔곡蟋蟀曲」으로 알려진 이 작품의 연주에 뛰어난 재능을 지녔던 '송실솔宋蟋蟀'로 추정되는 인물이다.

이 작품은 고정옥의 다른 저작인 『국어국문학요강』(대학출판사, 1949)에도 수록되어 있다. 『국어국문학요강』은 '국어학 및 국문학의 간략한 개론인 동시에, 역대 국문학 작품의 해독·감상의 방법을 제시한' 책이다. 위의 시조는 『국어국문학요강』의 "고문古文" 중 '시가詩歌'의 19

---

13) 맑음이 가득함.
14) 아주 뛰어나게 훌륭한 곡조.

번 작품으로 실려있는데, 이 작품의 해설은 다음과 같다.

 "〈청구영언靑丘永言〉에서 뽑은 장시조長時調의 하나다. 아마 어떤 여인女人의 작作일 것이나 작자作者는 분명分明치 않다. 내방가사內房歌辭에서 멀지 않고 또 부요婦謠15)(민요民謠 가운데의)의 리듬도 섞인 노래다. 이것이 시조時調라는 것은 단지 종장終章 형식形式(두어라 … 하노라) 때문이라 해도 과언過言이 아니다."(106~107면)

---

15) 주로 부녀자들이 짓고 불렀던 민요.

4

본문1

일으랴보쟈일으랴보쟈니아니일으랴네書房드려거즛거스로물깃눈체하고桶으란ᄂᆞ리와우물젼에노코쏘아리버셔桶조지에걸고건넌집져근金書房눈금젹불너니야두손〔목〕마조덤셕쥐고숙은숙은말하다가삼밧트로드러가셔무음일ᄒᆞ던지존숨은쓰러지고굴근숨ᄌᆡ만나마우즑우즑하더라고니아니일으랴네書房드려져아희입이보도라와거즛말마라스라우리도마을지어민젼츠로실ᄉᆞᆷ키려갓더니라. (청육*637/젼서#2297)

본문2

"일으랴보자, 일으랴보자, 내 아니 일으랴, 네 서방書房다려.
거즛 것으로 물 긷난 체하고 통桶으란 나리와 우물젼에 놓고, 또아리 벗어 통桶조지에 걸고, 건너집 적은 김서방金書房, 눈 금적 불러내야

두 손목 마조 덥석 쥐고, 수근수근 말하다가 삼밭으로 들어가서, 무음 일 하던지 잔 삼은 쓰러지고 굵은 삼때 끝만 남아 우즑우즑하더라고 내 아니 일으랴, 네 서방書房다려."

"저 아히 입이 보도라와 거즛말 말아스라. 우리도 마을 [지]어민 전차로 실삼 캐려 갔더니라."

[이상以上은 내용상內容上 분단分斷이다. 형식상形式上으로는 차라리 초장初章은 '일으랴보자 일으랴보자'로 그치고, '내 아니 일으랴, 네 서방書房다려'에서 중장中章이 시작始作되어, '거즛말 말아스라'까지 계속繼續되고, 종장終章은 '우리도 마을 [지]어민 전차로 ……'에서 기구起句되는 것이라 볼 것이다.]

주註

일으랴보자 : 이르겠다. 몰래 전언傳言하겠다. 보자는 '글을 써보자', '신발을 신어보자' 하는 경우境遇의 보자와 마찬가지로, 시험試驗 삼아 한다든가, 여하간如何間 해서 그 결과結果를 본다든가 하는 보자다. 여기에선 '두고 보자'하는 경우境遇의 보자와 비슷한 위협적威脅的인 어조語調가 섞여 있다.

거즛 거스로 : 허위噓僞로. 거짓말로.

ᄂ리와 : 내려서.

통桶조지 : 통을 드는 쥘손. 보 곧 물통의 손잡이 부분을 일컫는다.

져근 김서방金書房 : 아마 건넌 집에 김서방金書房이 둘이 있어, 키로 구별區別한 것이겠다.

무음 일 : 무슨 일.

우즑우즑 : (굵은 삼대 끝이) 거칠게 움직이는 모양. 우쯤우쯤. 우쭉우쭉. 보통普

通은 몸을 흔들면서 걷는 걸음걸이를 형용形容하는 말.

입이 보도라와 : 입이 싸서. 말이 경輕하여.

말아스라 : 말아라의 아어형雅語形.

마을 지어민 전차로 실삼 캐려 갓더니라 : 가난한 지어미(아내)인 까닭에 남들이 소용所用 없다고 내버린 가느다란 삼을 줏어 벗기러 갓었다. 실삼은 혹或은 야생野生의 삼이며, 캐려는 굴채掘採인가? 이 구句, 오단誤斷일지도 모르겠다.

▌감상·비평 ▌

하류下流 젊은 아낙네와 젊은 남자男子와의 문답체問答體 노래다.1) 소위所謂 장시조長時調도 이에 이르면 과연果然 시조時調라 부를 것인가 의심疑心된다. '… 말아스라'라든가 '… 갓더니라' 등等의 결어結語, 그리고 '우리도 …'란 종장終章 기구起句가 겨우 시조時調 냄새를 풍길 뿐이다. 전체全體로서는 차라리 즉흥적卽興的인 한 편篇의 민요民謠라 할 것이다.

이 노래는 문학 작품文學作品으로서는 보잘 것 없는 것인지도 모른다. 그러나 위에서 말한 대담大膽한 민요풍民謠風의 도입導入에 주의注意해야 할 것인 동시同時에, 또 하나는 그 사실성寫實性이다. 사실성寫實性은 산문 문학散文文學의 대표적代表的 양식樣式인 소설小說의 근본적根本的인 성격性格이다. 영英·정조正朝에 발흥勃興한 봉건封建 평민 문학平民

---

1) 저자는 이 작품을 남자와 여자의 대화로 이루어진 것으로 보고 있으나, 오히려 마을 아낙네들 간의 대화로 파악하는 것이 더 자연스러울 듯하다.

文學인 고대소설古代小說이 점차漸次 창곡화唱曲化함을 따라, 소위所謂 장시조長時調에도 이러한 사실적寫實的 요소要素가 농후濃厚해 진 것이라 볼 것이다.

[참] 〈청구영언 진본〉을 비롯하여, 모두 25종의 가집에 수록. 이 작품은 고정옥의 다른 저작인 『조선민요연구』(수선사, 1949)에도 작품과 함께 설명이 제시되어 있는데, 이 작품에 덧붙은 설명은 다음과 같다.
"일찌기 보지 못하든 사실적寫實的인 수법이다. 중국 소설의 영향도 많을 것이다. 그러나 이 노래에 이르면 민요적 내용·형식을 운위하기 보다도 이조 말엽 시가집에 실린 나의 소위 '파형破型노래' 전부에 대한 재론이 요청된다. '파형노래'는 거진 작자 불명不明이오, 그 내용에 있어 안일安逸·풍류·도피·영달·실각失脚·도덕·절조節操·충성 등 모든 시조적 제재 대신에, 골계·해학·호색好色·외설猥褻 등이 표면에 나타나, 상스럽고 우습광스런 분위기를 자아내고 그 표현 방법에 있어서는 시조의 여운·은유·온후 대신에 직인直人·사실寫實·당돌唐突이 우세하여 속이俗耳에 들어가기 쉽게 되어 있다. 이것은 곧 시조에서 그 주인인 관료·양반·한학자漢學者·도학자道學者·풍류객을 몰아내고, 서민이 그 대신 그 자리를 점령하기 시작한 사회 정세의 반영이니, 이들 서민의 시심을 만족시켜온 세계야말로 민요民謠였든 것이다. 그리하여 그들 서민은 지금까지 자기네들이 즐겨온 그들의 시의 세계를, 가장 우수한 시형식인 시조로 들고 들어간 것이다.
그러므로 '파형노래' 속에는 사실 단순한 당시 민요의 기록도 들어있으나, 그 전체가 민요적 감각으로 일관되어 있는 만치 개인 창작과 민요를 획연劃然히 구별하기는 어려울 것이다. 개인 창작이라 할지라도 그 당시 민중에게 회자膾炙되었던 노래일 것이기 때문이다. 전게前揭 「일으랴보자」도 물론 개인 창작일 것이나, '파형노래' 전반의 민요성을 들추어 볼랴는 나의 논지로 보아 엉뚱한 것을 가져온 것은 아닐 것이다."(75~76면)

5

본문1

高臺廣室나ᄂᆞᆫ마다錦衣玉食더욱이슬희銀金寶貨奴婢田宅緋緞쟝옷大緞치마蜜花珠겻칼紫芝賞織젹고리쏜머리石雄黃오로다ᄭᅮᆷ자리로다平生나의願ᄒᆞᄂᆞᆫ바ᄂᆞᆫ말줄ᄒᆞ고글잘ᄒᆞ고人物개ᄌᆞᄒᆞ고품ᄌᆞ리가장알ᄯᅳ리잘ᄒᆞᄂᆞᆫ져믄書房인가ᄒᆞ노라. (청육*643/전서 #174)

본문2

고대 광실高臺廣室 나난 마다, 금의 옥식錦衣玉食 더욱이 슬희,
은금 보화銀金寶貨, 노비 전택奴婢田宅, 비단緋緞 장옷, 대단大緞 치마, 밀화주蜜花珠 곁칼, 자지 상직紫芝賞織 저고리, 딴머리 석웅황石雄黃, 오로다 꿈자리로다.
평생平生 나의 원願하난 바난, 말 잘하고, 글 잘하고 인물人物 개자하고, 품자리 가장 알뜰히 잘하는 졈은 서방書房인가 하노라.

주註

슬희 : 싫으이.

쟝옷 : 머리에 써 전신全身을 가리던 부녀婦女의 초록색草綠色 외출복外出服. 보 쟝옷은 여자들이 나들이 할 때 얼굴을 가리기 위하여, 머리에서부터 내리 써 온몸을 가리던 옷이다.

대단大緞 : 중국산中國産 비단의 일종一種.

밀화주蜜花珠 결찰 : 밀색蜜色 호박琥珀으로 장식裝飾한 허리에 차는 소도小刀. 보 밀화蜜花는 호박琥珀의 일종으로, 꿀벌의 밀과 비슷한 누른 빛이 나고 젖송이 같은 무늬가 있다.

자지紫芝 : 자지빛. 보 자줏빛.

상직賞織 : 직물織物의 이름.

쏜머리 석웅황石雄黃 : 딴머리는 혼인婚姻 때 신부新婦 머리에 얹어 뒤로 늘어뜨리는 장식품裝飾品. 껄머리. 석웅황石雄黃은, 계관석鷄冠石이 분해分解하여 된 광물鑛物, 웅황雄黃, 석황石黃. 딴머리 석웅황石雄黃은 딴머리를 장식裝飾하는 석웅황石雄黃.

오로다 : 모두.

숨ᄌ리로다 : 꿈에서나 보는 것들이로다. '어아여부운於我如浮雲[1]' 같은 말로 쓰인 듯.

인물人物 개ᄌ하고 : 인물人物이 깨끗이 잘 생기고.

품자리 : 품은 가슴에 품는다는 품. 자리는 잠자리의 자리. 아마 '부부夫婦의 의宜'를 말함인 듯.

져믄 : 젊은.

---

1) '나에게 뜬구름과 같다'는 뜻.

■ 비평·감상 ■

아마 유녀遊女²⁾의 노래인 듯하다. 부귀富貴하고 늙은 양반兩班보다, 가난한 살림일찌라도 인물人物 똑똑하게 생긴 젊은 서방書房하고 살고 싶다는 술회述懷다. 이런 술회述懷는 특特히 시대상時代相을 나타낸 것이라고는 생각 안되나, 문벌門閥과 부귀富貴보다 인물人物에 중점重點을 두고 생각하게 된 데 대對해서는 상류 계급上流階級에 대對한 무조건적無條件的 숭앙崇仰이 깨어지고, 그 대신代身 도리어 인간적人間的 혐오嫌惡를 갖게 된 데 원인原因이 있지 않을까.

[참] 〈청구영언 진본〉을 비롯하여, 모두 19종의 가집에 수록. 〈홍비부〉에는 중장의 내용이 다소 변개된 이본이 수록되어 있다.

○고대 광실高臺廣室 나난 슬의 금의 옥식錦衣玉食 더욱 슬의
　비단 장長옷 더단 치마 자쥬 향직 져고리와 밀화쥬 겻칼이며 칠쌍 팔쌍 쌍雙 귀이기 이공李貢젼 진주眞珠 투심 돗토락이 오로다 꿈즈리로다
　평생平生에 원願하난 바난 말 잘ᄒ고 글 잘ᄒ고 인물人物 개제愷悌ᄒ고 품즈리 잘ᄒ난 결문 낭군郎君만 쏙쏙 어더 쥬쇼서.(홍비*191)

────────
2) '노는 여자'라는 뜻으로, 기생妓生·갈보·색주가色酒家 등을 통틀어 일컫는 말.

6

본문1

물우희沙工물아레沙工놈들이三四月田稅大同실너갈제一千石싯 눈大中船을쟈귀더혀꿈혀닐제三色實果머리가즌것갓쵸와피리 巫鼓롤둥둥치며五江城隍之神과南海龍王之神쎄손고초와告祀홀 제全羅道-라慶尙道-라蔚山바다羅州-바다七山바다휘도라安 興목이라孫돌목江華-목감도라들제平盤에물담은드시萬里滄 波에가는듯도라오게고스릐고스릐所望일게ㅎ오소셔어어라져 어라이어라비쓰여라地菊叢南無阿彌陀佛.(청육*655/전서#1084)

본문2

물 윗 사공沙工, 물 아레 사공沙工놈들이, 삼·사월三四月 전세田稅 대동 大同 실러 갈 제,
일천 석一千石 싣난 대중선大中船을 자귀 대어 꾸며 낼 제 삼색三色 실

과실果 머리 갖은 것 갖초아, 피리·무고巫鼓랄 등등 치며, 오강五江 성황지신城隍之神과 남해南海 용왕지신龍王之神께 손 고초아 고사告祀할 제, "전라도全羅道—라 경상도慶尙道—라, 울산蔚山바다 나주羅州—바다 칠산七山바다 휘돌아, 안흥安興목이라 손돌孫乭목 강화江華—목 감돌아 들 제, 평반平盤에 물 담은 듯이 만리 창파萬里滄波에 가난 듯 돌아오게, 고스리 고스리 소망所望 일게 하오소서."
이어라 저어라, 이어라 배 뜨여라. 지국총地菊叢 나무아미타불南無阿彌陀佛.

주註

전세田稅 대동大同 : 대동大同은 전결田結에 따라 쌀·무명 등등을 공납工納시키던 것. 요要컨대 전답田畓의 조세租稅로 공납工納하는 물건物件들.

쟈귀 : 자귀. 짜귀. 보 자귀는 나무를 깎아 다듬는 연장이다.

머리 가즌 것 : 골라서 좋은 것.

무고巫鼓 : 나라 잔치 때 기생妓生들이 치던 대고大鼓.

오강五江 성황지신城隍之神 : 오강五江은 한강漢江 연안沿岸 서울 가까운 다섯 곳 —한강漢江, 용산龍山, 마포麻浦, 지호支湖, 서호西湖. 성황지신城隍之神은 성황당城隍堂에 모신 성城의 신神. 보 성황당城隍堂은 토지와 부락을 지킨다는 서낭신에게 제사를 지내는 단을 말한다.

손 고쵸아 : 합장合掌하여. 보 합장合掌은 불가佛家에서 인사할 때나 절할 때 두 팔을 가슴께로 들어 올려 두 손바닥을 합하는 것이다.

목 : 중요重要한 지점地點. 강화江華목은, 강화江華로 입항入港하자면 반드시 지나지 않으면 안 되는 지점地點. 보 목. 목은 통로의 딴 곳으로는 빠져나갈

수 없는 중요하고 좁은 곳을 이른다.

가는 둣 도라오게 : 갔다고 생각하면 어느덧 돌아오게. 빨리 돌아오게. 이 '둣'의 용법用法은 조선 시가朝鮮詩歌에 있어 대단大端 묘妙한 것의 하나다. 고전古典에 그 예례를 구求하면, 고려高麗 때 노래라고 추단推斷[1)]되어 있는 「가시리」에,

> 가시리 가시리잇고,
> (나는) 브리고 가시리잇고.
>
> 날러는 엇디 살라 ᄒ고,
> 브리고 가시리잇고.
>
> 잡사와 두어리 마ᄂ난
> 선ᄒ면 아니 올셰라.
>
> 셜온 님 보내옵노니,
> (나는) 가시는 둣 도셔 오쇼서.

「가시리」의 종구終句에 쓰인 '둣'은 본가本歌의 '둣'과 꼭 같은 용례用例다.

또 하나 예례를 들면, 윤선도尹善道의 「산중별곡山中別曲」중中 「오우가五友歌」의 하나에,

> 고즌 무스 일로 뛰며셔 쉬이 디고,
> 풀은 어이ᄒ야 프르는 둣 누르ᄂ니.
> 아마도 변티 아닐슨 바회샌인가 ᄒ노라.

고스릐 : 민간 신앙民間信仰의 고사告祀[2)] 때, 고사告祀 끝에 제사 음식祭祀飮食을 조금씩 집어 던지면서 외치는 소리. 고시레가 원어原語인데, 고시레는 고실레高失禮란 사람 이름. 단군檀君 신하臣下로 농사農事를 처음으로 백성百姓

---

1) 미루어 판단함.
2) 무슨 일을 하기 전에 무사하라고 신에게 빌던 제사.

에게 전수傳授했으므로 그 공덕功德을 잊지 않기 위爲해서 지금도 고실례
신高失禮神의 이름을 부르며 음식飮食을 던져 바친다고 한다.

어어라, 이어라 : 어여차, 어기여차 들과 같은 말.

빈 쓰여라 : 배 띄워라. 이현보李賢輔의 「어부사漁父詞」의 '빈 떠라', 윤선도尹善
道의 「어부사시사漁父四時詞」의 '빈 떠라' 등等을 모방模倣한 것이다. 퇴계
退溪의 작작作이라고 〈청구영언靑丘永言〉3)에 전전傳하는 「어부사漁夫詞」에는
'빈 씌여라'란 말이, '듯 드러라', '돗 지어라', '빈 저어라', '빈 매여라' 등等
에 섞여 사용使用되고 있다.

지국총地菊叢 : 전게前揭 「어부사漁父詞」들에 쓰인 첩구疊句 '지국총至匊恩 지국
총至匊恩 어사와於思臥'를 모방模倣한 것이다. 노 저으면서 외는 장단長短
소리.

나무아미타불南無阿彌陀佛 : 아마 도중途中 무사無事를 염불念佛4)하는 소리.

감상·비평

대동大同 실러 가는 뱃사공沙工들의 생활生活의 일면一面을 노래한 글
이다. 대체大體로 가사적歌辭的 양식樣式을 빌고, 마지막에 가서 「어부
사漁父詞」의 흉내를 좀 내었다. 윤선도尹善道5), 이현보李賢輔6)가 읊은

---

3) 19세기에 편찬된 〈육당본 청구영언〉임.
4) 부처의 모습과 공덕을 생각하면서, 나무아미타불을 부르는 일.
5) 윤선도尹善道(1587~1671) : 조선 중기의 문인. 자字는 약이約而이며, 호號는 고산
孤山·해옹海翁 등이다. 특히 시조에 뛰어나 정철鄭澈의 가사와 더불어 시가사상 쌍
벽을 이룬다. 문집으로 『고산유고孤山遺稿』가 있고, 「어부사시사漁父四時詞」 등의
시조가 전한다.
6) 이현보李賢輔(1467~1555) : 조선 중기의 문인. 자는 비중棐仲이며, 호는 농암聾
巖·설빈옹雪鬢翁 등이다. 문집으로 『농암집聾巖集』이 있으며, 「어부가漁父歌」 등의

시적詩的 한정閑情으로서의 어부漁夫의 생활生活이 이미 아니고, 사공沙工들의 생활 현실生活現實의 한 토막이다.

작자作者는 문학文學이 될 수 있는 하층인下層人의 생활生活의 일 단면一斷面을 잘 포착捕捉했으나, 그것을 문학화文學化함에 있어 역량力量이 모자랐으며, 공연空然히 옛 노래를 흉내내려 했다. '…갈 제 …닐 제 …홀 제 …들 제 …'처럼, '제'를 네 번이나 거듭 사용使用해서 문장文章을 이어간 것은 졸렬拙劣한 수법手法이라 아니할 수 없다.

그러나 신선新鮮한 소재素材 포착안捕捉眼과 그 사실적寫實的 문장文章은 귀貴하다 할 것이다.

참 〈해동가요 주씨본〉를 비롯하여, 모두 18종의 가집에 수록. 〈해동가요〉의 두 이본(일석본, 주씨본)에는 작자가 이정보李鼎輔7)로 되어 있다.

시조를 남겼다.
7) 이정보李鼎輔(1693~1766) : 조선 후기의 문인. 자는 사수士受이며, 호는 삼주三洲・보객정報客亭 등이다. 성품이 강직하여 직언을 서슴지 않아 수 차례 파직을 당하였고, 한시에도 능하였다. 퇴임 후 자신의 집에서 가창자歌唱者를 양성할 정도로 음악에 관심이 깊었다.

본문1

谷口哢우는소리의낫잠씨여니러보니져근아들글닐우고며느아기뵈쓰는듸어린孫子는꽃노리흔다못쵸아지어미술거르며맛보라고흐더라. (청육*681/전서#193)

본문2

곡구롱谷口哢 우난 소리에 낮잠 깨어 일어 보니,
적은 아들 글 일우고, 며느아기 뵈 쓰난디, 어린 손자孫子난 꽃놀이한다.
마초아 지어미 술 걸으며 맛 보라고 하더라.

▌주註▌

곡구롱谷口哢 : 닭 우는 소리. 꼬꾜.
니러 보니 : 일어나 보니.

글 니루고 : 글 읽고.

며느아기 : 며느리의 애칭愛稱. 며르아기. 며늘아기.

맛쵸아 : 때 맞추어. 그 때 마침. 종장終章 기구起句에 흔히 쓰인다.

거르며 : 걸으며. 보 '거르다'는 찌끼나 건더기가 있는 술과 같은 액체를 체 따위에 받이어 국물만을 짜내는 것을 일컫는다.

감상·비평

오경화吳擎華(慶華, 景化)¹⁾의 작품作品이다. 긴 노래는 아니나 평시조平時調의 장長이 45음四十五音이 그 전형典型이라면 이 역亦 장시조長時調에 속屬할 것이다.

이 노래는 종래從來의 관념적觀念的, 추상적抽象的인 귀족 시조貴族時調의 매너리즘²⁾에서 벗어난 동시同時에, 문학文學이 채 되지 못한 이조李朝 말엽末葉의 난잡亂雜한 평민平民 장시조長時調의 생경生梗에도 빠지지 않은 드물게 보는 좋은 작품作品이다. 평범平凡한 일상 생활日常生活의 일순간一瞬間을 포착捕捉하여, 아무나 쓰는 평범平凡한 말로 자연自然스럽게 영발詠發하였음에도 불구不拘하고, 훌륭히 문학文學이 되어 있는 것이다. 다른 평민 작가平民作家들도 이러한 길을 택擇했던들 좀 더 볼 만한 작품作品들을 남겼을가 한다.

참 〈청구영언 육당본〉을 비롯하여, 모두 12종의 가집에 수록.

---

1) 오경화吳擎華(생몰년 미상) : 조선 후기에 활동했던 가창자歌唱者. 자는 자형子衡이며, 〈청구영언 육당본〉 등에 '동국명가東國名歌'로 소개되어 있다. 당대의 가창자의 명단을 기록한 〈해동가요〉의 '고금창가제씨古今唱歌諸氏'에 이름이 올라 있기도 하다.
2) '매너리즘(mannerism)'은 일정한 기법이나 형식 따위가 습관적으로 되풀이되어 독창성과 신선한 맛을 잃어버리는 것을 말함.

8

본문1

閣氏네더위들사시오일른더위느즌더위여러회폭묵은더위五六月伏더위에情의님만나이셔달밝은平床우희츤츤감게누엇다가 무음일하엿던지五臟이煩熱하고구슬땀흘리면서헐썩이넌그더위와冬至쫠긴긴밤에고은임다리고다스호아름묵과돗가온이 불속의두몸이호몸되야그리져리ᄒ니手足이답답ᄒ며목궁이 타올젹에웃목의찬숙융을벌썩벌썩켜난더위를閣氏네사려거 든所見디로사오시쇼장ᄉ야네더위여럿中의님만나는두더위야 뉘아니조아하리남의게파지말고니게부디파르시소. (청육 *702/전서#49)

본문2

"각씨閣氏네, 더위들 사시오.

일른 더위, 늦은 더위, 여러 해 폭 묵은 더위 오뉴월五六月 복伏더위에 정情윗임 만나 잇어 달 밝은 평상平床 우히 츤츤 감겨 누엇다가, 무음 일 하엿던지 오장五腸이 번열煩熱하고, 구슬땀 흘리면서 헐떡이넌 그 더위와, 동지冬至딸 긴긴 밤에 고은 임 다리고 다스한 아름묵과 도까온 이불 속에 두 몸이 한 몸 되야 그리저리 하니, 수족手足이 답답하며 목궁이 타올 적에 웃목의 찬 숭눙을 벌떡벌떡 켜난 더위를 각씨閣氏네 사려거든 소견所見대로 사오시오."
"장사야 네 더위 여럿 중中에 임 만나난 두 더위야 뉘 아니 좋아하리. 남에게 파지 말고 내게 부대 팔으시소."

▌주註 ▌

만나이셔 : 만나서.

평상平床 우희 : 평상平床 위에. 보 평상은 가늘고 긴 나뭇조각이나 널빤지로 바닥을 만든 침상을 일컫는다.

무음 일 : 무슨 일.

번열煩熱 : 번열증煩熱症. 몹시 신열身熱이 나고 못 견디어 하는 것.

아름묵 : 아랫목. 보 아랫목은 온돌방에서 아궁이 쪽의 벽에 가까운 부분을 일컫는다.

돗가온 : 두꺼운. 두터운.

목궁 : 목구멍.

소견所見대로 스오시쇼 : 마음대로 사가시오.

■ 감상·비평 ■

　이것은 다음의 '댁宅드레 ……'란 노래와 같은 종류種類의 형식形式이다. 다만 「댁宅드레 노래」는, 다섯 수首가 모두 '댁宅드레'란 말로 시작되어 있는 데 대對해서, 이 노래는 '각씨閣氏네'로 시작되어 있을 따름이다.

　「댁宅드레 노래」에 대對해서는 다음 노래에 가서 이야기하기로 하고, 이 노래를 보면, 이것은 완전完全히 가사歌辭이지 시조時調가 아니라고 할 수밖에 없다. 강잉强仍히[1] 이것을 시조時調의 범주範疇 속에 포섭包攝하려고 시조적時調的인 요소要素를 찾는다면, 그 3장三章 분단分斷의 가능성可能性이 있을 따름일 것이다.

　이 노래는 다음의 「댁宅드레 노래」에서 파생派生한 것으로, 한 진지眞摯한 노력努力에 의依해서 시작試作된 「댁宅드레 노래」의 형식形式이 호색적好色的[2]인 희시戱詩로 타락墮落한 것이라 볼 것이다.

　[참] 〈청구영언 육당본〉을 비롯하여, 모두 3종의 가집에 수록. 〈봉래악부蓬萊樂府〉에는 작자가 신헌조申獻朝[3]로 되어 있다.

---

1) 마지못하여. 억지로.
2) 여색女色을 특히 좋아하는.
3) 신헌조申獻朝(1752~1807) : 조선 후기의 문인. 호는 죽취당竹醉堂이다. 시조집인 〈봉래악부蓬萊樂府〉가 전한다.

9

본문1

宅드레동난지들ᄉ오여匠事ᅵ야네황우긔무어시라웨ᄂ니ᄉᄌ 外骨內肉에兩目은向天ᄒ고大아리二足으로能捉能放하며小아리 八足으로前行後行하다가靑醬黑醬아스삭ᄒᄂ동난지들사오匠 事야하거북이웨지말고궤젓사쇼하야라. (청육*714/전서#844)

본문2

장사	"댁宅들에 동난지들 사오."
주인主人	"[저 장사匠事야,] 네 황우 긔 무엇이라 외나니, 사자."
장사	"외골外骨 내육內肉에 양목兩目은 향천向天하고, 대大아리 이족二足으로 능착能捉 능방能放하며, 소小아리 팔족八足으로 전행前行 후행後行하다가 청장靑醬 흑장黑醬 아스삭하난 동난지들 사오."
주인主人	"장사匠事야 하 거북히 외지 말고 '궤젓 사소' 하야라."

[이 노래를 3장三章으로 나누려 하는 것은 원래 무리無理한 일이다. 편의상便宜上 이상以上과 같이 분장分章해 보았으나 혹或은 '뎌 장사匠事-야 네 황우……' 이하以下를 중장中章으로 보는 것이 좋을 지도 모르겠다.]

주註

댁宅들에 : 댁宅들에. 들이란 복수형複數形은 뒤 문구文句 '동난지들'의 들과 마찬가지로, 많은 사람을 상대相對로 하는 행상行商군들의 관념觀念에서 나온 말이다. 지금 서울 거리를 외고 돌아다니는 장사들의 '무드렁'의 드렁도 이 들의 변형變形인가?

동난지 : 게젓. 지는 김치, 젓 등等의 범칭汎稱. [보] 동난지는 게젓의 옛말로, 게를 간장에 담가 만든 것을 일컫는다.

장사匠事 : 장사. 무의미無意味하게 맞춘 한자漢字.

황우 : 황화荒貨. 재래在來의 잡화雜貨. 여기서는 파는 물건物件, 상품商品의 뜻. [보] 황아는 담배 쌈지·바늘·실 따위의 여러 가지가 뒤섞인 물건을 일컫는다.

긔 : 그. 기其. 또는 그것이.

무어시라 외나니 스쥬 : 뭐라고 외느냐, 사자. '…니'는 똑똑한 종지형終止形[1]이 아니고, 밑으로 연결성連結性을 가진 일종一種의 약弱한 종지형終止形. [보] '외다'는 외치다라는 의미이다.

외골外骨 내육內肉 : 게의 몸이 밖은 딱딱한 껍질이고, 속은 연軟한 살인 것을 이름.

대大아리 : 큰 다리.

---

1) 문장에서 단락이 마칠 때 사용되는 표현 형식.

능착能捉 능방能放 : 다른 물건을 마음대로 잡았다 놓았다 할 수 있는 것.

소小아리 : 적은 다리.

청장靑醬 흑장黑醬 : 청靑은 청淸. 진하지 않은 장과 진간장, 또는 게 뱃속에 든 된장 같은 것(해황蟹黃)을 이름인가?

하 거북이 : 몹시 듣기 어렵게.

케젓 : 게젓.

▌ 감상·비평 ▌

'댁宅드레'로 시작된 이와 같은 형식形式의 노래가 〈청구영언靑丘永言〉과 〈가곡원류歌曲源流〉에 각각各各 5수五首씩 실려 있다.

○댁宅드레 자리등매登梅롤 사오 뎌 장사匠事야 네 등매登梅 갑 언미니 사 싸라 보쟈
　두 필疋 쏜 등매登梅에 흔 필疋 밧슴니 흔 필疋 못 쓰의 반 필半疋 밧쇼 반 필半疋 아니 밧닉 하 우온 말 마쇼
　흔 번곳 스 싸라보시면 아모만을 줄지라도 매양每樣 스 싸즈 흐오리. (청육*715/전서#848)

○댁宅쓰레 연지분臙脂紛들 샤오 뎌 쟝사匠事야 네 연지분臙脂粉 곱거든 스주
　곱든 비록 아니 흐되 바르면 녜 업썬 교태嬌態 절노 나고 임任 괴시는 연지분臙脂粉이오니
　진실眞實노 그러곳 흐량이면 닷 말 아치나 사즈. (청육*778/전서#846)

○딕들에 단져 단술 스오 져 쟝스야 네 황호 몃 가지느 웨느니 스주
　아래 등경燈鏡 웃 등경燈鏡 걸 등경燈鏡 즈으리 동해東海 통노구爐口 가옵네

　　　　수오 대모관大模官 여기女妓 소각관小各官 주탕酒帑이 본시本是 쑤러져 물
　　　　죠로로 흐르는 구머 막키옵셰
　　　　쟝ᄉ야 막키믄 막켜도 훗말 업시 막키소. (청육*810/전서#843)

○딕ᄯ레 남무들 사오 져 쟝ᄉ야 네 남무 갑 얼미니 ᄉ자
　싸리나무 훈 동同의 훈 말이오 검쥬남무 훈 동同의 닷되요 합슘ᄒ야 마닷되오
　　니 삿 ᄶ여 보오 불 잘 붓슨니
　진실로 훈 번곳 삿 ᄶ이면 미양 삿 ᄶ이즈 ᄒ오리. (청육*833/전서#843)

　　종래從來 시조時調의 전통傳統에서 벗어난 노래로서 이렇게 다섯 수首씩이나 같은 형식形式의 노래를 볼 수 있는 것은 흥미興味있는 일이다. 이것은 필연必然코 이조李朝 말엽末葉의 평민 작가平民作家가 자기自己네들의 생활 감정生活感情을 담을 새 노래의 길을 모색摸索하던 끝에 발견發見한 한 새로운 노래군群일 것이다. 처음에는 단순單純히 장사군과 주인主人의 문답問答에 착안着眼하여 그것을 그대로 적은 것이니, '등매登梅장사'와 '나무장사'의 노래가 그러한 것이다. 이 두 노래에서는 아무런 문학적文學的 기교技巧를 찾아볼 수 없는 대신代身, 그 양식樣式이 일정一定하다. 이 양식樣式이 「댁宅드레 노래」의 기본형基本型일 것이다.
　　그러던 것이 '동난지 장사'와 '연지분臙脂粉 장사'의 노래에 이르러, 기본형基本型이 다소多少 어그러지기 시작한 동시同時에, 장사군의 재담才談이 읽는 사람의 흥미興味를 돋우는 것이다. '동난지 장사'의 익살은 골계적滑稽的[2]이고 '연지분臙脂粉 장사'의 재담才談은 염정적艷情的[3]인

---

2) 일부러 남을 웃기는 말이나 짓을 하는.
3) 남녀 사이에 서로 그리워하는 정이 있는.

데서,「댁宅드레 노래」의 경향傾向을 볼 수 있는 것이며, 여기에 문학文學이 된 「댁宅드레 노래」가 형성形成된 것이라 할 것이다.

'단져 단술 장사'와 전게前揭「더위 노래」는, 여기서 한 걸음 더 나아가서 잡雜스럽게 희시화戲詩化한 것으로,「댁宅드레 노래」는 드디어 정상正常한 시도詩道에서 일탈逸脫하여 걷잡을 수 없는 혼란混亂에 빠지고 마는 것이다.

「댁宅드레 노래」는 문학文學으로서 훌륭히 결실結實하지 못한 채 희시戲詩로 타락墮落하고 말았다고 할찌나, 그 착안着眼만은 자미滋味있는4) 것이라 할 것인데, 그 양식樣式이 종래從來의 모든 율문 문학律文文學 양식樣式을 완전完全히 무시無視하고 출발出發한 데 평민 작가平民作家의 대담大膽한 문학 혁신文學革新 정신精神을 느끼는 것이다.

참 〈청구영언 진본〉을 비롯하여, 모두 8종의 가집에 수록. 위에서 언급한 5수 이외에, 다음과 같은 「댁宅드레 노래」 1수가 〈병와가곡집〉에 수록되어 있다.

○댁宅들에 주랏등미 사소 저 장수야 네 등미 됴흔냐 수자
　흔 필匹 쏜 등미에 반 필半匹 바드라는가 파네 니 좃 자소 아니 파니
　진실眞實노 그러ᄒᆞ여 풀 거시면 첫 말에 아니 풀라시랴.(병가*1045/전서#847)

이 작품은 고정옥의 다른 저작인 『국어국문학요강』(대학출판사, 1949)의 "고문古文" 중 '시가詩歌'의 20번 작품으로도 수록되어 있는데, 이 작품의 해설은 다음과 같다.

---

4) 재미있는.

"'댁宅드레'로 시작된 이런 형식의 노래가 〈청구영언靑丘永言〉·〈가곡원류歌曲源流〉에 각각 5수가 보인다. 서민 문학庶民文學으로서의 장시조長時調가 개척한 한 특이한 노래 형식으로서 주목될 일군의 작품이다. 이것은 아마 상인商人의 세력이 점점 자라간 봉건封建 말기末期의 사회상의 한 반영일 것이다. 이 외에도 장시조에는 장사꾼의 생활이 주제가 된 많은 작품을 찾아 볼 수 있다. 「댁드레 노래」는 처음 단순히, 장사꾼과, 사는 사람 사이에 주고 받은 말로써 성립되어, 다음에는 장사꾼의 익살(해학諧謔)이 섞여, 노래로서 한 발전을 보이고, 나종에는 실제적인 문답에서 떠나 순전히 희시戱詩로 변함에 따라 형식도 그 원뼈만 남게 되었다."(109~110면)

「댁드레 노래」의 형식에 대해서는 고정옥의 『조선민요연구』(수선사, 1949)에도 다음과 같이 기술되어 있다.

"이상 우리는 5수의 「댁드레 노래」를 보아 왔다. 도대체 이 괴이한 형식은 어떻게 성립된 것일가.

이조 중엽 이후의 신흥 계급新興階級은 노래의 소재를 당연히 그들 자신의 일상 생활 속에서 구하는 동시에, 필연적으로 그 내용에 상응한 새 형식을 모색했을 것이다. 소위 '언문 풍월諺文風月'도 그러한 가운데서 창조해 낸 한 귀貴여운 신형식 일 것이다. 새 내용을 담을 새 형식을 의식적·창의적으로 탐구하든 그들 중 어느 한 사람은, 요지음부터, 점점 성하여진 행상行商꾼이 대문 앞에서 외치는 소리를 듣고 이에 호응하는 가인家人의 말수작에 귀를 기우렸다. 그는 그들의 문답에 참신한 시정詩情을 느꼈다. 이리해서 소재를 예술화할 여유도 없이 이 시정은 지묵紙墨에 옮겨졌다. 이튿날 그는 내방來訪한 친구에게 신작新作

을 제시하였다. 친구는 무릎을 치고 돌아와서는 모작模作을 시험했다. 이들의 작품은 곡조曲調가 붙어 항간巷間에 불리우기도 했다. 이리하여 이 새 형식은 한동안 유행하게 되었든 것이다. …… 이것은 한낱 공상일가. 문제는 민요 정신의 승리에 있으니, 공상일지라도 상관이 없다. 그러나 외국의－특히 구라파歐羅巴의 새 형식(창가唱歌→신체시新體詩→자유시自由詩)이 수입되어, 그들의 모색의 손에 그들이 갈망하든 것이 쥐여지지 않았드라면, 기어코 그들 자신의 역량으로 새로운 노래의 세계를 창조하였으리라."(77~78면)

10

본문1

山밋틱집을지어두고녤것업셔草시로예어시니밤中만ᄒ야셔비오ᄂᆞᆫ쇼리ᄂᆞᆫ우루룩쥬루룩몸에옷시업셔草衣를입어시니술이다드러나셔울긋불긋불긋울긋다만지칩든아니ᄒ되任이볼가ᄒ노라. (청육*719/전서#1430)

본문2

산山 밑애 집을 지어 두고 녤 것 없어 초草새로 녜었이니,
밤중中만 하야서 비 오ᄂᆞᆫ 소래는 우루룩 주루룩 몸에 옷이 없어 초의草衣를 입엇이니 살이 다 드러나서 울긋불긋 불긋울긋,
다만지 칩든 아니하되 임任이 볼가 하노라.

주註

녤 것 : 일 것. 덮을 것.

초草새 : 풀로 아무렇게나 엮은 이엉.

다만지 : 다만의 고어古語. 보통普通 문장文章으로 고치면, '다만지'는 '칩든 아니 ᄒᆞ되'의 다음에 들어 갈 것이다.

감상·비평

　평민平民 부녀婦女의 생활 감정生活感情이 진솔眞率하게 나타난 노래다. 읽는 사람으로 하여금 미소微笑와 동정同情을 자아내게 하는 동시同時에 일종一種 야릇한 정회情懷에 사로잡히게 한다.

　참 〈청구영언 육당본〉을 비롯하여, 모두 3종의 가집에 수록. 〈시가 박씨본〉에는 다소 변개된 형태의 이본이 수록되어 있다.

○산山 미틔 초려草廬 삼 간三間 짓고 널 것 업셔 초草새 ᄒᆞᆫ 벌 니여시니
　밤중만 ᄒᆞ여셔 비 오는 쇼리는 우로록쥬로록 쥬로록우로록 몸에 옷시 업스
　초의草衣로 덥퍼스니 슬히 드러나셔 울근불근 불근울근
　각별各別이 비 맛기 셥단 아니되 님 아니 올가 ᄒᆞ노라. (시가*659)

11

본문1

논밧가라기음미고뵈잠방이다임쳐신들메고낫가라허리에츠고도의벼러두러메고茂林山中드러가셔삭짜리마른섭흘뷔거니버히거니지게에질머집팡이밧쳐노코시옴을ᄎᄌ가셔點心도슭부시이고곰방디롤툭툭쩌러닙담비퓌여물고코노리조오다가夕陽이지넘어갈졔엇씨롤추이즈며긴소리져른소리ᄒ며어이갈고ᄒ더라. (청육*728/전서#654)

본문2

논밭 갈아 기음 매고, 베잠방이 다임 쳐 신들메고, 낫 갈아 허리에 차고, 도끼 벼려 두러메고,
무림 산중茂林山中 들어가서, 삭따리 마른 섶을 비거니 버히거니, 지게에 짊어 지팡이 바쳐 놓고, 새옴을 찾아 가서 점심點心도슭 부시이고, 곰방대랄 툭툭 떨어 잎담배 피어 물고 콧노래 조오다가

석양夕陽이 재 넘어갈 제 어깨를 추이즈며, 긴 소래 저른 소래 하며 어이 갈고 하더라.

[이 노래도 분장分章ᄒ기 어렵다. 편의상便宜上 위와 같이 분장分章했다.]

▌주註▐

뵈잠방이 : 베로 만든 잠뱅이. 잠뱅이는 짧은 속고의. 보 잠방이는 가랑이가 무릎을 덮을 정도로 짧게 만든 홑고의를 이른다.

다임쳐 : 단님 쳐. 보 대님은 한복을 입을 때, 남자들이 바지를 입은 뒤에 그 가랑이 끝쪽을 접어서 간편하게 발목을 졸라매는 너비가 좁은 끈을 일컫는다.

신들메고 : 신들 메고. 신돌이를 하고. 신돌멩이(신들메)를 하고. 신이 벗어지지 않게 단단히 매는 것.

벼려 : 숫돌에 갈아. 벼리다는 본래는 무딘 낫이나 칼 같은 것을 불에 넣어서 뚜드려 예리銳利하게 하는 것.

두러메고 : 둘러메고.

삭싸리 마른 섶 : 삭싸리는 삭정이, 생목生木에 붙은 고지枯枝. 섶은 잎나무. 보 삭정이는 살아 있는 나무에 붙어있는 말라죽은 가지를 일컫는다.

식옴 : 샘. 천천泉.

졈심點心도슭 : 점심 도시락. 도슭은 버들가지 같은 것으로 만든 옛날 점심 그릇.

부시이고 : (그릇을) 씻고. '식옴을 ᄎᄌ가셔'와 이 구句 사이에 점심을 먹는 사실사實이 생략省略 또는 빠진 것이다.

닙담ᄇᆡ : 잎담배. 엽초葉草. 썰지 않은 잎대로의 담배.

코노ᄅᆡ 조오다가 : 콧노래를 부르며 졸다가.

엇끠를 추이즈며 : 어깨를 추키며.
긴 소릐 쟈른 소릐 : 장단가長短歌.

▌감상·비평 ▌

  농민農民의 채신행採薪行1)을 여실如實히 그린 서사가사敍事歌辭2)다. 이현보李賢輔나 윤선도尹善道의 「어부사漁父辭」와 비교比較하여 볼 때, 그들의 어부 생활漁父生活 영발詠發은 그들 자신自身의 강호 시정江湖詩情을 어부漁父의 생활生活에 탁托한 것임에 반反하여, 이 노래는, 순 객관적純客觀的으로 초부樵夫3)의 일일一日 행정行程4)을 현실現實 그대로 서술敍述한 것이다. 대단大端히 건실健實한 신소재新素材 탐구探求의 정신精神을 여기에서 보는 것이다. 그와 동시同時에 근대적近代的 리얼리즘의 싹을 우리는 여기에서 보는 느낌이 있다.

  [참] 이 작품은 〈청구영언 육당본〉에만 수록되어 있음.
  이 작품은 고정옥의 다른 저작인 『국어국문학요강』(대학출판사, 1949)의 "고문古文" 중 '시가詩歌'의 21번 작품으로도 수록되어 있는데,

---

1) 땔나무 하기.
2) 가사(歌辭)의 한 부류로서, 허구적인 짜임을 갖추어 일정한 사건을 이야기해 나아가는 작품군을 서사가사라 일컬음. 가사의 서사성은 본격적인 소설의 잘 짜여진 사건 구조와 사실적 서술에는 미치지 못하지만, 단순히 서정적인 표현이나 실제 경험의 나열적 기술에 머무르지 않고 정형화된 갈등의 서사적 전개에까지 이른 것은 조선 후기 가사문학의 주요한 특징 중 하나이다.
3) 나무꾼.
4) 일이 진행되어 가는 과정.

작품의 해설은 다음과 같다.

"〈청구영언靑丘永言〉에서 뽑은 농부의 생활을 서사적敍事的으로 읊은 노래다. 작자는 농부 자신은 아닐지 모르나, 농부의 생활과 인연이 가까운 사람으로 생각되며, 서민 문학庶民文學에 특유한, '인생의 회화화戱畵化'에 역시 빠진 작품이다. 여기에서 엄숙하고 진지한 걸 찾다가는 실망한다. 장시조長時調는 서민 생활의 이완도弛緩圖다. 양반 계급이 몰락하기 시작하자, 서민 계급은 제멋대로 놀아난 것이다. 이것이 조선 서민 문학의 인간성 해방의 양상이다.

여기서 또한 주목할 것은 노래에 흐르는 산문 정신散文精神이다. 구체적인 것, 사실이 있는 것, 이야기가 있는 것 ―노래에 있어서의 이런 모양은 곧 시 정신詩精神에서 산문 정신散文精神으로 옮아가는 서민 문학의 양상이다. 장시조는 고대소설古代小說과 더부러, 필경 중세기 율문 문학의 최후 단계이기는 하나, 그것은 서민 문학이므로 해서 갑오경장甲午更張 후의 시민 문학市民文學의 준비 과정이라 볼 수 있는 것이다.

신문학新文學의 자유시는, 결국 산문 문학의 절대적인 우세에 시詩가 눌려, 그 지배를 받게된 결과로 시작된 것이라 한다면, 그 전초전은 이미 숙종肅宗 이후의 시조에 소설적인 요소가 흘러들어 간데서 버러졌다고 할 것이다."(113~114면)

이 작품에 대해서는 고정옥의 『조선민요연구』(수선사, 1949)에도 다음과 같이 언급되어 있다.

"제재와 형식은 민요적인 것이되 그걸 요리한 수법은 시조적이라 할 노래다. 그 당시의 민요와 직접 관련은 없는 노랜지도 모르겠다."(73~74면)

12

본문1

바독이 검동이 靑揷沙里 中에 조 노랑 암캐 ㄱ치 얄믭고 잣믜오랴 믜은 任 오게 되면 꼬리를 회회 치며 반겨 니닷고 고은 任 오게 되면 두 발을 벗씌듸고 코쌀을 찡그리며 무르락 나오락 캉캉 즞는 요 노랑 암키 잇튼날 門밧긔 기 스옵시 웨는 匠事가 거드란 찬찬 동혀 니야쥬리라. (청육*740/전서#129)

본문2

바독이 검동이 청삽사리靑揷沙里 중中에 조 노랑 암캐같이 얄믭고 잣미 오랴.

미은 임任 오게 되면 꼬리를 회회 치며 반겨 내닫고 고은 임任 오게 되면 두 발을 벗띠디고 코쌀을 찡그리며 무르락 나오락 캉캉 즞난 요 노랑 암캐,

이튿날 문門밖이 "개 스읍새" 외난 장사匠事 가거드란 찬찬 동여 내야

주리라.

주註

바독이 : 털에 검은 점點과 흰 점點이 섞인 개. 바둑개. 바둑판에 놓인 흑백黑白의 돌과 같은 데서 온 말. 범 같은 다른 동물動物에도 쓰인다. 바둑말, 바둑호랑이(표豹범) 등等.

청삽사리靑插沙里 : 털이 긴 검은 개. 청방靑尨. 보 삽사리는 털이 북슬북슬한 개를 이르는 말이다.

잣믜오랴 : 잣은 잘다(세細)에서 온 접두사接頭詞. '얄밉다'와 비슷한 말.

벗쯰듸고 : 버티고.

무르락 : 무르는 '물으다', '물러서다'와 같은 어근語根. 물러서락. 물러가락. 또는 입으로 물으락인가.

감상·비평

전형적典型的인 말기末期 장시조長時調의 하나다. 골계적滑稽的 연정戀情 노래. 내방가사內房歌辭, 민요民謠, 소설小說. ─그러한 말기末期 평민문학平民文學의 모든 분위기雰圍氣가 한데 뒤섞인 노래다.

참 〈청구영언 진본〉을 비롯하여, 모두 17종의 가집에 수록. 이 유형의 작품은 모두 4종의 이본異本이 있으며, 중장과 종장의 내용이 다소 변개된 작품이 〈해동가요 주씨본〉에는 김수장金壽長의 작품으로 수록되어 있다.

○바독이 검동이 쳥삽사리靑揷沙里 즁中에 죠 노랑 암키갓치 얄믜오랴
뮈온 님 오면 반겨 니닷고 고은 님 오면 캉캉 지져 못 오게 ᄒᆞ다
문門 밧긔 기장ᄉ 가거든 찬찬 동혀 주리라.(해주*543, 김수장)

13

본문1

붉아버슨兒孩-들리거뮈줄테를들고기川으로往來ᄒ며붉가숭아[붉가숭아]져리가면죽ᄂᆞ니라이리오면ᄉᆞ나니라부로나니붉가숭이로다아마도世上일이다이러ᄒᆞᆫ가ᄒ노라. (청육*747/전서#1152)

본문2

발가벗은 아해兒孩들이 거미줄 테를 들고, 개천으로 왕래往來하며,
"발가숭아 발가숭아. 저리 가면 죽나니라, 이리 오면 사나니라." 부로난 이 발가숭이로다.
아마도 세상世上일이 다 이러한가 하노라.

주註

붉가숭아 : 발가숭이는 붉은 잠자리. 고추잠자리.

부로나 니 븕가숨이로다 : (그 동요童謠를) 부르는 사람이 곧 발가숭이로다. 여기의 '발가숭이'는, 옷을 아주 벗은 사람. 께벅쟁이.

■ 감상·비평 ■

이정진李廷藎[1](혹或 정신廷藎. 자字 척중隻仲. 호號 백회옹百悔翁)의 작作이다.

소년少年의 생활生活을 직접直接 제재題材로 하여 그들이 부르는 동요童謠[2]를 그대로 노래 속에 삽입挿入하고, 거기서 우화적寓話的[3]인 인생교훈人生敎訓을 추출抽出하는 이런 종류種類의 시조時調도 확실確實히 구시대舊時代 말기末期에서 비로소 대對할 수 있는 노래다.

이 노래는 노래 속에 동요童謠의 한 토막이 그대로 삽입挿入됨으로 말미암아 길어지고, 또 평시조平時調의 형태形態에서 벗어난 것이다. 즉卽 관념적觀念的이 아니고 서술적敍述的인 표현 양식表現樣式이 이 노래로 하여금 다소多少 파격적破格的인 성질性質을 띠게 한 것이다. '아마도 …… 하노라'(종장終章)는 시조 형식時調形式의 전형典型 그대로인 것이다.

참 이 작품은 〈청구영언 육당본〉에만 수록되어 있음.

---

[1] 이정신李廷藎(생몰년 미상) : 조선 후기 때의 가창자歌唱者. 영조英祖 때 현감縣監을 지냈으며, 여러 가집에 사설시조 2수를 포함하여 모두 13수의 시조가 전한다.
[2] 민요의 한 종류로, 어린이들의 감정과 생각을 바탕으로 지은 노래.
[3] 다른 사물에 비겨 의견이나 교훈을 은연중에 나타내는.

14

본문1

開城府쟝ᄉ北京갈제걸고간퉁爐口자리올졔보니盟誓―치痛憤이도반가웨라져퉁爐口자리가져리반갑거든돌쇠어뮈말이야닐너무슴ᄒ리드러가돌쇠어미보옵거든퉁爐口자리보고반기온말솜ᄒ시소. (청육*757/전서#132)

본문2

개성부開城府 장사 북경北京 갈 제 걸고 간 퉁노구爐口 자리 올 제 보니,
　맹서盟誓치 통분痛憤히도 반가웨라.
저 퉁노구爐口 자리가 저리도 반갑거든 돌쇠 어미 말이야 일러 무삼하리.
들어가 돌쇠 어미 보옵거든 퉁노구爐口 자리 보고 반기온 말삼 하시소.

주註

퉁노구爐口 : 퉁은 질質이 낮은, 따라서 가벼운 쇠. 퉁쇠. 노구爐口는 행상인行商

人들이 가지고 다닌 조그만 솥. 노구솥. 원래原來는 산신제山神祭 같은 데 가지고 가서 밥을 짓던 솥. 즉卽 퉁쇠로 만든 휴대용携帶用 작은 솥.

맹서盟誓—치 : 맹서盟誓하지. 정말.

통분痛憤이도 : '대단大端히'의 강강한 말.

반가웨라 : 반가워라.

닐너 무슴ᄒ리 : 말은 해 뭣하랴.

▎감상·비평 ▎

  양반 계급兩班階級이 점차漸次 몰락沒落해 감을 따라 이에 대신代身하여 대두擡頭[1]하기 시작한 것은 농農·공工·상商의 계급階級이었다. 그러나 공인 계급工人階級은 아직 수공업手工業의 한계限界에서 한 걸음도 못 나갔고, 또 농민農民들은 새로운 면모面貌를 갖추어 역사歷史의 전면前面에 나타나기에는 너무나 숙명론적宿命論的[2]이었다. 지금까지의 평민 계급平民階級을 대표代表하여 양반 사회兩班社會의 폐허廢墟에다가 진취적進取的[3]인 생활生活을 전개展開한 것은 실實로 상인 계급商人階級이었다. 중인中人의 손으로 된 구시대舊時代 말엽末葉의 파격시조破格時調[4] 중中에 상인商人의 생활生活을 제재題材로 한 작품作品들이 많은 것은 여

---

1) 어떤 사물이나 현상이 나타나거나 일어남.
2) 숙명론은 인생이나 세상의 모든 것은 선천적 운명으로 결정되어 이 운명을 초월할 수 없다는 학설을 일컬음.
3) 나아가서 일을 잡아 하려는.
4) 평시조平時調의 정형에서 벗어난 시조를 일컫는 말로, 흔히 사설시조의 다른 명칭임.

상如上한[5] 역사적歷史的 현실現實의 한 반영反映이라 할 것이다. 지금까지 보아 온 노래들만으로 생각해 볼찌라도,「댁宅드레 노래」형식形式의 형성形成은 상인商人의 존재存在가 얼마나 큰 것이었는가의 일단一端을 충분充分히 엿볼 수 있는 것이다.

이 '개성부開城府 장사'의 노래도 상인 계급商人階級의 생활生活의 한 토막이 그 내용內容이 되어 있는데, 이러한 하잖은 국제적國際的 행상인行商人은 이윽고 신시대新時代의 무역상貿易商으로 발전發展한 것임을 생각할 때 흥미 진진興味津津한 것이 있다.

이 노래는 아마 중국中國과 무역貿易하던 개성開城 보따리 장사들의 생활生活을 보고, 제삼자第三者가 지은 노래일 것이다. 보기에 따라서는 상인商人 자신自身의 소작所作이라고도 할 것이나, 일반적一般的으로는 전게前揭 11번가番歌나 6번가番歌가 농민農民과 사공沙工의 생활生活을 제재題材로 했음에도 불구不拘하고 그것이 결決코 초부樵夫나 뱃사공沙工 자신自身의 저작著作이 아닌 것과 마찬가지로, 이 노래도 중인中人 지식 계급知識階級 중中 가작歌作[6]에 뜻을 둔 사람의 소작所作일 것이다.

참 〈해동가요 일석본〉을 비롯하여, 모두 14종의 가집에 수록. 〈병와가곡집〉을 비롯한 4종의 가집에 종장이 다소 변개된 형태의 이본이 수록되어 있고, 이한진편 〈청구영언〉에는 반치半癡(생몰년 미상)라는 인물의 작품(청연*159)으로 기재되어 있다.

---

5) 위에서 언급한 것과 같은.
6) 노래를 창작함. 여기서는 시조의 창작을 염두에 둔 것으로 보인다.

15

본문1

쇼경이밍관이를두루쳐메고굽써러진평격지민발의신고외나무[셕은]다리로莫大-업시장금장금건너가니길아릭돌부쳐셔셔仰天大笑ᄒ더라. (청육*772/전서#1643)

본문2

소경이 밍관이를 두루쳐 메고,
굽 떨어진 평격지 맨발에 신고, 외나무 석은 다리로 막대莫大 없이 장금장금 건너가니,
길 아래 돌부처 서서 앙천대소仰天大笑하더라.

　　[이 노래는 사실事實은 전연全然 분장分章 불가능不可能한 작품作品이다.]

주註

맹관이 : 청맹관이. 눈 뜬 장님. 보 청맹과니는 겉보기에는 멀쩡하면서도 앞을 보지 못하는 눈을 가진 사람을 일컫는 말로, 흔히 당달봉사라고도 한다.

두루쳐 메고 : 둘러 메고.

평격지 : 나막신. 평격은 평극平屐. 보 나막신은 진 땅에서 신게 된, 나무로 파서 만든 신을 일컫는데, 앞뒤에 높은 굽이 달려 있다.

막대莫大 : 막대기. 지팡이.

장금장금 : 살금살금.

감상·비평

이 노래는 노래라기보다 일종一種의 죄罪 없는 재담才談에 불과不過하다. 재담才談으로서는 종구終句에 들어서, 길 아래서 이 광경光景을 보고 앙천대소仰天大笑[1]하는 것이 돌부처란데 풍부豊富한 서민적庶民的인 해학성諧謔性이 있는 것이다.

또한 우리는 그 특이特異한 운율韻律에 주목注目이 간다. 즉 시조時調도 가사歌辭도 민요民謠도 아닌 이 노래는 대체大體로 어희語戱를 내용內容으로 한 동요童謠의 냄새가 풍긴다는 것이다.

참 〈병와가곡집〉를 비롯하여, 모두 15종의 가집에 수록. 〈근화악부〉에 종장이 변개된 형태의 이본이 수록되어 있다.

---

1) 하늘을 보고 크게 웃음.

○소경이 밍간이를 업고 길 터진 평ㅍ격지 신고
 외나모 ᄃ리의 막대 업시 혼자 건너단 말이 이셔이다
 님아 님아 왼놈이 왼말 ᄒ여도 님이 짐쟉 ᄒ쇼셔. (근악*328)

16

본문1

가마귀싹싹아모리운들任이가며닌들가랴밧가는아들가며뵈틀에안즌阿只쏠이가랴지너머물길나간며늘阿只네나갈가ᄒ노라. (청육*779/전서#13)

본문2

가마귀 깍깍 아모리 운들 임任이 가며 낸들 가랴.
밧 가는 아들 가며 뵈틀에 앉은 아기딸이 가랴.
재 넘어 물 길라 간 며늘아기 네나 갈가 하노라.

주註

아지阿只쏠 : 딸아기. 딸의 애칭愛稱.
물 길나 간 며늘아지阿只 : 물 길러 간 며늘아기.

감상·비평

　고부간姑婦間1)의 불화不和는 조선朝鮮의 봉건적封建的 가족 제도家族制度가 낳은 최대最大 비극悲劇이었다. 그러나 상층上層 지식인知識人들의 노래에는 이러한 절실切實한 문제問題가 전연全然 몰각沒却2)되어 왔다. 그들의 문학관文學觀에 있어서는 이러한 사회 문제社會問題는 당초에 문학文學의 재료材料가 되지 않았던 것이다. 말기 시조末期時調에 이르러 대개大概는 부녀자婦女子의 손으로 그런 생활면生活面이 문학화文學化한 것이다. 상게上揭 노래는 며느리를 미워하는 시媤어머니의 솔직率直한 심사心思의 표현表現이다.

　그러나 민요民謠에는 이런 종류種類의 노래는 드물고 그 대신代身 며느리의 시媤어머니에 대對한 불평不平·반항反抗·증오憎惡를 노래한 것이 세勢를 쓰고 있다. 여기에서 우리는, 문자文字로 고정固定된 시조時調는, 동일同一한 인간人間 생활면生活面을 그리는 데 있어서도, 민요民謠와는 반대反對로 윗사람의 처지處地에서 그것을 그렸다는 사실事實을 발견發見할 수 있는 것이 아닌가 생각한다. 전대前代 말기末期 노래들이 평민 작가平民作家들의 손에 된 것이라고는 하지만, 그들의 생각이란 아직 결決코 아랫사람의 처지處地에 선 것이 아니란 걸 알 수 있다.

　참 〈청구영언 육당본〉을 비롯하여, 모두 3종의 가집에 수록.

---

1) 시어머니와 며느리의 관계 사이.
2) 아주 잊음.

17

본문1

窓니고져窓니고져이닉가슴에窓니고져들障子열障子고모障子 세살障子암돌赤只슈돌赤只雙排目외걸쇠를크나큰쟝도리로쑥 싹박아이닉가슴에窓니고져任그려하畓畓홀제면여다져나볼가 ᄒ노라. (청육*782/전서#2713)

본문2

창窓 내고저, 창窓 내고저, 이 내 가슴에 창窓 내고저.
들 장자障子, 열 장자障子, 고모 장자障子, 세살 장자障子, 암돌저기, 수돌저기, 쌍雙배목, 외걸새를 크나큰 장도리로 뚝딱 박아, 이 내 가슴에 창窓 내고저.
임任 그려 하 답답할 제면 여닫여나 볼가 하노라.

주註

들 장자障子 : 장자障子는 지금은 보통 방과 방 사이에 끼운 미닫이를 말하나, 여기에서는 창문窓門. 들장자障子는 들창窓. 들장지.

열 장자障子 : 좌우左右로 열고 닫는 장지. 영창문.

고모 장자障子 : 고무래들창. 고무래는 정자형丁字形으로 생긴 재를 긁어내는 도구道具. 고모는 고무래의 준 말 인 듯. 즉卽 고모 장자障子는 위로 열고 막대기로 받치는 들창.

셰살 장자障子 : 세細살 장자障子. 살이 특特히 가는 정교精巧한 창窓. 혹或은 덧문 모양으로 생긴 문을 이름인가.

암돌적지乭赤只 슈돌적지乭赤只 : 돌적지乭赤只는 돌쩌귀. 암돌적지乭赤只는 구멍이 뚫린 밑짝 돌쩌귀. 슈돌적지乭赤只는 그 위에 얹히는 뾰족한 돌쩌귀. 보 돌쩌귀는 문짝을 문설주에 달고 여닫게 하려고 암짝은 문설주에, 수짝은 문짝에 박아 맞추어 꽂게 된, 쇠붙이로 만든 두 개의 물건을 일컫는다.

배목排目 : 걸쇠를 거는 구멍 난 못.

걸시 : 걸쇠. 보 걸쇠는 문을 걸어 잠글 때, 빗장으로 쓰는 'ㄱ'자 모양의 쇠를 일컫는다.

ㅎ 답답畓畓홀 졔 : 퍽도 답답할 때.

여다져나 볼가 : 열었다 닫었다나 해 볼까.

감상·비평

가사歌辭 계통系統의 노래다.

연애 감정戀愛感情의 고뇌苦惱를 구상적具象的[1]인 비유譬喩로 영발詠發한 노래는 이 외外에도 여기 저기 보이는데, 이러한 구상構想도 말기末

期 평민 문학平民文學에 있어서의 리알리티의 추구 정신追求精神의 한 발로發露라 할 것이다. 그들은 무어나 눈에 보이는 형체形體를 그리지 않고는 만족滿足하지 않았고, 또 그렇게 함으로서만 자기自己네들의 비위脾胃에 맞는 표현表現의 길을 찾은 것이다. 그러나 여기서도 운율韻律에 대對한 홍미興味에 끌려, 필요必要 이상以上으로 또는 리알리티를 말살抹殺하는 결과結果를 초래招來하는 유개념類槪念2)의 무의미無意味한 나열羅列이 있어, 고대소설古代小說의 중대重大 결함缺陷을 그대로 노출露出하고 있다.

참 〈청구영언 진본〉을 비롯하여, 모두 15종의 가집에 수록.

---

1) 사실로서 보거나 느낄 수 있는 일정한 내용과 형식을 가진.
2) 어떤 개념의 작은 외연을 뭉뚱그려 넣었을 때의 큰 외연.

18

본문1

어이려뇨어이려뇨이롤어이려뇨싀어머니소디남딘밥담다가 놋쥬걱잘늘부르질너꾀야이롤어이려뇨싀어머니져아가ㅎ걱 졍마라우리도졈어서만이것거보앗노라. (청육*813/전서#1960)

본문2

어이려뇨 어이려뇨,
이랄 어이려뇨.
시어머니 소대남진
밥 담다가 놋주걱 잘를
부르질러꾀야.
이랄 어이려뇨.
시어머니 "저 악아 하 걱정말아.
우리도 졈어서

많이 겪어 보았노라."

[시험적試驗的으로 이렇게 고쳐 써 보았다.]

주註

어이려뇨 : 어떻게 하나.

소딕남딘 : 사잇서방. 간부間夫. '밋남진'(본부本夫)과 한 쌍이 되는 말로 '소딕서방書房'이라고도 한다. 소딕남딘을 '솥에 남긴'이란 뜻으로 해석解釋하면 이 노래 전체全體의 뜻이나 맛이 아주 달라져 버리는데, 어느 편便이 노래로서 더 맛이 있고 또 시대성時代性을 잘 나타내는 해석解釋이냐 하면, '간부間夫' 편便이다.

　　고부 화목姑婦和睦이란 도덕적道德的 당위當爲를 전제前提로 하는 것보다, 고부 불화姑婦不和란 사회적社會的 현실現實을 전제前提로 하는 것이 이 시대時代답고, 또 노래의 내용內容으로서도 자미滋味있는 것이다. 그래서 이 노래는, 며느리가 놋주걱을 부지른 실책失策이, 시어머니의 사잇서방1)의 밥을 담다가 한 실책失策이기 때문에, 시어머니가 예례에 없는 관대성寬大性을 발휘發揮했다고 볼 때 비로소 값이 있는 것이다.

놋주걱 잘늘 : 놋주걱 자루를.

부르질너쐬야 : 부질렀고나.

---

1) 이 부분은 며느리의 사잇서방의 밥을 담다가 놋주걱 자루를 부러뜨렸다는 해석이 더 타당한 것으로 보인다. 저자의 경우 '본문2'처럼 '시어머니 소대남진'으로 행을 구분하였기에 이런 해석이 가능했다고 여겨진다. 그러나 다른 가집에 수록된 작품을 보더라도 '이룰 어이려뇨 시어머니 / 소딕남딘 밥 담다가'로 행을 구분하는 것이 타당하고, 이렇게 하면 며느리의 사잇서방의 밥을 담다가 벌어진 사건이 된다. 따라서 종장에 보이는 시어머니의 '관대함'도, 다소 이례적이기는 하지만 같은 여자로써 그 같은 일을 공감한다는 정도의 의미로 해석하는 것이 옳다고 여겨진다.

ㅎ 걱정마라 : 대단大端히 걱정할 것 없다.
접어서 : 젊었을 때.

▌감상·비평 ▌

　이 노래는 시조時調와 가사歌辭와 민요民謠의 제 요소諸要素가 혼연渾然히 섞인 전형적典型的인 작품作品이다. 시조적時調的인 면면을 든다면 그 어휘語彙에 있어 '부르짇너쇠야'라든가, '만이 젓거 보앗노라' 등等이 첫째 눈에 띄이고, 그 형식形式에 있어서도 종결終結이 시조 형식時調形式의 전형적典型的인 상투어常套語로 끝맺어서 있음을 본다.
　또 이 작품作品은 민요적民謠的인 요소要素를 다분多分히 가지고 있으니, '어이려뇨 어이려뇨 이랄 어이려뇨'란 기구起句가 벌써 전통적傳統的인 민요民謠의 운율韻律이고, 시어머니를 야유揶揄2)한 노래 내용內容이 또한 민요적民謠的이다.
　그러나 이 작품作品이 가진 결정적決定的 성격性格은 가사歌辭 —특特히 내방가사적內房歌辭的인 데 있다 할 것이니, 시조時調 같기도 하고 가사歌辭 같기도 하고 또 민요民謠 같기도 한 노래란 결국結局 내방가사적內房歌辭的인 성격性格을 갖게 되는 것이다. 그런데 이 노래에 있어서는 이조李朝 말엽末葉 평민 문학平民文學이 가진 도덕적道德的 혼란混亂을 반영反映한 노래의 하나란 점點에 있어, 민요적民謠的 요소要素가 많음에도 불구不拘하고 보다 더 말기 시조末期時調에 가까운 것이 되고 말았다.

───────────────
　2) 남을 빈정거리며 놀림.

[참] 〈청구영언 진본〉을 비롯하여, 모두 6종의 가집에 수록. 이 작품을 3장 형식으로 분장分章하면 다음과 같다.

○어이려뇨 어이려뇨 이룰 어이려뇨 싀어머니
　소대남딘 밥 담다가 놋쥬걱 잘늘 부르질너꾀야 이룰 어이려뇨 싀어머니 져
　　아가 ᄒ 걱정마라
　우리도 졈어서 만이 것거 보앗노라.

이 작품에 대해서는 고정옥의 『조선민요연구』(수선사, 1949)에 다음과 같이 기술되어 있다.

"현존 민요에 시어머니와 며누리의 이해화락면理解和樂面은 없으니, 이 내용은 항간 민요를 부뚤어다 작자가 자기의 도덕심을 발동시켜 개작한 것일가."(72면)

19

본문1

바독바독뒤얽근놈아졔발비ᄌ네게니가의란셔지마라눈큰쥰치허리긴칼치츤츤가물치두루쳐메오기넙젹ᄒᆞ가지미부리긴공지등곱은시오겨레만흔권졍이그물만너겨풀풀쒸여다다라ᄂᆞ는듸여럽시싱긴烏賊魚둥기는고나아ᄆᆞ도너곳와셔잇시면고기못줍아大事ㅣ로다. (청육*814/젼서#1106)

본문2

바독바독 뒤얽은 놈아,
제발 비자 네게,
냇가에란 서지 말아.
눈 큰 준치 허리 긴 갈치,
츤츤 가물치 두루쳐 메오기,
넙적한 가자미 부리 긴 공지,

등 곱은 새오 겨레 많은 권정이,
그물만 너겨 풀풀 뛰어,
다 다라나는디,
열없이 생긴 오적어烏賊魚[1],
둥개난고나.
아마도 너 곧 와 있으면,
고기 못 잡아 대사大事ㅣ로다.

주註

바독바독 : 흑백黑白 바독이 놓인 바독판처럼 얽은 형용形容.(12번가番歌 참조參照)

칼치 : 갈치.

츤츤 가물치 : '준치'와 '칼치'는 그 생긴 모양으로 수식修飾되어 있는데, 가물치에 와서는 운율韻律로 수식修飾된 것이다. 즉卽, 가물치란 말에서 '감는다'는 뜻을 따 '츤츤 감는다'고 생각한 데서 '츤츤 가물치'가 된 것이다.

두루처 메오기 : '츤츤 가물치'의 경우境遇와 마찬가지로 '두루처 메다'하는 연상聯想에서 온 운율韻律이다.

부리 긴 공지 : 주둥이가 긴 공치. 보 꽁치는 몸길이 약 30cm 가량으로, 옆으로 납작하며 양 턱이 부리 모양으로 삐죽 나온 바닷물고기이다.

겨레 만흔 권정이 : 동포同胞 많은 곤쟁이. 떼를 지어 다니는 곤쟁이. 보 곤쟁이는 새우의 한 종류로, 몸이 작고 연하여 흔히 젓을 담아 먹기도 한다.

그물만 너겨 : 그물인 줄 잘못 알고.

---

1) 오적어烏賊魚는 오징어의 한자식 표현이다.

여렵시 싱진 : 겁 많게 생긴. 열은 쓸개. 열 없다는 담膽이 없다. 소담小膽하다.
곳 : 즉卽, 시조時調에 많이 쓰여 고아高雅한 느낌을 주는 말.

감상·비평

김소운金素雲[2] 씨편氏編 『언문 조선 구전민요집諺文朝鮮口傳民謠集』[3] 제 108번第一○八番노래는 이것과 같은 성진城津 민요民謠다. 그렇다면 〈청구영언靑丘永言〉에 실린 이 노래가, 당시當時의 민요民謠에 다소多少 가필加筆하여서 된 것인가, 또는 그렇지 않고 후세後世의 함경도咸鏡道 민요民謠가 〈청구영언靑丘永言〉에 실린 이 노래의 민요화民謠化한 것인가가 의문疑問인데, 내 생각으로는 후자後者인 듯하다. 왜냐 하면 〈청구영언靑丘永言〉에 수록收錄된 노래 중中에는 대단大端히 민요民謠에 가까운 것이 많이 있기는 하나, 이처럼 완전完全히 부합符合하는 예例는

---

2) 김소운金素雲(1907~1981) : 시인·수필가·번역문학가이며, 본명은 교중敎重으로 광복 후 소운素雲으로 개명. 자의 또는 타의에 의하여 34년간 일본에 체류하였던 경험을 바탕으로 일본과의 관계를 다룬 글들이 많은 것이 특징이다.

3) 김소운이 1933년에 편찬한 민요집. 우리 나라 최초의 민요집으로, 국내 출판업자들의 거절로 일본 동경 제일서방第一書房에서 국문國文으로 발간되었다. 총 2,375편의 민요 사설을 수록하였으며, 자료의 분류 방법은 당시의 행정 구역 단위에 따라 13개도로 나눈 뒤 부府·군郡별로 다시 나누었다. 한국 민요의 실상을 확인할 수 있는 획기적인 저서로 평가를 받는다. 고정옥의 『조선민요연구』(수선사, 1949)에는 김소운의 『언문조선구전민요집』에 대해서 다음과 같이 설명하고 있다. "『언문조선구전민요집』(1933년 1월 동경 제일서방 간행)의 자료는 대부분은 「매일신보每日新報」독자에 의해서 제공된 것인데, 그 출판에 제際하여 조선 안 출판업자로부터 모조리 거절당한 끝에, 동경 제일서방 주인 장곡천사지길長谷川巳之吉을 설복說服하여 성공한 것이라 한다. 「보유補遺」를 합쳐서 전 분량 2,375편, 동요童謠와 중복된 노래를 제해도 1천 편은 훨씬 넘을 국판菊版 7백혈頁에 방대한 것이다."(74~75면)

아직까지 달리 볼 수가 없고, 또 〈영언永言〉의 편자編者도 '일시풍영어구두一時諷詠於口頭'ㅎ다가 '자연침회미면인몰우후自然沈晦未免湮沒于後'함을 개석慨惜히 여겨 '여정규수무명씨지작閭井閨秀無名氏之作'까지 '일일수집一一蒐集'(남파거사南坡居士의 자서自序)했다4)고는 하지만, 그의 수집蒐集 대상對象은 역시亦是 주主로 시조時調였고, 다음이 가사歌辭였던 것이기 때문이다.5) 단지單只 그가 평민 출신平民出身의 말기末期 시인詩人이었던만치 고시조도古時調道에 맞지 않는 '시정음왜지담이설지설市井淫哇之談俚褻之說'(마악노초磨嶽老樵의 후발後跋6))까지도 수록收錄하기를 서슴

---

4) 김천택의 「청구영언후발青丘永言後跋」의 내용은 다음과 같다. "무릇 문장과 시율은 세상에 간행되어 영구히 전해지므로, 천년이 지나고도 오히려 없어지지 않는 것이 있다. 노래와 같은 것은 한때 입에서 불려지다가 저절로 희미해지고 뒤에는 없어지고 마니 어찌 애석하지 않겠는가. 고려 말부터 조선조에 이르기까지 이름있는 명공·석사와 여항·규수의 작품을 일일이 수집하여 잘못된 것을 바로잡고 한 권으로 엮어 〈청구영언〉이라 이름을 붙인다. 무릇 당세의 호사자들이 입으로 외우고 마음으로 즐거워하며, 손으로 펼치고 눈으로 봄으로써 널리 전해지기를 기대한다. 무신년(1728) 여름 5월 16일 남파노인은 적는다."('夫文章詩律, 刊行于世, 傳之永久, 歷千載, 而猶有所未泯者. 至若永言, 則一時諷詠於口頭, 自然沈晦, 未免湮沒于後, 豈不慨惜哉. 自麗季, 至國朝以來, 名公碩士, 及閭井閨秀之作, 一一蒐輯, 正訛繕寫, 釐爲一卷, 名之曰青丘永言. 使凡當世之好事者, 口誦心惟, 手披目覽, 以圖廣傳焉. 歲戊申夏五月旣望 南坡老圃識.')

5) 김천택 편찬본이라고 추정되는 〈청구영언 진본〉에는 가사가 전혀 수록되어 있지 않다. 이러한 언급은 아마도 저자가 19세기에 편찬된 〈청구영언 육당본〉(16수의 가사가 수록)을 김천택의 편찬본으로 잘못 알았던 데에서 기인한 것인 듯하다.

6) 마악노초磨嶽老樵는 조선 후기의 문인인 이정섭李廷燮(생몰년 미상)이다. 「청구영언후발青丘永言後跋」의 앞부분 내용은 다음과 같다. "김천택이 하루는 〈청구영언〉 한 권을 가지고 와서 내게 보여주면서 '이 책은 실로 많은 우리나라 선배인 명공들과 위인들의 작품을 널리 모은 것입니다. 민간의 음란한 이야기와 상스럽고 외설스런 가사들도 더러 있습니다. 노래는 실로 작은 예술인데 이것을 더럽혔으니 계속해서 군자가 이것을 보고 병통으로 여기지 않겠습니까. 선생님께서는 어떻게 생각하

지 않았을 뿐이다.

　이제, 말구末句가 '아무도 …… 대사大事—로다'로 되어 제법 시조時調다운 형식形式을 갖춘 이 노래와 성진城津 민요民謠를 대조對照해 보면, 첫째, 민요측民謠側이 가진 민요적民謠的 운율韻律이 주목注目을 끈다. 성진城津 민요民謠의 시작은 이렇게 되어 있다.

바둑바둑 억두억두,
억수 구린 야 이놈아,
두 팔 들고 두 팔 굽고,
제발 비니 네놈에게,
냇가에란 서지 말아.

　둘째로는〈영언永言〉의 노래에서 생략省略된 곳이 보충補充되어 알기 쉽게 되어 있다.〈영언永言〉에서 '그물만 너겨'로 되어 있는 대목이 민요民謠에서는,

---

시는지요?'라고 말했다. 나는 다음과 같이 말했다. '괜찮다. 공자께서 시경을 편찬하시면서 정풍과 위풍을 버리지 않으신 것은 선과 악을 갖추어 권장하고 경계하는 뜻을 두신 까닭이다. 시가 어찌 주남의 「관저」뿐이며, 노래가 어찌 반드시 순임금의 「갱재」뿐이리오. 성정에서 떠나지만 않으면 그런대로 괜찮은 것이다.'라고 말했다. …"(金天澤, 一日持青丘永言一編, 以來視余, 曰 '是編也, 固多國朝先輩名公鉅人之作, 而以其廣收也. 委巷市井淫哇之談, 俚褻之設詞, 亦往往而在. 歌固小藝也, 而又以累之, 君子覽之, 得無病諸. 夫子以爲奚如.' 余曰 無傷也. 孔子刪詩, 不遺鄭衛, 所以備善惡, 而存勸戒也. 詩何必周南關雎, 歌何必虞廷賡載. 惟不離乎性情, 則幾矣. …丁未季夏下浣 磨嶽老樵題.)

네 얼골을 보고서,
그물인가 알고서,

로 되어 있는 것이다.

셋째로는 〈영언永言〉의 종구終句가 다음과 같이 고쳐져 있다.

참으로 너와 같이 있으면
고기 못 잡아 대사大事로구나.

해학가諧謔歌로서의 이 노래는, 모든 고기들이 얽은 얼굴을 보고 그물인 줄 알고 놀래서 도망逃亡질하는 중中, 오징어만이 워낙 겁怯쟁이고 둔鈍해서 미처 도망逃亡하지 못하고 그 자리에서 둥개고 있다7)는 데 묘미妙味가 있다. 모두 도망逃亡질하고 없어졌다면 이 노래의 값은 대부분大部分 소멸消滅하고 말 것이다.

참 〈병와가곡집〉를 비롯하여, 모두 19종의 가집에 수록. 〈해동가요 주씨본〉에는 약간 변개된 내용의 작품(해주＊549)이 수록되어 있는데, 작자가 김수장金壽長8)으로 되어 있다. 이 작품을 3장 형식으로 분장分章하면 다음과 같다.

---

7) 둥개다. '둥개다'는 힘에 겨워서 일을 감당하지 못하고 쩔쩔매는 것을 일컫는다.
8) 김수장金壽長(1690~?) : 18세기 중엽에 활동했던 가창자歌唱者. 자字는 자평子平이며, 호號는 십주十洲·노가재老歌齋 등이다. 병조兵曹의 서리書吏를 지냈다. 1746년(영조 22)에 〈해동가요海東歌謠〉의 편찬을 시작하여, 1770년(영조 46)에 완료했다. 만년에는 서울 화개동花開洞에서 노가재老歌齋를 경영하며, 당대의 가창자들과 이른바 '노가재가단老歌齋歌壇'을 형성하였다.

○바독바독 뒤얽근 놈아 졔발 비즈 네게

    너가의란 셔지 마라 눈 큰 준치 허리 긴 칼치 츤츤 가물치 두루처 메오기 넙젹 흔 가지미 부리 긴 공지 등 곱은 시오 겨레 만흔 권졍이 그물만 너겨 풀풀 쮜여 다 다라느는 듸 여렵시 싱긴 오젹어烏賊魚 둥기느고나

  아무도 너곳 와 셔 잇시면 고기 못 잡아 대사大事―로다.

이 작품에 대해서는 고정옥의 『조선민요연구』(수선사, 1949)에도 다음과 같은 평가를 내리고 있다.

"완연한 민요로 간주되는 작품으로는 〈청구영언〉과 〈가곡원류〉의 계면조·언락장言樂章에 실린 「바둑바둑노래」(얽은 사람을 조롱하는 노래)를 들 수 있으니 현존 민요와 대조하야 보면 명료하다. …(작품 인용 생략)… 시조의 형적形跡은 '아무도 ……대사大事ㅣ로다'에서 겨우 찾어볼 수 있을 따름이며 전체로 보아 민요의 개악改惡이다."(69~70면)

20

본문1

발운갑이라하놀로날며두지쥐라ᄯᅡ흘픠고들랴金鍾다리鐵網에걸녀풀썩풀썩프드덕인들날ᄯᅡ길ᄯᅡ제어듸로갈ᄯᅡ오늘은니손에잡혀시니풀썩여볼가ᄒ노라. (청육*824/전서#1109)

본문2

바룬가비라 하날로 날며 두지쥐라 따흘 패고 들랴.
금종金鍾다리 철망鐵網에 걸려 풀떡풀떡 프드덕인들, 날따 길따 제 어 디로 갈따.
오날은 내 손에 잡혔이니 플떡여 볼가 하노라.

주註

발운갑이 : 바람가비. 새 이름. 보 바람개비는 곧 쏙독새를 일컨는다. 쏙독새는

초여름에 왔다가 늦가을에 남쪽으로 가는 철새로서, 주로 숲 속에 살며 저녁때와 해 뜰 무렵에 작은 곤충을 잡아먹는다.

두지쥐 : 두더쥐. 땅 속으로 기어 다니는 쥐처럼 생긴 동물動物.

𝅘𝅥흘 픠고 들냐 : 땅을 파고 들어가랴.

금종金鍾다리 : 황금黃金빛 종달새.

날짜 길짜 졔 어듸로 갈짜 : 날고 기는 재조才操가 있다 한들 제가 어디로 도망逃亡질을 할 수 있을 것이냐.

플떡여 볼가 ᄒ노라 : 플떡여는 타동사他動詞로 풀덕이게 해놓고 볼까 한다는 뜻으로 쓴 것.

‖ 감상·비평 ‖

어떤 한량1)이 오래간만에 의중意中의 미기美妓2)를 손아귀에 넣게 되어 고양이가 잡은 쥐를 어르듯 만족滿足해 하는 노래라 볼 것이다. 비교적比較的 표현 기교상表現技巧上 파 들어간 형적形跡3)이 엿보이는 노래다.

좀 알아보기 힘든 노래니 전체全體를 통석通釋하여 보면 다음과 같다.

제가 바람가비가 아니니 하늘로 날아가지도 못할 것이요, 또 두더지가 아니니, 땅을 파고 들어가지도 못할 것이다. 이를테면 철망鐵網에 걸려 풀

---

1) 놀기를 좋아하고 돈을 잘 쓰는 사람을 일컫는 말.
2) 아름다운 기녀.
3) 모습과 자취.

떡거리는 금金종달새와도 같구나. 제 아무리 날쌔고 영리怜悧한들 어떻게 빠져나가겠느냐. 오늘은 내 손아귀에 꼭 잡혔으니 철망鐵網에 걸린 종달새처럼 몸이 달아 풀떡거리는 꼴이 가관可觀이겠다.

이 노래도 구상적具象的인 비유比喩를 사용使用한 정가情歌4)란 점點으로, 틀림없는 말기末期 노래의 특질特質을 가지고 있다 할 것이다.

참 〈청구영언 진본〉을 비롯하여, 모두 20종의 가집에 수록. 이 작품은 수록된 가집에 따라 중장과 종장의 변이가 심하며, 모두 4종의 이본異本이 있다. 이 작품을 제외한 나머지 3종 이본의 종장의 내용은 다음과 같다.

○'우리도 남의 님 거러두고 풀덕여 볼가 흐노라.'(병가*1040).
○'저 님아 내 손에 걸렷신이 어이 버서 날쏜이.'(해일*539).
○'오날날 니 숀에 즈펴시니 즈고나 간들 엇더리.'(홍비*152).

---

4) 남녀간의 사랑을 그 내용으로 하는 노래.

21

본문1

都련任날보려 홀제百番남아달닉기를高臺廣室奴婢田畓世間汁物을쥬마판쳐盟誓-하며大丈夫-혈마헷말ᄒ랴이리져리조춧써니至今에三年이다盡토록百無一實하고밤마다불너닉야단잠만씨이오니自今爲始ᄒ야가기난커이와눈거러달희고닙을빗죽ᄒ리라. (청육*846/전서#853)

본문2

도련님 날 보려할 제 백 번百番남아 달래기를,
고대 광실高臺廣室, 노비 전답奴婢田畓, 세간 즙물世間汁物을 주마 판쳐 맹서盟誓하며, 대장부大丈夫- 혈마 헷말 하랴 이리저리 좇았더니 지금至今에 삼 년三年이 다 진盡토록 백무 일실百無一實하고 밤마다 불러내야 단잠만 깨이오니,
자금 위시自今爲始하야 가기난커이와 눈 걸어달이고 입을 비쭉 하리라.

주註

날 보려할 제 : 정情을 통通하고자 할 때.

세간 즙물世間汁物 : 세간이나 즙물汁物이나 마찬가지다. 살림 도구道具.

판쳐 : 굉장宏壯하게 단단히. 대언大言 장어壯語로 위세威勢 좋게.

대장부大丈夫— 혈마 헷말ᄒ랴 : 대장부大丈夫가 설마 거짓말하랴 생각하고.

가기난커이와 : 가기는커녕. (불러내어도) 따라가지 않을 것은 물론勿論.

눈 걸어 달이고 : 눈을 흘기고. 냉담冷淡한 눈초리를 지어 하고.

감상·비평

 난봉꾼1) 양반兩班 도련님의 금전상金錢上 무실無實을 원망怨妄하는 유녀遊女의 노래로, 평범平凡한 작품作品이다. 그러나 우리는 여기에서 경제적經濟的으로 무력無力하게 된 양반 계급兩班階級의 몰락상沒落相을 보는 동시同時에, 그럼에도 불구不拘하고 힘들여 일을 하려고는 하지 않고, 전前부터 내려온 버릇으로 그저 놀기로만 판을 치려는 양반풍兩班風을 여실如實히 보는 것이다.

 또 이 노래는, 대단大端히 서사적敍事的이어서 소설小說의 문장文章과 거의 거리가 없는 점點도 유의留意할 일면一面이다.

 참 〈청구영언 육당본〉에만 수록된 작품.

---

1) 허랑방탕한 짓, 곧 난봉을 부리는 사람.

22

본문1

나무도바히돌도업슨뫼히미게휘좃친갓토리안과大川바다흔가운듸一千石시른비헤노도일코닷도근코용총도것고키도싸지고바람부러물결쳐서안개뒤섯겨ᄌᄌ진날에갈길은千里萬里남고四面이거머어득져믓天地寂寞가티놀써잇는듸水賊맛난都沙工의안과엇그제님여흰나의안이샤엇다가가홀ᄒ리오. (청육*850/전서#440)

본문2

나무도 바횟돌도 없은 메이 매게 휘좇인 가토리 안과,
대천大川 바다 한가운듸 일천 석一千石 실은 배에 노도 잃고 닻도 끊고 용총도 걷고 키도 빠지고, 바람 불어 물결 쳐서 안개 자자진 날에 갈 길은 천리 만리千里萬里 남고 사면四面이 거머어득 저믓 천지天地 적막寂寞같이 놀 떠 있난듸 수적水賊 만난 도사공都沙工의 안과,

엇그제 임 여힌 나의 안이사 얻다가 가흘 하리요.

▌주註 ▌

바히돌 : 바윗돌. 바히 돌로 떼면 운율상韻律上 재미없다.

뫼희 : 산山에. 산山에 있어서의.

미게 : 매(취鷲)에게.

갓토리 안 : 까투리의 안. 암꿩의 마음. [보] 까투리는 꿩의 암컷을 지칭하며, 꿩의 수컷은 장끼라 한다.

빈헤 : 배에. 배에 있어서의.

닷 : 닻. 배를 정박碇泊시킬 때 물 속에 잠그는 것. 여기서는 그 줄. 닺줄.

용총 : 용츨줄. 돛대에 맨 줄. 용총龍摠. [보] 용총줄은 돛을 올리고 내리기 위해 돛대에 매어 놓은 줄을 일컫는다.

키 : 배의 방향方向을 바로잡는 선미船尾에 달린 물건. 타舵.

ᄌᆞᄌᆞ진 날에 : 저문 날에.

져믓 천지天地 : 저문 천지天地.

적막寂寞가티 : 적멸寂滅(사死)같이. 주검같이.

놀 써 잇ᄂᆞ듸 : 놀이 떠 있는데. 혹或은, '놀 들다'(벼가 병병病이 들어 누렇게 되다.)는 말과 같은 말인지도 모르겠다. 그런 뜻으로 쓰인 말이라면 죽어 가는데 라든가 쇠잔衰殘해 가는데 란 뜻으로 해석解釋된다. 이 대목은 '가치 놀 떠있는대'로도 볼 수 있다. [보] 까치놀은 석양에 바다의 수평선에서 희번덕거리는 물결을 일컫는다.

도사공都沙工 : 사공의 두목頭目.

안 : 마음.

님 여흰 : 임과 이별離別한.

나의 안이샤 : 나의 마음이야.

가흘 하리오 : 그 슬픔이 무한無限히 커서 어디다 비교比較할 수가 없다는 뜻. 앞 선 문장文章과의 연결連結에서 적절適切히 해석解釋한다면 난경難境[1]에 빠져 기진 맥진氣盡脈盡[2]한 심회心懷의 의탁依托할 곳이 없음을 말한 것.

▎감상·비평 ▎

사랑하는 사람을 잃은 즉후卽後 수일간數日間의 허전한 고독감孤獨感과 막다른 골목에 빠진 것 같은 절박切迫한 심경心境을, 몸을 잠간暫間 숨길 수목樹木도 바윗돌조차도 없는 황량荒凉[3]한 산山에서 매한테 쫓긴 암꿩의 심경心境과 많은 곡식穀食을 싣고 해 저문, 노도怒濤[4]치는 바다에 노도 닻도 용츨줄도 키도 잃은 채 지향指向 없이 표류漂流하던 끝에, 설상가상雪上加霜[5]으로 해적海賊을 만난 도사공都沙工의 심경心境에 비교比較한 노랜데 꽤 절실감切實感이 있다. 더구나 중장中章에 있어서는 작자作者가 자기自己의 (엇그제 임 여읜 사람의) 안타까운 심정心情을 절실切實히 그려내기 위爲하여 상당相當히 깊게 파들어 가려고 애쓴 자취

---

1) 어려운 처지.
2) 기력과 정력에 죄다 없어져 스스로 가누지 못할 정도로 됨.
3) 황폐하고 거칠고 쓸쓸함.
4) 사납게 치는 파도.
5) 원래는 눈이 온 다음에 또 서리가 내린다는 뜻으로, 불행이 계속해서 이어진다는 의미로 사용되고 있음.

가 역력歷歷히 보인다. 그는 있을 수 있는 모든 악조건惡條件을 도사공都沙工에게 주려고 온갖 상상력想像力을 총동원總動員시켰으며, 또 그것을 표출表出함에 있어 말의 뉴앙스에까지 세심細心한 주의注意를 게을리 하지 않았다.

소위所謂 사설시조辭說時調 가운데서 드물게 보는 역작力作이라고 할 것이다.

참 〈청구영언 진본〉을 비롯하여, 모두 24종의 가집에 수록.

이 작품은 고정옥의 다른 저작인 『국어국문학요강』(대학출판사, 1949)의 "고문古文" 중 '시가詩歌'의 22번 작품으로도 수록되어 있는데, 작품의 해설은 다음과 같다.

"〈청구영언青丘永言〉에서 뽑은 노래다. 장시조長時調가 가사歌辭나 민요民謠와 구별되는 것은 겨우 종장 형식으로서다. 이 노래에 이르면 그 종장조차 시조적인 특성을 거의 지니고 있다 할 수 없게 되어버리고 있다. 우리는 그러므로 장시조의 궁극은 시조 형식에서의 이탈이라고 본다. 이, 양반·관료의 시조에서의 이탈은 한편으로는 가사·소설·민요·시조의 합류로 결말을 짓고, 한편으로는 신시新詩 발생의 기반이 된 것이다.

이 노래는, 고대문학古代文學 중에서는, 어떠한 경우의 인간 심리(애인과 이별한 여성의 심리)를 묘사하는데 있어 상당히 주도周到6)한 용의와 독창성을 보여준 점에서, 기억될 작품이다." (118면)

---

6) 주의가 두루 미쳐 빈틈이 없음.

23

본문1

져건너月岩바회우희밤즁맛치부헝이울면네붓터니르기를남의싀앗되여얄믭고댯믭고妖怪롭고邪奇로와百般巧邪ᄒᆞᄂᆞ져믄妾년이죽는다ᄒᆞ데妾이對答ᄒᆞ되안희님계오셔망녕져온말숨마오妾은듯ᄌᆞ오니家翁을薄待ᄒᆞ고妾시옴甚이ᄒᆞᄂᆞ늙은안희님이죽는다ᄒᆞ데. (청육*857/전서#2547)

본문2

(본처本妻) "저 건너 월암月岩 바회 우희 밤중마치 부엉이 울면 예부터 이르기를 '남의 시앗 되어 얄밉고 잔밉고 요괴妖怪롭고 사기邪奇로와 백반교사百般巧邪하난 저믄 첩妾년이 죽난다' 하데."
첩妾이 대답對答하되, (첩妾) "안햇임게오서 망녕저온 말삼 마오. 첩妾은 듣자오니 '가옹家翁을 박대薄待하고 첩妾새옴 심甚히 하는 늙은 안해임이 죽난다' 하데."

주註

월암月岩 바회 우희 : 월암月岩 바위(동내洞內 바위 이름) 위에.

밤중맛치 : 꼭 밤중만 되면.

싀앗 : 남편男便의 첩妾.

얄뮙고 닷뮙고 : 얄밉고 잔밉고. '알뜰이 살뜰이'처럼 비슷한 말을 포개어 뜻을 강強하게 한 용법用法.

요괴妖怪롭고 사긔邪奇로와 : 이것도 비슷한 말을 포개어 뜻을 강화強化한 말인데, 결국結局은 요망스럽고 간사하단 뜻.

백반교사百般巧邪 : 갖은 간사스런 기교技巧로 환심歡心을 사려고 애쓰는 것.

안히님계오서 : 안햇님(본처本妻를 첩妾이 부른 말)께서.

망녕져온 : 망령妄靈스런. 망령든 것 같은.

가옹家翁 : 남편男便.

첩妾시옴 : 본처本妻가 첩妾을 질투嫉妬하는 것.

감상·비평

소설적小說的 가사歌辭다. 축첩蓄妾[1]이 당연시當然視되어 있던 봉건시대封建時代의 희비극喜悲劇의 일척一齣[2]이다. 서로 미워하면서도 한 지붕 밑에서 한 남편男便을 섬기던 그들은, 각각各各 자기自己가 정당正當하단 주관적主觀的 긍정肯定 밑에서 살아온 것임이 사실事實이며, 또

---

1) 본부인이 있는 남자가 첩을 두는 것.
2) 한 단락. 한 구절.

될 수 있으면 사랑과 권리權利의 적敵이 죽어 없어지기를 항시恒時 빌었었을 것임에도 불구不拘하고, 감敢히 능동적能動的으로 이 소망所望을 달성達成하려고도 하지 않았다.

이 노래는 그러한 처첩간妻妾間의 암투暗鬪3)가 부엉이 울음을 기연機緣4)으로 노출露出되어, 여자女子답게 서로 상대편相對便을 쥐어뜯은 대화對話다.

참 〈청구영언 진본〉을 비롯하여, 모두 21종의 가집에 수록. 〈시가 박씨본〉을 비롯한 3종의 가집에 다소 변개된 형태의 이본이 수록되어 있다. 이 작품을 3장 형식으로 분장分章하면 다음과 같다.

○져 건너 월암月岩 바희 우희 밤즁맛치 부헝이 울면
 네붓터 니르기를 남의 싀앗되여 얄뮙고 댓뮙고 요괴妖怪롭고 사기邪奇로와 백반교사百般巧邪ᄒᆞ는 져믄 쳡妾년이 죽는다 ᄒᆞ데
 쳡妾이 대답對答ᄒᆞ되 안희님계오셔 망녕져온 말삼 마오 쳡妾은 듯ᄌᆞ오니 가옹家翁을 박대薄待ᄒᆞ고 쳡妾시옴 심甚이 ᄒᆞ는 늙은 안희님이 죽는다 ᄒᆞ데.

---

3) 겉으로 드러내지 아니하고 서로 적대 행위를 하는 일.
4) 어떤 기회와 인연.

24

본문1

썻썻常평할平통할通보뷔寶字구멍은네모지고四面이둥그러셔 썩디글구으러간곳마드반기는고나엇더타죠고만金죠각을두 창이닷토거니나는아니죠홰라. (청육*862/전서#852)

본문2

떳떳 상常, 평할 평平, 통할 통通, 보뷔 보자寶字.
구멍은 네모 지고 사면四面이 둥그러서 땍때글 구으러 간 곳마다 반기
　난고나.
어떻다, 조그만 금金조각을 두창히 다토거니 나난 아니 조홰라.

주註

보뷔 보寶 : 보배 보寶.

간 곳마다 반기난고나 : 도처到處에서 대환영大歡迎이로구나.

어떻다 … 다토거니 : 보잘 것 없는 조그만 쇠쪼각을 머리를 싸매고 서로 제가 가지려고 다투니 이게 대체大體 무슨 꼴이란 말이냐. 무슨 일이냐.

두챵이 : 두창頭瘡이 나게끔. 박통이 터지게. 보 두창은 머리에 나는 온갖 부스럼을 일컫는다.

아니 죠홰라 : 안 좋다, 싫다의 강조형強調形.

감상·비평

일종一種의 희시戱詩나, 웃지 못할 희시戱詩다.

이 노래의 작자作者는 아마 양반 계급兩班階級에 속屬할 것이다. 봉건제도封建制度[1]가 몰락沒落함을 따라 상인商人들이 세력勢力을 펴게 되고, 따라서 문벌門閥[2]보다도 돈이 큰 소리를 하게 되어 돈이 그야말로 '간 곳마다 반기는' 물건이 되고 말았다. 이러한 새로운 사회 현상社會現象을, 돈은 없고 낡아빠진 문벌門閥만 지닌 양반兩班이 내다볼 때, 자연自然 이러한 노래가 제작製作될 것이 아닐까 생각된다. '나난 아니 죠홰라' 하고 물질物質에 초연超然한 듯한 그 이면裏面에, 은근한 선망羨望[3]의 정情이 얼른거리고 있는 것을 우리는 들여다볼 수 있는 듯하다.

참 〈청구영언 육당본〉에만 수록되어 있는 작품임.

---

1) 임금이 나라의 토지를 제후에게, 제후는 다시 신하들에게 나누어주어 세습하게 함으로써 서로 사이에 주종 관계를 갖도록 한 사회 제도. 흔히 신분 제도가 엄격히 존재하던 조선시대까지를 봉건시대라고 한다.
2) 대대로 이어 내려오는 집안의 지체.
3) 부러워하여 자기도 그렇게 되기를 바람.

25

본문1

슈박것치두렷한님아ᄎ뮈것튼단말슴마소가지가지ᄒ시ᄂ말이말마ᄃ 왼말이로다 九十月 ᄢᅵ동아것치속셩귄말마르시소. (청육*863/전서#1696)

본문2

수박겉이 두렷한 임아,
참위 겉은 단 말슴 마소.
가지가지 하시난 말이,
말마다 왼말이로다.
구시월 九十月 씨동아겉이,
속 성긴 말 말으시소.

주註

두렷한 : 둥글고 버젓한. 주主로 외모外貌를 형용形容한 말로 험잡을 데 없이 잘 생긴.

차뮈 : 참외.

왼말 : 왼은 온. 온달, 왼달은 만월滿月. 온 천지天地, 왼천지天地는 천지天地 전부全部. 그러므로 왼말은 온전한 말. 그럴듯한 말. 외모外貌만은 잘 장식裝飾된 말.

  혹或은 그렇지 않고 왼은 좌左의 뜻이라고 생각하고, 왼말은 그른 말, 틀린 말이라고도 볼 수 있을 것이나, 전후前後 관계關係로 보나 노래의 맛으로 보나 전자前者의 편便이 옳은 해석解釋이라고 믿어진다. 더구나 왼말을 좀 아이로니칼하게 썼다고 보면 더욱 그렇다. 보 '가지가지'와 '왼말'은 채소인 '가지'와 '오이(외)'를 빌어 표현한 것이다.

씨동아 : 동아는 동과冬瓜란 외의 일종一種이라고도 볼 것이나, 여기는 큰 호박을 말하는 것이라 보는 것이 좋다. 즉卽 씨를 받기 위爲해서 서리맞은 뒤까지 늙혀 두는 호박. 그러므로 씨동아는, 속은 텅텅 비고 씨만 남아 있는 호박인 것이다.

감상·비평

이것은 민요적民謠的인 가사歌辭다. 어느 편便이 더 승勝하냐 하면 민요편民謠便이다. 그러나 그 기교技巧에 있어서는 확실確實히 가사歌辭며, 그 품격品格에 있어선 더욱 노련老鍊한 내방가사內房歌辭가 아닐 수 없다.

수박, 참외, 호박 — 이런 누구에게나 친압親狎1)한 식물食物에 비겼음에도 불구不拘하고 조금도 부엌 냄새가 풍기지 않고 훌륭히 문학文學이

된 이 작품作品은, 가사歌辭와 민요民謠가 혼연渾然2)히 융합融合한 전대前代 말기 가요末期歌謠의 일품逸品3)의 하나임에 틀림 없다.

참 〈청구영언 진본〉을 비롯하여, 모두 13종의 가집에 수록. 이 작품을 3장 형식으로 분장分章하면 다음과 같다.

○슈박것치 두렷한 님아 추뮈 것튼 단말슴 마소
　가지가지 ᄒᆞ시는 말이 말마ᄃᆞ 읜말이로다
　구시월九十月 ᄭᅵ동아것치 속 셩권 말 마르시소

이 작품에 대해서는 고정옥의 『조선민요연구』(수선사, 1949)에 다음과 같이 기술되어 있다.

"이것도 확실히 4·5조의 민요리라. 그 탁월한 기교로 보아 전자와 반대로 개선改善이다."(70면)

---

1) 너무 지나치게 친함.
2) 딴 것이 섞이지 않아 온전한 꼴.
3) 아주 뛰어난 것.

26

본문1

져건너明堂을어더셔明堂안에집을딋고밧갈고논밍그러五穀을 갓쵸심은後에뫼밋테우물픠고지붕게박올니고醬독에더덕노 코九月秋收다혼後에술빗고쩍민글어우리송치잡고南隣九村다 請ᄒ여聚會同樂ᄒ오리라平生에이렁셩노닐면긔죠흔가ᄒ노라.
(쳥육*870/젼서#2545)

본문2

저 건너 명당明堂을 얻어서 명당明堂 안에 집을 짓고,
밭 갈고 논 맨글어 오곡五穀을 갖초 심은 후후後에 뫼 밑에 우물 패고
　지붕게 박 올리고, 장醬독에 더덕 놓고, 구시월九十月 추수秋收 다한
　후後에, 술 빚고 떡 맨글어 우리송치 잡고 남린 구촌南隣九村 다 청請
　하여 취회동락聚會同樂 하리로다.
평생平生에 이렁성 노닐면 긔 좋은가 하노라.

주註

명당明堂 : 산음山陰(좋은 땅에 산소山所를 쓴 까닭에 받은 복福)이 좋은 땅. 또는 뫼 아래 있는 평지平地.

지붕게 : 지붕 위에.

더덕 노코 : 더덕 놓고.

우리송치 : 우리는 짐승을 나오지 못하게 가두어 두는 곳. 송치는 뱃 속에 든 소 새끼. 여기는 우리송치가 합合하여 작은 송아지의 뜻.

취회동락聚會同樂 : 한 곳에 모여서 같이 즐기는 것.

이렁셩 : 이렇게.

감상·비평

이 노래에 나타난 소원所願은 조그만 평화적平和的인 그것이다. 그러나 이 소원所願은 귀거래사적歸去來辭的1) 전원田園 취미趣味가 아니고, 또 가난한 사람이 잘 살아보겠단 헛된 욕심欲心도 아니다. 여기엔 중인계급中人階級의 생활 윤리生活倫理가 꿈틀거리고2) 있다. 다 같이 분分에 알맞게 평화平和스럽게 살아 보자는 소원所願이다.

참 〈병와가곡집〉을 비롯하여, 모두 17종의 가집에 수록. 이 작품은 종장과 종장의 모습이 다소 변개된 형태의 4종의 이본異本이 있다.

---

1) 관직을 그만 두고 전원으로 돌아가려는 내용의 '귀거래사歸去來辭'는 중국 진晉나라의 도연명陶淵明이 팽택彭澤의 현령이 되었을 때, 군의 장관이 의관을 갖추어 배알하라는 데에 분개하여 그날로 사직하고 고향으로 돌아가면서 지은 시이다.
2) 기본형은 '굼틀거리다'. 곧 몸의 일부가 한 번 구부러지거나 비틀리며 자꾸 움직이는 것을 일컫는다.

27

본문1

白髮에환양노는년이져믄書房을맛쵸와두고센머리에먹칠하고泰山峻嶺으로허위허위너머가다가괘그른쇼낙기에횐동정거머지고감든머리다희여거다그르샤늙근의所望이라일락敗락ᄒ여라. (청육*877/전서#1187)

본문2

백발白髮에 화냥노난 년이 졈은 서방書房을 맞초아 두고,
센머리에 먹칠하고 태산 준령泰山峻嶺을 허위허위 넘어가다가 꽤 그른
　소나기에 흰 동정 검어지고 감든 마리 다 희어,
거다 그르사 늙은이 소망所望이라 일락패敗락 하여라.

‖ 주註 ‖

환양노는 년이 : 환양노는은 화냥년, 화냥질 등等으로 쓰이는 화냥이라는 어간

語幹에 놀다가 붙어 동사화動詞化한 것이다. 난봉 피우는 년이. 보 화냥은 남편이 있는 여자가 샛서방을 보는 것을 일컫는다.

져믄 : 젊은.

맛쵸와 두고 : 맞추어 두고, 정定해 두고, 약속約束해 두고.

허위허위 : 허위적허위적. 고되어서 숨결이 가쁜 모양.

괘 그른 : 재수 없는. 일이 마음대로 되지 않는 걸 말함. 보 괘는 '점괘'의 준말로, 길흉吉凶을 점쳤을 때 나온 괘를 일컫는다. 따라서 '괘 그르다'는 일이 뜻대로 되지 않는 것을 말한다.

거다 그르샤 : 걸었다가 그 일이 틀어지니. 거다는 어떠한 욕망慾望을 달達하고자 일을 시작하였다가.

늙근의 : 늙은이의.

일락패敗락 : 될 듯하다가도 틀어지고 하는 것. 말기末期 시조時調 상투구常套句의 하나다. 또는 일어날락 엎더질락.

감상·비평

이 역亦 전대前代 말기末期의 난잡亂雜[1]한 장시조長時調의 하나인데 '센머리에 먹칠ᄒ고'란 문구文句는 현재現在 민요民謠에도 '센머리[2]에 먹칠하고 이 빠진데 박씨 박고 ……'란 구句가 남아 있는 것으로 보아, 민요民謠에서 빌어온 말이 아닌가 한다.[3]

---

1) 말이나 행실이 불손하고 난폭함.
2) 털이 희어진 머리, 또는 희어진 머리카락. '세다'는 털이 '희어지다'라는 뜻이다.
3) 고정옥의 『조선민요연구』(수선사, 1949)에는 "남요南謠" 중 '취락가醉樂歌' 항목에 다음과 같은 민요가 수록되어 있는데, 아마도 이 노래를 가리키는 듯하다. "노자 노

참 〈청구영언 진본〉을 비롯하여, 모두 18종의 가집에 수록.

자 젊어 노자 / 이 때 촌절 못 늘기면 / 삼십이 근근하면 / 놀음도 실 곳 없네. // 이팔 청춘 소년들아 / 백발 보고 반절 마라 / 일는 양은 설잖에도 / 시는 양은 더욱 설다. // 껌운 머리 백발되고 / 희든 갓은 황색되네 / 살아 생전 놀아보세. // <u>흰머리야 먹칠하고</u> / <u>이 빠진대 박씨 밝고</u> / 찔내 꺾어 손에 들고 / 송기 꺾어 앞에 끼고 / 아해당에 놀러 간다. // 세월은 여류하야 / 덧없이 늙었나니 / 서럼도 자심하다. // 춘삼월 호시절에 / 잔디밭에 속잎 나고 / 노고조리 쉰질 뛰고 / 나무 마중 꽃이 피고 / 가지가지 잎이 핀다. // 어화 세상 벗님네야 / 꽃 피고 잎 필 적에 / 놀고나 놀아보세 / 아니 놀면 무엇되나. // 어떤 사람 팔자 좋아 / 고대 광실 높은 집에 / 부귀 공명 나리면서 / 호강 호식 지낼 적에 / 우리 겉은 무정 세월 / 덧없이 늙어가네."(102번 작품, 경북 군위, 180~182면)

28

본문1

閣氏네하어슨체마쇼고와로다ㅈ랑마쇼자네집뒷東山에山菊花를못보신가九十月된셔리마즈면검부남기되느니.(청육*878/전서#53)

본문2

각씨閣氏네 하 어슨 체 마소. 고와라 자랑 마소.
자네 집 뒷동산東山의 산국화山菊花랄 못 보신가.
구·시월九十月 된서리 맞으면 검부낡이 되느니.

주註

하 어슨 체 : 대단大端히 비싼 체. 어슨 체는, 마음에는 있으나 가장 없는 체하는 것.

고와로다 : 곱다고.

검부남기 : 검부나무가. 또는 남기를 남구와 같은 말로 보고, 주격主格 '이'가 붙은 '낡이'가 아니라고도 단정斷定할 수 있다. 낡은 남구의 축어縮語. 검부나무는 검불, 검부쟁이. 풀이 마른 나무(신薪)

감상·비평

형식形式으로나 내용內容으로나 별별로 신기神奇한 것은 없되 전前부터 내려온 무상無常1), 향락적享樂的2) 사상思想에 전대前代 말기末期 음란淫亂3)한 풍조風調가 더하여 된 노래다. 기교技巧로서는 그 간명簡明4)한 데가 좋다.

[참] 〈청구영언 육당본〉을 비롯하여, 모두 12종의 가집에 수록.

---

1) 상주하는 것이 없다는 뜻으로, '나고 죽으며 흥하고 망하는 것이 덧없음'의 일컬음.
2) 즐거움을 누리는.
3) 음탕하고 난잡함.
4) 간단하고 명료함.

29

본문1

져건너님이오마커늘져역밥을일ᄒ여먹고重門지나大門나셔ᄒ門밧ᄂ|다라止方우희치다라셔셔以手로加額ᄒ고오ᄂᆞ가가ᄂᆞ가건넌山바라보니거머횟득셔잇거늘어화님이로다갓버셔등에지고보션버셔픔에픔고신으란버셔손에들고즌듸마른듸갈희지말고월헝츅쳥건너가셔情엣말ᄒ려ᄒ고겻눈으로얼픗보니님은아니오고上年七月열사홋날갈가버셔셩이말ᄂᆡ온휘츄리삼단判然이도날속여고나마쵸와밤일셰만졍ᄒᆡᆼ혀낫지런들남우일번ᄒ여라. (청육*879/전서#752)

본문2

저 건너 임이 오마커날 저역밥을 일하여 먹고,
중문重門 지나 대문大門 나서 한문門 밖 내달아, 지방止方 우히 치달아

서서 이수以手로 가액加額하고 오난가 가난가 건넌 산山 바라보니,
거머횟득 서 있거늘 '어화 임이로다.' 갓 벗어 등에 지고 보션 벗어
품에 품고 신으란 벗어 손에 들고, 즌 디 마른 디 가리지 말고 월헝
츅청 건너가서, 정情읫 말 하려 하고 곁눈으로 얼풋 보니, 임은 아
니 오고 샹년上年 칠월七月 열사흣날 갈아 벗어 셩히 말뇌온 휘추리
삼단 판연判然히도 날 속였고나.
맞초아 밤일셰만정 행여 낮이런들 남 우일번 하여라.

주註

일흐여 먹고 : 일찍 해서 먹고. 일찌거니 먹고.

즁문重門 : 즁문中門. 보 즁문은 대문 안에 거듭 세운 문을 일컫는다.

흔문門 : 큰 문門의 뜻으로 삼문三門(공해公廨 앞에 있는 세 큰 문門. 정문正門,
　　동협문東夾門, 서협문西夾門)의 하나를 말함인가.

늬다라 : 달아(주走) 나가서. 민요民謠의 투어套語.

지방止方 우희 : 지방止方 위에. 지방止方은 지뱅이. 지뱅이는 심방(일각대문大
　　門의 두 기둥을 서게 하는 도리 같은 나무) 끝에 세우는 나무.
　　　또는 그렇지 않고 단순單純히 문門지방이란 뜻인가.

치다라 셔셔 : 치달아 서서. 치닫는다는 것은 달아 올라가는 뜻. 역시亦是 민요
　　民謠 투구套句의 하나.

이수以手로 가액加額하고 : 손을 들어 이마에 대고.

오난가 가난가 : 가난가에는 뜻이 없다. 운율상韻律上 붙인 말.

어화 : 아아. 옳다. 감탄사感歎詞.

갓 벗어 … 손에 들고 : 이 노래 작자作者는 여자女子인즉 부당不當한 구句. 상투구常套句가 무의미無意味하게가 아니라 잘못 쓰인 것.

즌 듸 마른 듸 갈희지 말고 : 진 데 마른 데 가리지 말고.

월헝츅청 : 우줄우줄. 원래는 물건이 바람에 흔들리는 모양. 여기서는 황급하게 걸어가는 모양.

졍情엣 말 : 정情의 말. 정담情談.

샹년上年 : 작년昨年.

갈가 버셔 : 갉아(박剝) 벗겨.

솅이 말뢰온 : 잘(고이) 말린.

휘츄리 삼단 : 제럽단. 보 가느다란 삼의 줄기를 지칭한다.

판연判然이도 : 확실確實히도. 여기서는 '감쪽같이1)'란 뜻으로 쓰인 듯.

마쵸와 : 때 마침.

밤일셰만졍 : 밤이라 다행多幸이었지.

힝혀 낫지런들 남 우일번 ᄒ여라 : 만약萬若 낮이었다면 남이 웃을번 했구나.

■ 감상·비평 ■

서사적敍事的인 노래의 하나인데, 길이 요량하고는2) 이야기가 없다. 중첩重疊이 많고 부적당不適當한 상투구常套句가 끼이고 해서 전체全體가 용만冗慢3)한 감을 주어, 제럽단을 임인줄 알고 달아 간 우스운 이야

---

1) 감쪽같이.
2) '요량하다'는 생각하여 헤아리다는 뜻인데, 여기서는 그 문맥상 의미가 불분명하다.

기에 생기生氣가 엷다.

[참] 〈청구영언 진본〉을 비롯하여, 모두 22종의 가집에 수록. 〈청구영언 진본〉을 비롯한 8종의 가집에는 다소 변개된 형태의 이본이 수록되어 있다.

○님이 오마 ᄒ거늘 저녁밥을 일지어 먹고
  중문中門 나서 대문大門 나가 지방地方 우희 치ᄃ라 안자 이수以手로 가액加額 ᄒ고 오는가 가는가 건넌산山 브라보니 거머흿들 셔 있거눌 져야 님이로다 보션 버서 품에 품고 신 버서 손에 쥐고 곰븨님븨 님븨곰븨 천방지방 지방천방 즌 듸 무른 듸 굴희지 말고 워렁충창 건너 가셔 정情엣말 ᄒ려 ᄒ고 겻눈을 흘긋 보니 상년上年 칠월七月 사흔날 골가 벅긴 주추리 삼대 슬드리도 날 소겨거다
  모쳐라 밤일싀만정 힝혀 낫이런들 ᄂᆷ 우일번 ᄒ괘라.(청진*580)

---

3) 글이나 말 따위가 쓸데없이 긺.

30

본문1

이제ᄉ못보게ᄒ여이못볼시도的實ᄒ다萬里가ᄂ길에海鷗絶食ᄒ고銀河水건너쒸여北海가로진듸摩里山갈가마귀太白山기슭으로골각골각우지즈면셔ᄎ돌도바히못어더먹고굴머죽ᄂ짜희너어듸가님ᄎ쟈보리아희야님이오셔드란주려죽단말生心도말고쌀쌀이그리다가骨髓에病이드러갓과뼈만남아달바즈밋트로아쟝밧삭건니다가긔운이澌盡ᄒ여져근소마보온後에ᄒ다리추혀들고되이암버셔더진드시벌덕나뒤쳐져長歎一聲에奄然命盡ᄒ여죽어가ᄂ赤鬼되여님의몸에챤챤감겨슬커쟝알니다가나죵에부듸잡아가렷노라ᄒ더라살와라. (청육*881/전서#2368)

본문2

이제사 못 보게 하여이. 못 볼시도 적실的實하다.

만리萬里 가난 길에 해구 절식海鷗絶食하고 은하수銀河水 건너 뛰어 북해北海 가로진 디 마리산摩里山 갈가마귀 태백산太白山 기슭으로 골각골각 우지즈면서 차돌도 바이 못 얻어먹고 굶어 죽난 따히, 내 어되 가 임 차자보리.

아히야, 임이 오셔드란 주려 죽단 말 생심生心도 말고, '쌀쌀히 그리다가 골수骨髓에 병病이 들어 갓과 뼈만 남아 달바자 밑으로 아장바싹 건니다가 기운이 시진澌盡하여 적은소마 보온 후後에 한 다리 추혀 들고 되 이암 벗어 더진 듯이 벌덕 나둬쳐저 장탄 일성長歎一聲에 엄연奄然 명진命盡하여, 죽어 가는 적귀赤鬼되어 임의 몸에 찬찬 감겨 슬커장 알리다가 나종에 부디 잡아가렸노라' 하더라 살와라.

■ 주註 ■

못 보게 ᄒ여이 : 못 보게 하는고나.

우지즈면셔 : 울고 부르짖으면서.

ᄎ돌도 바히 못 어더먹고 : 차돌(석石)조차도 전연全然히 얻어먹지 못하고. '차돌도 못 얻어먹는다'는 말은 흔히 쓰이는 투구套句인데 대체大體 어떻게 된 말일까. 차돌은 방해석方解石이란 돌을 말한 것이라고 밖에 생각되지 않는데, 혹或은 차에서 찰떡 같은 말을 연상聯想해서 된 말인가.

오셔드란 : 오시거든.

생심生心도 말고 : 마음에 먹지도 말고. 아예 말고.

쌀쌀이 : 쓸쓸히. 외로히.

갓과 쎠만 남아 : 가죽과 뼈만 남아.

달바ᄌ : 달로 만든 바자. 달은 특수特殊한 식물명植物名이 아니고 싸리, 대 기타其他 바자를 만드는 가느다란 꼬챙이의 범칭汎稱이 아닐까도 생각한다. 연(지연紙鳶)의 머리, 허리, 중간과 네 귀를 얼러서 꼬챙이 같이 깎아 붙이는 대를 머릿달, 허릿달, 꽁숫달, 귓들달 들이라 하며, 이것들을 통털어 연달이라 하는데, 이 '연달'의 달과 '달바자'의 달은 같은 근원根源이 아닐까.

달을 특수特殊한 식물명植物名으로 본다면, 화본과禾本科에 속屬하는 숙근초宿根草인, 잎은 갈대 같고 꽃은 띠 같은 풀일 것이다. 이 해석解釋이 더 무난無難할지 모르겠다. (또는 닥(저楮)을 말함인가.)

바ᄌ는 파자笆子, 울타리. 보통 갈대, 대, 싸리 등等으로 엮는다. 바지게(발체)란 말도 이와 동어근同語根인 듯. 보 바자는 대나무·갈대·수수깡 따위로 발처럼 엮은 것을 일컫는데, 달바자는 띠처럼 생긴 달풀로 엮어 만든 바자이다.

아장밧삭 건니다가 : 힘 없는 아장걸음으로 걸어 가 (달바자 밑으로) 건너 뛰다가.

시진漸盡 : 물이 말라 들어가듯 (기운이) 없어져 버려.

져근소마 : 소변小便. 보 소마는 오줌을 점잖게 이르는 말이다.

추혀들고 : 추켜 들고.

되 이암 : 이암은 이엄耳掩. 이엄耳掩은 관복官服 입을 때 귀를 가리던 모피毛皮로 만든 물건物件. 되는, 뒤(후後)의 뜻인가.

나뒤쳐져 : 나자빠져.

엄연奄然 : 엄홀奄忽. 문득.

죽어 가는 적귀赤鬼 되여 : 죽어서 되는 적귀赤鬼가 되어서. 요要는 '귀신이 되어'의 뜻인 듯.

슬커장 : 슬카시. 슬커지. 실컷. 싫도록.

알니다가 : 사랑을 알린다는 뜻인가.

부듸 잡아 가렷노라 ᄒ더라 살와라 : 꼭 (임을 저승으로) 잡아 가겠노라고 내가 말하더라고 (임에게) 일러 드려라.

▌ 감상·비평 ▌

이 노래는 〈청구영언靑丘永言〉 중中에서도 최장편最長篇 중中에 속屬하는데, 표현表現이 적실適實[1]하지 못하면서도 전편全篇에서 풍기는 황량荒凉하고 메마른 그리고 구슬픈 일종一種의 귀기鬼氣[2]가 읽는 사람으로 하여금 몸서리를 치게 한다.

노래의 작자作者의 '임'은 대체大體 어디로 무얼 하러 갔단 말일까. 문면文面으로 보아서는, 함경도咸鏡道 지방地方으로나 임이 귀양이라도 갔단 말일까. 그렇다면 '만리萬里 가는 길에 해구 절식海鷗絶食 ……'은 너무나 과장誇張이 심甚한 것도 같고, ……. 또, 주인공主人公이 절명絶命[3]하는 직접直接 동기動機가 달바자 밑으로 바짝 건너 뛴 데 있는데, 그는 무얼 하러 달바자 밑으로 건너 뛰려고 했을까. 혹或은 '건니다가'를 '거니다가', 즉 거닐다가, 왔다갔다 하다가의 뜻으로 해석解釋할 수도 있을 것이나, 이렇게 생각한댔자 의문疑問이 빙해氷解[4]하지 않는 것은 매일반이다. 강잉强仍[5]히 상상력想像力을 행사行使한다면, 임이 하마나 올까 하고 달울타리 밖으로 멀리 바라다보다가, 또는 바라다보기

---

1) 실제에 꼭 들어맞음.
2) 귀신이 나올 듯한 무시무시한 기운.
3) 숨이 끊어짐.
4) 의심 같은 것이 얼음 녹듯이 풀림.
5) 마지못하여 그대로 함.

위爲해서 건너 뛰다가 기진氣盡하여 죽은 것인가 한다.

형식形式에 있어서도 이 작품作品은 파격破格이 심甚하다. 사설시조辭說時調란 대개大槪 종장終章만은 짜른6) 법인데, 이 작품作品은 '아희야' 불러 놓고 '…… ᄒᆞ더라 살와라'에 이르기까지 무려無慮 140여 자一百四十餘字를 쓰고 있다. 그리고 이 종장終章에 가서 비로소 소설적小說的인 리얼리티를 보여 주고 있는 것이다.

[참] 〈청구영언 진본〉을 비롯하여, 모두 19종의 가집에 수록.

---

6) 짧은.

31

본문1

제얼골제보와도더럽고도슬뮈웨라검버셧구름낀듯코춤은쟝마진듯以前에업든뼈시바회엉덩이에울근불근우리도少年行樂이어제런듯ᄒ여라. (청육*884/전서#2600)

본문2

제 얼골 제 보아도 더럽고도 슬미웨라.
코춤은 장마진 듯, 이전以前에 없든 뼈새바회 엉덩이에 울근불근.
우리도 소년 행락少年行樂이 어제런 듯하여라.

주註

슬뮈웨라 : 싫고 밉도다. 실증 나도다.
검버셧 : 노인老人의 피부皮膚에 생기는 얼룩점點. 한지汗池.

쎠시바회 : 뼈새바위. 쑥 내민 뼈다귀.

┃ **감상·비평** ┃

　노쇠老衰[1]의 비애悲哀를 읊은 노래는 허다許多하나 이처럼 그로테스크[2]하게 사실성寫實性을 발휘發揮한 작품作品은 드물다. 이러한 태도態度로 나가는 것이 문학적文學的이냐 여부與否는 의문疑問일 것이로되, 이러한 적나라赤裸裸[3]한 자기 표출自己表出은 역시亦是 평민 작가平民作家라야 비로소 할 수 있는 것이라 생각된다.

　[참] 〈청구영언 육당본〉을 비롯하여, 모두 12종의 가집에 수록.

---

1) 늙고 쇠약함.
2) 그로테스크(grotesque). 기괴하고 끔찍스러움. 흔히 예술품에 나타난 그러한 모양이나 성격을 두고 일컫는다.
3) 있는 그대로 드러내어 숨김이 없음.

32

본문1

一身이사쟈ᄒᆞ니물것계워못살리로다피겨ᄀᆞ튼가랑니보리알 갓튼슈통니잔벼록굴근벼록쮜ᄂᆞᆫ놈긔ᄂᆞᆫ놈에琵琶ᄀᆞᆺ튼빈듸삿 기使令갓튼등에어이갈ᄯᅡ귀스뮈약이센박휘누른박휘바금이 거져리부리쑈쪽ᄒᆞᆫ모긔다리기다ᄒᆞᆫ모긔살진모긔야왼모긔그 리마쇼록이晝夜로빈틈업시물거니샐거니ᄯᅳᆺ거니쏘거니甚한唐 비루에어려왜라그中에ᄎᆞᆷ아못견딀슨五六月伏더위에쉬파린가 ᄒᆞ노라. (청육*888/전서#2437)

본문2

일신一身이 사자 하니 물것 겨워 못 살리로다.
피겨 같은 가랑니, 보리알 같은 수통니, 잔 벼룩 굵은 벼룩, 뛰난 놈, 기난 놈에, 비파琵琶 같은 빈대 사끼, 사령使令 같은 등에 어이, 갈따귀, 사미야기, 셴 박휘, 누른 박휘, 바금이, 거저리, 부리 뾰족한 모기, 다리 기다한 모기, 살진 모기, 야윈 모기, 그리마, 뾰록이, 주야晝夜로 뷘틈 없이 물거니, 빨거니, 뜯거니, 쏘거니. 심甚한 당唐비루에 어려왜라.

그 중中에 차마 못 견딜슨 오뉴월五六月 복伏더위에 쉬파린가 하노라.

▍주註▍

물것 계워 : 물어뜯는 것을 못 이겨. 물것 때문에. 물것 등살에.

피겨 : 피(패稗)의 껍질.

슈퉁니 : 굵은 이(슬蝨). 수퉁이. 보 수퉁니는 아주 크고 살찐 이를 일컫는다.

비파琵琶 : 악기樂器 이름.

사령使令 : 관아官衙의 사역使役. 보 사령은 관아에서 심부름하던 사람을 일컫는다.

등에어이 : 등애(비맹蜚蝱)의 어버이. 에미등애. 보 등에는 파리를 닮았으나 좀 크고, 암컷은 꽃의 꿀이나 동물의 피를 빨아 먹는 해충이다.

스뮈야이 : 사마귀. 범아자비. 당랑螳螂.

셴 박휘 : 흰 바퀴.

부리 쑛족한 모긔 : 주둥이가 뾰족한 모기.

다리 기다흔 : 다리 기다란.

야윈 : 야윈. 여윈.

당唐비루 : 비루는 소, 말 들에 기생寄生하는 피부병충皮膚病蟲. 당唐은 비루 중中에도 왕성旺盛한 놈인가. 보 비루는 개나 말 따위 짐승의 피부가 헐고 털이 빠지는 병을 일컫는다.

감상·비평

평민 계급平民階級의 생활시生活詩도 이에 이르면 문학권文學圈 외外로 몰아낼 수밖에 없을 것이다. 작자作者도 이걸 노래라고 남에게 보이지는 않았을 것이다.

전시대前時代 말기末期의 평민 문학平民文學의 길이 결국結局 이러한 경지境地에 떨어지고 만다는 것은 그들을 위爲하여 애석愛惜[1]한 일이나, 그들이 미구未久[2]에 당도當到할 새 시대時代에 대對한 투시력透視力[3]을 갖지 못했고, 또 문학文學할 교양敎養을 쌓지 못했음을 생각할 때, 양반兩班들이 물려 준 시조 형식時調形式을, 그것이 자기自己네들의 생활 감정生活感情을 담기에 적당適當한지 여부與否를 고려考慮할 여유餘裕도 없이, 그것을 그대로 이용利用하여, 일상 생활日常生活의 이모저모를 아무런 선택選擇도 없이 되나 개나 글로 써 보았던 것에 불과不過한 그 결과結果가, 간혹間或 이러한 비문학非文學을 낳았다는 것은 차라리 당연當然하다 할 것이다. 이것은 사설시조辭說時調가 싫어도 거느리지 않을 수 없는 한 천賤한 일가친척一家親戚이라 할 것이다.

참 〈해동가요 주씨본〉을 비롯하여, 모두 12종의 가집에 수록. 〈가곡원류 국악원본〉을 비롯한 7종의 가집에 다소 변개된 형태의 이본이 수록되어 있다.

---

1) 사랑하고 아깝게 여김.
2) 그 동안이 그리 오래지 아니함.
3) 막힌 물체를 막힌 것이 없는 것 같이 환하게 내다보는 능력.

33

본문1

媤어미며르아기낫바壁바닥을치지마소빗에쳐온며느린가갑셰바든며느린가밤나무석은등걸에휘츄리나니갓치앙살퓌신媤아버니볏뵈신쇠쏭갓치되죵고신媤어머니三年결은노網橐이에시송곳부리갓치쑈죡ᄒ신媤누의님唐피가온겨틔돌피나니갓치시노라ᄒ뇌꼿갓치피쏭누는아들ᄒ나두고건밧틔메꼿가튼며느리ᄅᆞᆯ어디ᄅᆞᆯ낫바ᄒ시오. (청육*889/전서1771)

본문2

시媤어미 며르아기 나빠,
벽壁바닥을 치지 마소
빗에 처온 며느린가,
값에 받은 며느린가.
밤나무 석은 둥걸에,

휘추리 난이같이,
앙살 피신 시媤아버니.
볕 뙤신 쇠똥같이,
되종고신 시媤어머니.
삼년三年 결은 노망태기에,
새 송곳 부리같이,
뾰족하신 시媤누잇임.
당唐피 가온격태 돌피 난이같이,
샛노라한 외꽃같이,
피똥 누난 아들 하나 두고,
건 밭애 메꽃 같은 며느리랄,
어디랄 나빠하시오.

주註

며르아기 : 며늘아기. 며느리의 애칭愛稱.

빗에 쳐온 며느린가 : 빚의 대상代償으로 데려 온 며느린가.

갑세 받은 며느린가 : 무슨 물건物件을 주고 그 값으로 받은 며느린가.

휘츄리 나니갓치 : 회차리(가는 나뭇가지) 난 것 같이.

앙살 퓌신 : 매운.

볕 뙤신 쇠똥갓치 : 볕에 쬐이신 쇠똥같이.

되종고신 : 말라 빠지신.

삼년三年 결은 노망탁網橐이에 싀 숑곳 부릐갓치 : 3년三年 걸려 뜬 노망태기의 틈으로 나온 새 송곳 끝 같이. 보 망태기는 가는 새끼나 노를 엮어서 만든 그릇으로, 물건을 담아 들고 다니는 데 쓴다.

당唐피 가온젹틔 돌피 나니갓치 : 가온젹틔는 '가운데'와 '곁에'의 뜻. 당唐피와 돌피는, 요要는 곡식穀食으로서의 피의 품질品質이 좋은 것과 낮은 것을 말한 것. 당唐피에 섞겨 난 돌피같이. 며느리를 당唐피에, 아들을 돌피에 비겨 말한 것일 것이니, 이는 물론勿論 며느리가 잘나고 아들이 못났다는 뜻이겠으나, 또 한편으로는 이 말의 문구文句 '싀노라 흔 외쏫갓치 피쏭 누는 아들'과 관련關聯해서 생각할 때, 아들이 아즉 어리단 걸, 즉卽 신부新婦가 신랑新郞보다 연장年長해서 신랑新郞이 신랑新郞 행세行勢를 못하는 조혼早婚의 비극悲劇을 비꼬아 말한 것이다.

건 밧틔 : 비옥肥沃한 밭에.

메쏫 : 밭에 야생野生하는 나팔꽃.

▍**감상·비평** ▍

전게前揭 제第 25가歌와 더불어 민요적民謠的 내방가사內房歌辭의 쌍벽雙璧[1]이라 할 좋은 노래다. 이 두 노래는 혹或은 동일同一한 작자作者의 작품作品이 아닌가 의심疑心 되리만치 그 격조格調의 경묘輕妙[2]한 맛이 꼭 같다.

민요民謠의 부요婦謠에 대단大端히 접근接近했으면서도 그 비유譬喩의

---

1) 원래는 '두 개의 구슬'이란 뜻으로, 여럿 가운데 두 가지가 별로 우열의 차가 없이 특히 뛰어남을 일컬음.
2) 경쾌하고 묘함.

곡진曲盡3)한 품品은, 역시亦是 개인個人의 창작 가요創作歌謠에 틀림없단 것을 느끼게 한다. 그러나 그 곡진曲盡함이 작자作者의 특수特殊한 경우境遇에만 특수特殊하게 타당妥當하지 않고, 시아버지는 앙살피고, 시어머니는 되종고지고, 시누이는 뾰족하고, 신랑新郞은 어리고 못났다는 민요적民謠的 보편성普遍性에 귀착歸着되고 있는 점點은, 이 노래를 민요적民謠的인 몰개성沒個性의 노래로 이해理解하게 하는 것이다.

[참] 〈청구영언 진본〉을 비롯하여, 모두 5종의 가집에 수록. 이 작품을 3장의 형식으로 분장하면 다음과 같다.

○시媤어미 며르아기 낫바 벽壁 바닥을 치지 마소
  빗에 쳐온 며느린가 갑세 바든 며느린가 밤나무 셕은 등걸에 휘츄리 나니갓치 앙살 퓌신 시媤아버니 볏 뵈신 쇠똥갓치 되종고신 시媤어머니 삼년三年 결은 노망탁網橐이에 시 송곳 부리갓치 쌮쪽ᄒ신 시媤누의님 당唐피 가온격티 돌피 나니갓치 식노라ᄒ 외꼿갓치 피똥 누는 아들 ᄒ나 두고
  건밧티 메꼿가튼 며느리를 어디를 낫바 ᄒ시오.

이 작품은 고정옥의 다른 저작인 『국어국문학요강』(대학출판사, 1949)의 "고문古文" 중 '시가詩歌'의 23번 작품으로도 수록되어 있는데, 작품의 해설은 다음과 같다.

"〈청구영언靑丘永言〉에서 뽑은 노래다. 내방가사內房歌辭나 민요民謠에 대단히 가까운 노래다. 민요를 어떤 재능있는 사람이 닦고 가다듬은 것인지도 모른다. 이것이 시조라고, 억지로라도 말할 수 있는 것은,

---

3) 자세하고 간곡함.

그 표현이 문학적으로 곡진曲盡한 것과, 종장 끝맺음이 의문형으로 된 점 등으로서 일가." (122면)

이 작품에 대해서 고정옥의 『조선민요연구』(수선사, 1949)에서는, "금일의 「시집살이노래」와 완전히 통한다."(72면)라고 간략하게 기술하고 있다.

34

본문1

지 넘어 莫德의어마네 莫德이쟈랑마라 밤中만 품에드러 돌계잠쟈고니갈고코고으고 放氣쒸고오좀싼다 춤아 모진 니 맛기도 하즈즐ᄒ고 나어셔 다려니거라 莫德의어마 莫德의어미 對答ᄒ되 이나의아기딸이 비얇피고름증과 잇다감 졔증外에 연의 雜病은 處女젹부터 업셰라. (청육*890/전서#2531)

본문2

(막덕莫德의 시어머니) "재 넘어 막덕莫德의 어마네. 막덕莫德이 자랑 말아.
　밤중中만 품에 들어 돌계잠 자고, 이갈고, 코 고으고, 방기放氣 쉬고, 오좀 싼다. 차마 모진 내 맡기도 하 즈즐하고나. 어서 다려 이 거라. 막덕莫德의 어마."
막덕莫德 어미 대답對答하되, (막덕莫德의 친모親母) "이 나의 아기딸이

배알피 고름증症과, 이따감 제증 외外에 연의 잡병雜病은 처녀處女적
부터 없에라."

[사실事實은 분장分章할 성질性質의 것이 못되나 편의상便宜上 나누어 써 보
았다.]

주註

돌계잠 쟈고 : 아이를 낳지 못하는 계집을 돌계집 또는 돌치라고 하니, 자도 아
　　이를 배지 못하는 잠을 돌계잠이라고 부른 것일까.

하 즈즐ᄒ고나 : 퍽도 지질하고나. 대단大端히 더럽고나. 보 '지질하다'는 보잘
　　것 없고 변변하지 못하다는 의미이다.

다려 니거라 : 데려 가거라. 니거라는 예다, 네다의 명령형命令形.

어마 : 어미야.

빅앓피 : 배앓이. 복통腹痛.

제증 : 체증滯症의 뜻인가. 간질癎疾을 제증이라고도 하는데, 만약萬若 그런 뜻으
　　로 쓴 말이라면 자기自己 딸이 중대重大한 결점缺點을 가지고 있음이 사실
　　事實이라 뭐라고 대구對句할 말도 없건만, 뻔뻔스럽게 제 딸 자랑을 한 폭
　　이 될 것이나, 그렇게까지 해석解釋할 것은 아니고, 평범平凡한 대화對話를
　　노래 형식形式으로 꾸민 것에 불과不過하다 볼 것이다.

감상·비평

시집 간 딸 자랑하는 생모生母와 며느리를 미워하는 시어머니 사이

에―즉即 안사돈 사이에 주고받은 비속卑俗¹⁾한 대화對話를 노래처럼 서술敍述한 것인데, 이 역亦 문학文學이 되기에는 거리距離가 있는 야비野卑²⁾한 부녀자婦女子의 욕지거리의 한 토막에 지나지 못한다.

[참] 〈청구영언 진본〉을 비롯하여, 모두 4종의 가집에 수록.

---

1) 낮고 속됨.
2) 속되고 천함.

35

본문1

北斗七星ᄒᆞ나둘셋넷다셔여셔일곱분긔민망ᄒᆞᆫ발괄所志ᄒᆞᆫ張알뢰너이다그리던님을만나情엣말슴채못하여날리쉬시니글로민망밤中만三台星差使노하쉴별업시ᄒᆞ시소. (청육*962/전서 #1316)

본문2

북두칠성北斗七星 하나 둘 셋 넷 다서 여서 일곱 분기 민망한 발괄 소지燒紙 한 장張 아뢰너이다.
그리던 임을 만나 정情읫 말씀 채 못하여 날이 쉬 새니 글로 민망.
밤중中만 삼태성三台星 차사差使 놓아 샐별 없이 하시소.

주註

ᄒᆞ나 둘 셋 넷 다셔 여셔 일곱 분긔 : 하나 둘 셋 넷 다섯 여섯 일곱 분께.

(북두칠성北斗七星) 일곱 별님께.

민망한 : 괴로운 마음을 풀게 해 주십사고 하는. 보 '민망하다'는 보기에 답답하고 딱하며 걱정스럽거나 안쓰럽다는 의미이다.

발괄 소지所志 : 호소呼訴의 소지燒紙. 보 발괄은 억울한 사정을 관청에 하소연하는 진정이나 호소의 뜻이며, 소지所志는 이두 표기로 관청에 제출하는 소장訴狀을 일컫는다.

글로 민망 : 그 때문에 마음이 괴롭다.

삼태성三台星 차사差使 노화 실별 없시 ㅎ시소 : 삼태성三台星은 하느님을 수호守護하는 세 개의 별. 상태성上台星, 중태성中台星, 하태성下台星. 차사差使는 죄인罪人을 잡기 위爲하여 파견派遣하는 사자使者.
　　삼태성三台星을 차사差使로 보내어 별이 새지 못하게 하시소. 또는 새는 별이 있거든 잡아다 혼을 내소서.

▌감상·비평 ▌

　노래의 모티프는 별別로 신기新奇할 것이 없으나, 그 영발詠發의 형식形式은 자못 볼만한 것이 있으며, 노래 전체全體가 깨끗하게 정화淨化되어 있다. 그러나 사무치는 것이 없고 개념槪念에 흐르고 만 것은 애석愛惜한 일이다.

　참 〈병와가곡집〉을 비롯하여, 모두 20종의 가집에 수록.

36

본문1

草堂뒤헤와안져우는숏젹다시야암숏젹다신다수숏젹다우는 신다空山을어듸두고客牕에와안져우는다져숏젹다시야空山이 ᄒ고만흐되울듸달라우노라. (청육*963/전서#2921)

본문2

"초당草堂 뒤에 와 앉어 우는 소쩍다 새야. 암 소쩍다 샌다, 수 소쩍다 우난 샌다.
공산空山을 어디 두고 객창客窓에 와 앉어 우는다. 저 소쩍다 새야."
"공산空山이 하고 많으되 울 디 달라 우노라."

주註

숏젹다 시야 : 소적疏遜다 새야. '소적疏遜다'에 관關해서는 차술次述 참조參照.

소쩍새는 접동새. 두견새. 보 소쩍새는 올빼밋과의 새로, 부엉이와 비슷하게 생겼다. 침엽수 숲에 살며 우리 나라에는 여름에 오는 철새인데, '소쩍 소쩍'하고 주로 밤에만 운다.

암 솟젹다 신다, 수 솟젹다 우는 신다 : 이 구절句節은 논리적論理的으로는 '암 솟젹다 우는 신다, 수 ……'로 되어야 할 것이다. 암놈이 소적疏逖다고 소적소적하고 우는 새냐, 숫놈이 소적疏逖다고 소적소적 우는 새냐. 소적疏逖은 소원疏遠과 같은 말로 멀다는 뜻. 멀다고 운다는 뜻이니까 달리 말하면 그립다는 뜻이 된다. 즉卽 암놈이 그리워 우느냐 숫놈이 그리워 우느냐는 뜻.
　이 구句는 결국結局 솟젹이란 말을, 접동새의 이명異名과 울음소리와 한 구漢句 소적疏逖의 셋에 걸어 쓴 일종一種의 어희語戱다.

객창客窓 : 이것은 소쩍새의 객창客窓인지 작자作者의 객창客窓인지 판단判斷하기 어렵다. 뒤의 '울 듸 달라'의 '달라'가 달라서(이異)의 뜻인지 '주소서'란 뜻인지에 따라서도 좌우左右될 것이나, 여기서는 작자作者의 객창客窓으로 판단判斷하고, '그렇지 않아도 시름겨워 못 견딜 심사心思인데, 너까지 왜 넓은 공산空山을 다 두고 내 객창客窓에 와 앉아 우느냐'란 뜻으로 해석解釋해 둔다.

공산空山이 ᄒᆞ고 만흐되 울 듸 달나 우노라 : 공산空山이 얼마든지 있으되 짝지어 울 대상對象이 없으니 울 대상對象을 달라고 우노라.
　소쩍새의 이 호소呼訴가, 작자作者의 짝을 찾아 또는 뜻 맞는 벗을 찾아 객리客裏에 헤매고 돌아다니는 심경心境과 부합符合한다는 의미意味일까.

▌감상·비평 ▌

이상以上과 같이 해석解釋할 때, 이 노래는 원칙적原則的으로는 난리亂離와 당쟁黨爭과 외구外寇에 휩쓸려 안주安住의 지地를 얻지 못하고 헤매는 지식인知識人의 심회心懷를 표출表出한 문학文學에 속屬하면서도,

그것이 단순單純히 중국中國 촉蜀나라 무제武帝[1]의 혼魂魂을 연상聯想하는 정도程度의 상투적常套的인 「불여귀不如歸 시조時調」[2]에 빠지지 않고, 좀 더 독창적獨創的인 문학文學으로 앙양昂揚[3]된 것이라 할 것이다.

참 〈병와가곡집〉을 비롯하여, 모두 21종의 가집에 수록.

---

1) 촉나라 망제望帝의 오기誤記인 듯.
2) 이른바 「불여귀不如歸 시조」는 중국 촉蜀나라의 망제望帝와 관련된 고사를 배경으로 하고 있는 일련의 작품들을 지칭한다. 촉나라의 망제는 신하인 별령鼈靈을 정승으로 삼았다가, 그에게 임금 자리마저 내주고 산에 들어가 죽은 혼이 두견새가 되었다고 한다. 이에 당시 사람들은 두견새의 울음소리에 촉나라의 망제의 혼이 담겨있어, '불여귀不如歸(돌아감만 못하리)'라고 운다고 인식하였다고 한다.
3) 드높임.

37

본문1

俄者俄者나쓰던되黃毛試筆首陽梅月검게가라홈벅찍어窓前에언져더니딕디글구르러쏙ㄴ려지거고이졔도라가면어더올法이시련마ᄂ아모나어더가져셔그려보면알리라.　　(청육*967/전서 #1828)

본문2

　아자아자俄者俄者 나 쓰던 되황모黃毛 시필試筆, 수양首陽 매월梅月 검게 갈아 흠벅 찍어 창전窓前에 얹었더니,
　댁대글 구르러 뚝 나려지거고. 이제 돌아가면 얻어 올 법法 있이련마난, 아모나 얻어 가져서 그려보면 알리라.

주註

아자아자俄者俄者 : 아까아까. 또는 아차아차인가.

되황모黃毛 시필試筆 : 황모필黃毛筆은 족저비 털로 만든 붓. 되는 호胡의 뜻인가. 시필試筆은 시호용試豪用 붓, 또는 과시용科試用 붓. 요要컨댄 좋은 붓이란 뜻이다.

수양首陽 매월梅月 : 양질良質의 먹 이름.

쏙 느려지거고 : 똑 떨어졌고나.

그려보면 알리라 : 그려보면 무얼 알리란 것인지 의문疑問이다. 좋은 붓이란 것 알리라는 겐지, 내 붓이란 걸 알 것이라는 뜻인지. 아마도 후자後者인 듯하다. (묵화墨畵를) 그려보면 그 붓이 내 붓인지를 알고 내게로 돌려보내 주리라.

감상·비평

화가畵家가 자기自己의 일상 생활日常生活 중中의 조그마한 한 사건事件을 그대로 기록記錄하고 자부심自負心의 일단一端을 뽐낸 것인데, 이 역亦 문학적文學的 수련修練을 쌓지 못하고 그저 무슨 일이나, 그대로 서술敍述하기만 하면 노래가 되리란 인식 착오認識錯誤에서 온 것이다.

[참] 〈청구영언 진본〉을 비롯하여, 모두 21종의 가집에 수록. 이 작품을 3장 형식으로 분장分章하면 다음과 같다.

　○아자아자俄者俄者 나 쓰던 되황모黃毛 시필試筆 수양首陽 매월每月 흠벅 찍어 창전窓前에 언져더니 덕더글 구르러 쏙 느려지거고

이졔 도라가면 어더 올 법法 이시련마는
아모나 어더 가져셔 그려보면 알리라.

이 작품과 내용은 비슷하면서, 단형單形의 평시조 형식으로 된 다음의 작품이 〈청구영언 진본〉을 비롯하여 7종의 가집에 수록되어 있다.

○으쟈 내 황모黃毛 시필試筆 묵묵墨墨을 뭇쳐 창창窓膓 밧긔 디거고
 이졔 도라가면 어들 법 잇거마는
 아모나 어더 가져셔 그려보면 알리라.(청진*5)

38

본문1

싱미줍아길드려두메꿩산양보니고白馬씨겨바느려뒤東山松枝에미고손조구굴무지낙가움버들에쎄여물에치와두고아희야날볼손오셔드란뒷여흘로오너라. (청육*969/전서#1529)

본문2

생매 잡아 길들여 두메 꿩 사냥 보내고,
백마白馬 씻겨 바 느려 뒷동산東山 송지松枝에 매고, 손조구, 굴무지 낚아 움버들에 꿰어 채와 두고.
아히야, 날 볼 손 오셔드란 뒷여흘로 오너라.

주註

싱매 : 길들지 않은 매. 생마生馬(길들지 않은 말)와 같은 종류種類의 어휘語彙다.

두메 : 도시都市에서 멀리 떨어진 쓸쓸한 산골. 산山두메.

바 느려 : 줄(삭索) 늘여.

손조고, 굴무지 : 고기 이름. 보 이 구절은 '손조'와 '구굴무지'로 띄어쓰기를 하는 것이 더 타당하다고 여겨진다. '손조'는 손수의 뜻이며, '구굴무지'는 물고기의 한 종류이다.

움버들 : 버들 밑둥에 우북이 나는 연軟한 새 버들가지.

물에 치와 두고 : 물에 잠가 두고.

날 볼 손 오셔드란 : 나를 찾아온 손이 오시거든.

뒷 여흘 : 뒷 개천, 물 옅고 경사傾斜진 곳. 낚시질은 여울에서 한다.

▌ 감상·비평 ▌

이런 종류種類의 노래는 많다. 일종一種의 전원 취미田園趣味인데, 이 작품作品은 그 취미趣味가 아직 중정中正[1]하게 정면正面으로 묘사描寫되어 있어 일종一種의 품격品格을 유지維持하고 있다. 그러나 현실現實에 즉卽하지 못하고 그러한 취미趣味를 형식적形式的으로 집성集成[2]한 데 전원 취미田園趣味의 매너리즘을 느끼게 한다.

참 〈병와가곡집〉를 비롯하여, 모두 18종의 가집에 수록.

---

1) 지나치거나 모자람이 없고, 굽거나 비틀어짐이 없이 꼭 바름.
2) 모아서 이룸.

39

본문1

압너나뒤너나中에소먹기는아희놈들아압너고기와뒷너고기롤다몰속줍아너다락기에너허쥬어든네소궁둥치헤걸쳐다가주렴우리도밧비가는길히오미傳홀동말동ᄒ여라.(청육*974/전서#1873)

본문2

"앞내나 뒷내나 중中에 소 먹이난 아히놈들아,
앞내 고기와 뒷내 고기랄 다 몰속 잡아 내 다락기에 넣어 주어든, [네] 소 궁둥치에 걸쳐다가 주렴."
"우리도 바삐 가난 길이오매 전傳할동 말동 하여라."

주註

다 몰속 : 다 모조리.

다락기 : 고기 넣는 대나 싸리로 만든 그릇. 보 다래끼는 대·싸리·고리버들 따위로 결어서 만든, 입구가 좁고 바닥이 넓은 바구니 일컫는다.

너허 주거든 : 넣어 주거든.

궁둥치 : 궁둥이.

전傳홀동 말동 ᄒᆞ여라 : 전傳하게 될지 어쩔지 모르겠다.

감상·비평

 시조時調 종장終章의 '아희야 ……라'는 시조時調란 율문 문학律文文學 양식樣式이 양반 계급兩班階級의 것이라는 결정적決定的인 조건條件의 하나이다. 고처高處1)에 앉아 장죽長竹2)을 물고 오만傲慢하게 내려다보면서, '아희야 ……'하고 명령命令하는 이러한 문학 형식文學形式은 아마 다른 나라에도 드문 것이리라 생각된다.

 그러한 양반兩班이 차차次次 세력勢力을 잃자, 시조時調도 점점漸漸 몰락沒落해 가서 양반兩班의 애호물愛護物3)이 된 강호 시정江湖詩情, 전원 취미田園趣味도 버림을 받게 되었다. 양반 문화兩班文化의 유산遺産을 상속相續받은 중인中人들은, 가도歌道에 있어서도 교양敎養 부족不足과 미래未來에의 투시력透視力의 결핍缺乏으로 말미암아, 시조문학時調文學의

---

1) 높은 곳. 예컨대 양반들이 대청 마루에 앉아 하인들을 말로 부리던 상황을 염두에 둔 것이다.
2) 대나무로 만든 긴 담뱃대.
3) 사랑하고 좋아하는 물건. 여기서는 조선 초기부터 양반들이 향유했던 시조문학의 주요 소재를 일컫는다.

유산遺産을 비판적批判的으로 섭취攝取하여, 혁신적革新的인 새 가도歌道를 개척開拓할 길이 없어, 분수分數에 맞지 않게 구전통舊傳統을 묵수墨守4)하려 하였다. 그러나 양반兩班과 중인中人과는 그 생활 양태生活樣態가 다른지라, 양반 시가兩班詩歌의 양식樣式이 중인 계급中人階級에게 그대로 합당合當할 리理가 없었다.

중인 계급中人階級에 있어서는, '낚시질'이란 것도 여유餘裕있는 시정詩情5)이 되지 못했다. '압늬 고기와 뒷늬 고기를 다 몰속 줍아 닉 다락기에' 넣은 것은 이미 시정詩情이 아니다. 그것은 '상스런 교리巧利6)'에 떨어진 것이다. 이런 상스런 중인中人은 '아희'를 부르는 데 있어서도 '아희놈들아'하고 외친다. 이렇게 불리운 아이 또한, 전전에 양반兩班에게 점잖게 불리우던 때와는 달라, 잠자코 복종服從할 수는 없다. 더구나 오늘날 자기自己를 부르는 사람은 자기自己의 상전上典이 아니라, 보지도 못한 하찮은 중인中人인 것이다. 반발反撥이 없을 수 없다. 그래서 '우리도 밧비 가는 길히오믹 전傳홀동 말동 하여라'하고 대답對答하는 것이다.

아이를 불러 명령命令하는 말로써 종장終章을 구성構成하는 강호시조江湖時調의 이러한 변모變貌는, 양반 계급兩班階級과 그에 전속專屬7)되었던 시가 양식詩歌樣式의 몰락상沒落相을 여실如實히 또 단적端的으로 보여 주는 사실事實로써 흥미興味있는 일이다.

---

4) 제 의견이나 생각 따위를 굳게 지킴.
5) 시의 정서를 가진 정취.
6) 약삭빠르게 이익을 다툼.
7) 어떤 곳에만 오로지 딸림.

[참] 〈청구영언 육당본〉을 비롯하여, 모두 24종의 가집에 수록. 〈청구영언 진본〉을 포함한 4종의 가집에는, 다음과 같은 다소 변개된 형태의 이본異本이 수록되어 있다.

○녹양 방초綠楊芳草 안岸에 쇼 머기는 아히들아
  압냇 고기와 뒷냇 고기를 다 몰속 자바내 다락치에 너허 주어든 네 ㅅ, 궁치에 언저다가 주렴
  우리도 밧비 가는 길히니 못 가져 갈가 ᄒ노라.(청진*530)

40

본문1

물아래셰가락모리아무리밟드발ㅈ최나며님이날을아모리괸들너아더랴님의情을狂風에지붓친沙工ㄱ치깁퓌롤몰나ㅎ노라. (청육*978/전서#1085)

본문2

물 아래 세細가랑모래 아무리 밟다 발자최 나며,
임이 나를 아모리 괸들 내 아더랴, 임의 정情을,
광풍狂風에 지부친 사공沙工겉이 깊이를 몰라 하노라.

주註

믈 아래 세가락모래 : 물 속 가는 가랑모래. 가랑모래만으로도 가는 모래란 뜻이다.

아모리 붋드 : 아무리 밟는대도.

님이 날을 아무리 괸들 닉 아더랴 : 임이 나를 아무리 사랑한들 (그것이 어느 정도程度 진정眞情인지) 내가 알겠느냐. 알 수 없다. 보 '괴다'는 '사랑하다'의 옛말이다.

광풍狂風에 지붓친 사공沙工갓치 깁피를 몰나 ᄒ노라 : 모진 바람에 불려 이리 저리 떠돌아다니는 뱃사공沙工이 물 깊이를 요량할 수 없듯이, 임의 마음의 깊이를 알 수 없도다.

감상·비평

사랑의 깊이를 모르겠단 노래는 도처到處에 많이 보이는데 이러한 애정愛情에 대對한 회의懷疑1)는 무슨 때문일까. 창자唱者는 대개大概 기생류妓生類인 듯하며, 그 대상對象은 몰락 과정沒落過程에 처處한 양반兩班일 것이다. 그래서 이러한 노래는 표면表面 애정愛情 그 자체自體가 의심疑心되어 있지만, 사실事實은 의심疑心받는 그 배후背後의 심각深刻한 이유理由는 양반 계급兩班階級의 경제적經濟的 몰락沒落에 있는 것이란 걸 이해理解함으로써 비로소 정당正當하게 감상鑑賞되는 것이 아닐까.

참 〈청구영언 진본〉을 비롯하여, 모두 25종의 가집에 수록.

---

1) 마음 속에 품는 의심.

41

본문1

스랑을찬찬얽동여뒤셜머지고泰山峻嶺을허위허위너머가니모로는벗님네는그만ᄒ여바리고가라ᄒ건마는가ᄃ가지즐려죽을만졍나는아니바리고가려ᄒ노라. (청육*979/전서#1404)

본문2

사랑을 찬찬 얽동여 뒤섥어 지고 태산 준령泰山峻嶺을 허위허위 넘어 가니,
모로난 벗임네는 그만 하여 버리고 가라 하건마난,
가다가 지즐려 죽을만졍 나난 아니 바리고 가려 하노라.

주註

얽동여 : 얽어 동여.
뒤셜머 지고 : 짊어 지고.

허위허위 : 허위적 허위적. 숨차게 행동行動하는 모양.
모로는 벗님네는 그만 하여 바리고 : 내 속을 모르는 벗님네는 그만저만 내버리고.
지즐려 : 눌러.

감상·비평

조선 시가朝鮮詩歌에 있어서의 「로미오와 줄리에트[1]」며 「춘희椿姬[2]」다. 이런 강렬强烈한 애정愛情의 표현表現도 이조李朝 말엽末葉에 이르러 처음으로 볼 수 있는 것이다. 주자학朱子學의 중세기적中世期的 기만성欺瞞性[3]을 뚫어 헤치고, 인간人間의 본연本然의 자태姿態[4]를 과감果敢히 들추어 낸 이 노래에서, 우리는 휴맨니즘[5]의 향기香氣조차 느낄 수 있는 것이다.

참 〈해동가요 일석본〉을 비롯하여, 모두 20종의 가집에 수록.

---

1) 「로미오와 줄리엣(Romeo & Juliet)」. 영국의 극작가 셰익스피어(W. Shakespeare)의 희곡 중 5막으로 구성된 비극悲劇이다. 이 작품은 셰익스피어의 극 중에서도 가장 강렬한 운명적 연애 비극으로 꼽는다.
2) 프랑스의 작가 뒤마(A. Dumas)의 소설(원제는 La Dame aux Camélias). '춘희'는 여주인공 마르그리트 고티에의 별명으로, 미모의 고급 창녀인 그녀와 순진한 청년인 아르망 뒤발과의 사랑을 주된 내용으로 하고 있다. 이 작품을 소재로 이탈리아의 작곡가인 베르디에 의해 오페라 「라 트라비아타(La Traviata)」가 만들어지기도 했다.
3) 남을 속여넘기는 성질.
4) 몸을 가지는 태도와 맵시.
5) 휴머니즘(humanism). 흔히 인본주의人本主義로 번역되며, 인종·나라·종교 따위의 차별을 초월하여 모든 사람의 평등한 인격을 존중하는 사상을 일컫는다.

42

본문1

屛風에압니쟛근동부러진괴그리고그괴압픠죠고만麝香쥐롤그려두니어허죠괴삿쑤른양ᄒ여그림의쥐롤줍부러좃니는고나 우리도남의님거러두고쫏쳐볼가ᄒ노라. (청육*986/전서#1254)

본문2

병풍屛風에 압니 자끈동 부러진 괴 그리고, 그 괴 앞이 조고만 사향麝香쥐랄 그려 두니,
어허 조 괴, 사뿌른 양하여 그림의 쥐랄 잡우러 좃니난고나.
우리도 남의 임 걸어 두고 쫓어 볼가 하노라.

주註

괴 : 고양이.

사향麝香쥐 : 여기서는 단순單純히 생쥐를 한자漢字로 대치代置한 것이라 생각된
다. 사향麝香은 흥분興奮・회생回生의 향료香料인데, 국노루의 배꼽과 불두
덩 사이에 있는 포피선包皮腺을 쪼개어 말린 것이라 한다. 또 열대 지방熱
帶地方에는 사향묘麝香猫라는, 고양이 모양을 한 짐승이 있는데 역시亦是
사향麝香 냄새가 난다 한다. 이 노래가 호색적好色的인 노래인만치 '사향쥐'
라는 것은 실지實地로 없다 치더라도, 쥐를 쫓는 고양이를, 여자女子를 쫓
는 남자男子에 비겼으니, 사향麝香이란 말은 역시亦是 의식적意識的으로 사
용使用하여 표현表現의 효과效果를 돋운 것이라 볼 것이다.

삿샦른 양 : 옹골차지 않은 모양. 야물딱지지 못한 모양. 느슨한 모양. 사부렁한
모양. 이 문구文句는 전출前出 '압니 잣근동 부러진 괴'와 관련關聯된 말로,
호색적好色的인 노老고양이의 어설픈 모양을 나타낸 것이다.

줍부러 좃니는고나 : 잡으려고 쫓아다니는구나.

감상·비평

구체적具體的인 비유譬喩를 쓴 호색적好色的인 말기末期 장시조長時調
의 하나인데, 제법 위곡委曲[1]을 다한 작품作品이다. 병풍屛風의 고양이
가 쥐를 쫓는 그림을 보고도 이런 상상想像을 한데 이 시대時代 신진新
進 시조 작가時調作家의 면목面目이 약여躍如[2]하다.

[참] 〈해동가요 일석본〉을 비롯하여, 모두 22종의 가집에 수록.

---

1) 자세한 곡절.
2) 눈앞에 생생하게 나타나는 모양.

43

본문1

스랑이엇더터니둥구더랴모나더랴기더랴져르더랴밤고나마즈일너랴ᄒ그리긴쥴은모르되긋간듸룰몰닉라. (청육*991/전서 #1407)

본문2

"사랑이 어떻더니.
둥구더랴, 모나더랴. 기더랴, 저르더랴."
"밤고 남아 자일러라."
"하 그리 긴줄은 모르되 끝 간 디랄 몰래라."

[종장終章은 물음으로도 답答으로도 생각할 수 있다. 자문 자답自問自答의 노래이므로 문답問答이 명료明瞭ᄒ지 않게 끝막았다 볼 것이다.]

주註

둥구더랴 : 둥글더냐.

밤고 나마 ᄌ일러라 : 밟고(발로 재고) 남은 것이 한 자더라. 즉卽 한 발 한 자의 길이란 뜻.

감상·비평

무어든 구체적具體的으로 눈에 보이게 표현表現하지 않으면 시원하지 못했던 그들은 사랑까지도 그 형태形態를 추궁追窮[1]했다. 그 결과結果 사랑의 길이는 한 발 한 자라는 것이다.

그들은 사랑의 깊이를 밝히지 않으면 안심安心할 수 없었고, 또 사랑의 길이를 재어 보지 않으면 마음이 가라앉지 않았다. 여기에 중세기적中世紀的 관념 철학觀念哲學[2]에서 실증주의實證主義[3]로 이동移動하는 시민 정신市民精神의 발전 과정發展過程을 보는 것은 지나친 일일까. 하여간何如間 그들은 깊고 긴 사랑을 염원念願한 나머지 상대편相對便의 심정心情을 회의懷疑하고 이별離別 이자二字를 살뜰히 미워했다. 그리하여 무수無數히 그런 심회心懷[4]를 노래한 작품作品들을 남겼다.

---

1) 끝까지 따져서 밝힘.
2) 정신·이성·이념 등을 물질을 초월해 있는 본질적인 것으로 보고, 이로써 물질적 현상을 밝혀내는 철학. 여기에서는 주로 조선 시대 사대부들의 이념이었던 성리학性理學을 가리키는 것으로 보인다.
3) 경험적 사실을 기초로 삼아서 현실을 해석하는 철학. 여기에서는 주로 조선 후기 실학實學의 여러 경향을 염두에 둔 것으로 보인다.
4) 마음속의 생각.

참 〈청구영언 진본〉을 비롯하여, 모두 16종의 가집에 수록. 이 작품이 수록된 일부 가집들에 작자명이 기입되어 있는데, 〈병와가곡집〉에는 이명한李明漢5)으로, 〈청구영언 가람본〉에는 송이松伊6)로 되어 있다. 이 작품을 3장 형식으로 분장分章하면 다음과 같다.

○ 〈랑이 엇더터니 둥구더랴 모나더랴
   기더랴 져르더랴 밤고 나마 ᄌ일너랴
   흔 그리 긴 줄은 모르되 〈〈간 듸롤 몰닉라.

---

5) 이명한李明漢(1595～1645) : 조선 중기의 문인. 자字는 천장天章이며, 호號는 백주白洲이다. 문집으로는 『백주집白洲集』이 있다.
6) 송이松伊(생몰년 미상) : 조선 중기에 활동했던 기녀. 〈해동가요〉를 비롯한 여러 가집에 시조 작품이 전한다.

본문1

모시를이리져리삼아두루삼아감숨다가ᄀ다가흔가온디쪽근쳐지옵거든皓齒丹脣으로훔섈며감ᄲ라纖纖玉手로두긋마죠줍아뱌뷔쳐이으리라져모시룰우리님ᄉ랑그쳐갈졔져모시ᄀ치이으리라. (청육*995/전서#1036)

본문2

모시를 이리저리 삼아 두루삼아 감삼다가,
가다가 한가온대 똑 근쳐지옵거든 호치 단순皓齒丹脣으로 홈빨며 감빨아 섬섬 옥수纖纖玉手로 두 끝 맞초아 뱌비쳐 이으리라.
저 모시랄 우릿임 사랑 그쳐갈 제 저 모시같이 이으리라.

주註

두루삼아 감슴다가 : 두루삼아는 손바닥을 바깥편으로 밀면서 삼는 것이며, 감

숩다가는 손바닥을 자기自己 몸편으로 당기면서 삼는 것을 의미意味하는 듯하다. 두루는 두루마리의 두루. 감은 감돌다의 감.

홈샐며 감샌라 : 처음 입에 넣어서 홈빡 빨고, 다음 잇발로 감아 (물어) 뺀단 뜻인가.

뱌뷔쳐 : (무릎 위에 놓고) 비벼 부쳐.

감상·비평

길쌈[1]을 하면서도 영구永久히 끊어지지 않는 사랑을 기원祈願하는 부녀자婦女子의 심경心境을 읊은 것이다. 호치 단순皓齒丹脣[2], 섬섬 옥수 纖纖玉手[3]란 한구漢句[4]에서 가사문학歌辭文學의 취미臭味[5]를 느끼나 전체全體로 보아서는 상상도 좋고 표현表現도 적절適切하여 자랑할만한 민요적民謠的 내방조內房調[6]를 이루었다.

'두루삼아 감숩다가'라든가 '홈샐며 감샌라' 등等의 무의미無意味한 운율韻律의 작란作亂[7]은 역시亦是 진지眞摯한 맛을 손상損傷하고 있다.

참 〈청구영언 진본〉을 비롯하여, 모두 23종의 가집에 수록.

---

1) 옷감을 짜내기까지의 모든 수공의 일.
2) '하얀 이와 붉은 입술'이란 뜻으로, 미인美人을 일컬음.
3) 아름다운 여성의 손.
4) 한자漢字로 이루어진 구절.
5) 냄새와 맛.
6) 여성들이 창작·향유했던 내방가사에서 주로 보이는 율격으로, 한 행은 주로 4음보격으로 구성되며 한 음보는 4음절로 이루어져 있음.
7) 실없이 하는 일, 곧 '장난'과 같은 뜻.

45

본문1

달바ᄌ는 쩡쩡 울고 잔ᄯᅴ 속에 속닙 난다 三年 묵은 말가죽은 외용지용 우지난듸 老處女의 擧動 보소 함박 쪽박 드더지며 逆情 내며 니른 말이 바다애도 셤이 잇고(又云 콩팟헤도 눈이 잇네 봄 꿈자리 사오나와) 同牢宴 첫사랑을 꿈마다 ᄒᆞ여 뵈네 글르ᄉ 月老繩의 因緣인지 일락敗락 ᄒᆞ여라. (청육*633/전서#765)

본문2

달바자는 쩡쩡 울고 잔띠 속에 속잎 난다.
삼 년三年 묵은 말 가죽은 외용지용 우지난디 노처녀老處女의 거동擧動 보소. 함박 족박 드더지며 역정逆情내어 이른 말이 '바다에도 섬이 있고 콩팥에도 눈이 있네. 봄 꿈자리 사오나와 동뢰연同牢宴 첫사랑을 꿈마다 하여 뵈네.'
글르사 월노승月老繩의 인연因緣인지 일락패敗락 하여라.

주註

달바즈 : 전출前出(제第 30가歌 참조參照). 아마 달은 갈대 같은 풀. 달대. 달로 만든 울타리.

잔씩 : 잔디.

삼년三年 묵은 말가죽은 외용지용 우지느듸 : 외용지용은 말이 우는 소리인 듯. 이 구句는 위의 '잔씨 속에 속닙 난다'는 말과 같은 비유譬喩로 쓰인 것이다. 즉卽, 3년三年이나 묵은 말의 가죽조차도 소생蘇生한다는 것으로, 양기陽氣가 태탕駘蕩1)하여 만물萬物이 회춘回春하는 모양을 그린 것이다.

함박 : 함지박. 보 함지박은 통나무를 파서 큰 바가지 같이 만든 그릇.

족박 : 쪽박. 작은 바가지.

드더지며 : 들어 던지며.

역정逆情니여 : 짜증을 내어. 성 내어.

바다에도 셤이 잇고 콩팔에도 눈이 잇네 : 셤(도島)과 눈(아芽)은 대체大體 무얼 상징象徵한 말일까. 남편男便인가 자식子息인가. 아마도 자식子息인 것 같다.

스오나와 : 사나워. 좋지 못해. 흉몽凶夢의 뜻.

동뢰연同牢宴 : 혼인婚姻 축하연祝賀宴. 보 동뢰연은 전통적 혼례에서, 신랑과 신부가 교배交拜를 마치고 나서 서로 술잔을 나누는 잔치를 말한다.

첫스랑 : 첫날밤의 사랑.

글르스 월노승月老繩의 인연因緣인지 일락패敗락 ᄒ여라 : 월노승月老繩은 월하노月下老의 새끼. 월하노月下老는 월하빙인月下氷人과 마찬가지로 혼사婚事의 매개인媒介人. □속유괴록續幽怪錄□에, '위고려차송성韋固旅次宋城,

---

1) 넓고 크다.

우이인遇異人. 의낭좌倚囊坐, 향월하검서向月下檢書. … 인문낭중적승자인문囊中赤繩子. 운차이계부처지족云此以繫夫妻之足, 수구가이역수가이역雖仇家異域, 승일계지역수일계一繫之, 종불가역종終不可易.'2) 혼인婚姻할 팔자八字가 못 되어 그런지 노처녀老處女의 시집갈 기회機會는 올 듯하다가는 틀어지고 틀어지곤 하는구나. '글르스 …… 일락패락 흐여라'는 장시조長時調 종장終章에 특유特有한 한 투구套句인데 '일락패락'은 성공成功할 듯하다가는 실패失敗한다는 뜻이겠으나, 좀 더 심각深刻하게 해석解釋한다면, 겨우 일어났다가는 기진氣盡하여 엎드려진단 뜻으로도 생각할 수 있다.

감상·비평

초初·중장中章은 간연間然3)할 바 없는 가사적歌辭的 민요民謠의 운율韻律로 되고, 종장終章은 말기末期 장시조長時調 특유特有의 투구套句로 된 노래다. 모두가 제 틀에 맞아, 안전감安全感을 준다. 조금도 어설픈 조사措辭가 없고 무리無理한 구성構成이 없다. 이러한 고전적古典的인 신뢰감信賴感은 결국結局 숙련熟練된 4·4조四四調에서 오는 것일 것이다.

장시조형長時調型의 「노처녀가老處女歌」로서, 한 번 읽으면 누구나 잊지 못할만한 매력魅力을 가지고 있다.

[참] 〈청구영언 육당본〉을 비롯하여, 모두 3종의 가집에 수록.

---

2) 이 부분의 번역은 다음과 같다. "위고가 여행을 하면서 송성에 머무르다가, 한 이인을 만났다. 그는 자루에 기대어 앉아서, 달을 향해서 책을 보고 있었다. … 자루 속의 붉은 실에 대해서 물었다. '이것으로 부부의 발을 묶는데, 비록 원수의 집안이거나 이역에 떨어져 살더라도 끈을 한번 묶으면 끝내 바꿀 수 없다네.'라고 말했다."
3) 결점을 지적하여 헐뜯음.

46

본문1

江原道雪花紙롤 제長廣에鳶을지어 大絲黃絲白絲쥴을通어레에슬 이업시바룸이호챵인제三間토김四間근두半空에소사올나구름 에걸쳐시니風力도잇거니와쥴脈이업시그러ᄒ랴먼듸님쥴脈을 길게듸혀낙고아올가ᄒ노라. (청육*634/전서#109)

본문2

강원도江原道 설화지雪花紙랄 제 장광長廣에 연鳶을 지어,
대사大絲, 황사黃絲, 백사白絲 줄을 통通어레에 살이 없이 바람이 한창
   인 제, 삼 간三間 토김, 사 간四間 근두, 반공半空에 솟아올라 구름에
   걸쳤이니 풍력風力도 있거니와 줄맥脈이 없이 그러하랴.
먼딋 임 줄맥脈을 길게 대혀 낚고아 올가 하노라.

주註

설화지雪花紙 : 평강산平康産 백지白紙. 보 설화지는 백지白紙의 한 가지이며, 강원도 평강에서 생산되던 것으로 빛이 희다.

제 장광長廣에 : 종이를 자르지 않고 제 길이와 제 폭幅으로. 전지全紙로. 보 장광長廣은 길이와 넓이를 아울러 일컫는 말이다.

대사大絲, 황사黃絲, 백사白絲 줄을 : 대사大絲는 굵은 실. 황사黃絲·백사白絲는 누른 사기砂器(도기陶器?) 또는 흰 사기砂器(자기磁器) 가루를 풀에 개어 먹인 실을 말함인가. 또는 그렇잖고 그저 무의미無意味하게 실 종류種類를 늘어놓은 것일까.

통通어레에 살이 없이 바름이 한창인 제 : 통通어레는 통筒얼레. 통자새. 연날리는 실을 감는 도구道具는 기둥이 두 개만 있는 것과 기둥이 네 개 있는 것 두 종류種類가 있다. 전자前者는 납짝하고 후자後者는 네모진 것인데, 통얼레는 후자後者를 말함이다. 살은 구김살이다. 바람이 약弱하면 연連달아 풀어 주는 실을 연이 미처 색이지를 못하기 때문에 파형波形의 구김살이 생기지만, 바람이 한창이면 풀어지는 쪽쪽 연이 멀리 달아나니까 구김살이 질 여지餘地가 없다.

    인제는 일제의 뜻. 혹或은 인제는 밑의 구句에 붙어 '인제(지금, 이제) 삼 간三間 토김 ……'으로 되어도, 뜻은 통通한다.

삼 간三間 토김, 사 간四間 근두 : 토김은 얼레로 실을 감다가 퉁줄을 주어 거꾸로 박이게 하는 것. 투김. 튀김. 근두는 연을 곤두잡이(곤두박이)치게 날리는 것. 급강하急降下. 결국結局 토김을 주니까 그 결과結果로서 곤두박질 치는 것인데 삼 간三間, 사 간四間은 정확正確한 수자數字가 아니라 운율상 韻律上 붙은 말이다.

줄맥脈 : 줄.

감상·비평

　　대단大端 난해難解한 작품作品의 하나다.

　　초初·중장中章은 연鳶 날리는 놀이가 차지하고 있는데, 이것이 마지막에 가서는 먼 데 있는 임을 낚아 오는 의욕意慾을 일으키는 작용作用을 하고 있는 것이 명백明白해진다. 처음에 어떤 엉뚱한 구체적具體的 사실事實을 갖다 놓고, 마지막에 가서는 그 사실事實로부터의 연상 작용聯想作用으로 평범平凡한 본론本論에 도달到達하고 마는 이런 류類의 작품 구성作品構成은 말기末期 장시조長時調의 한 현저顯著한 경향傾向이다. 우리는 때로는 기이奇異하고 때로는 참신斬新한 맛까지 있는 리얼리스틱한 선행 사실先行事實에 흥미興味를 느끼다가, 결국結局에 가서 실망失望하고 마는 일이 가끔 있는데, 이 노래에 있어서도 역시亦是 그러함을 면免ㅎ지 못한다. 이것은 근본적根本的으로 중인 계급中人階級의 역부족力不足이 그 원인原因이고, 또 하나는 사설시조辭說時調의 종장 형식終章形式의 구속拘束 때문이다. 말기末期 장시조長時調가 시조時調 행세行勢를 하는 것은, 주主로, 종장終章이란 것을 구별區別할 수 있고, 또 그 종장終章은 종래從來의 평시조平時調의 그것과 대차大差1) 없는 형식形式을 갖추고 있음으로서다. 그런데 이와 같은 사실事實은 중인 계급中人階級에 의依해서 개척開拓된 신가도新歌道의 한 비극悲劇인 것이다. 그들이 만약萬若 충분充分한 작시作詩 역량力量이 있었다면, 그들은 시조時調가 아닌 딴 새로운 형식形式을 창조創造했을 것이다. 그렇지 못했기 때문에 그들은 종래從來의 시조 형식時調形式에 끝까지 의거依據2)하지

---

1) 큰 차이.

않을 수 없었던 것이니, 그 의거처依據處가 곧 종장終章이었던 것이다. 그들은 단지單只 종장終章에만 의거依據하고 다른 모든 부분部分을 임의任意로 자유自由로히 변형變形한 것이다. 여기에 종장終章이 이여爾餘3)의 부분部分에서 괴리乖離4)하여 구태의연舊態依然히 귀족성貴族性을 묵수墨守하고 있던가, 불연不然5)이면 사랑의 잠고대6)에 빠져 있는 이유理由가 잠재潛在하고 있는 것이라 한 것이다.

[참] 〈청구영언 육당본〉에만 수록되어 있는 작품.

---

2) 어떤 사실에 근거함.
3) 그 나머지.
4) 어그러져 동떨어짐.
5) 그렇지 않음.
6) 잠꼬대. 잠을 자면서 무의식 중에 하는 헛소리를 일컫는다.

47

본문1

ᄉᆞ랑ᄉᆞ랑고고이미친ᄉᆞ랑왼바다흘두루덥는그믈ᄀᆞ치미친ᄉᆞ랑往十里라踏十里라춤외너출외너출수박너출얽어지고틀어져서골골이버더가는ᄉᆞ랑아마도이님의ᄉᆞ랑은ᄭᅳᆺ간디몰나호노라. (청육*636/전서#1398)

본문2

사랑 사랑 고고이 맺친 사랑, 왼 바다흘 두루 덮난 그믈같이 맺친 사랑.
왕십리往十里라, 답십리踏十里라, 참외 너출1), 외 너출, 수박 너출, 얽어
 지고 틀어져서 골골이 뻗어가는 사랑.
아마도 이 임의 사랑은 끝 간대 몰라 하노라.

---

1) 너출. 곧 길게 뻗어 나가 너덜너덜 늘어진 식물의 줄기를 말한다.

감상·비평

　대단大端히 운율적韻律的인 사랑 타령이다. 이것도 사랑이 맺치고 긴 것을 구체적具體的으로 늘어놓은 노랜데 이 노래에 있어서는 종장終章과 이여爾餘의 부분간部分間에 저어齟齬2)가 없이 무난無難하게 순탄順坦3)히 연결連結되어 있다. 민요맥民謠脈의 무내용無內容한 노래로는 잘 된 셈이다.

　[참] 〈병와가곡집〉을 비롯하여, 모두 13종의 가집에 수록. 〈청구가요〉에는 다소 변개된 형태의 작품이 수록되어 있는데, 작자가 박문욱朴文郁4)으로 되어 있다.

○사랑思郎 사랑思郎 고고庫庫히 미인 사랑思郎 왼바다홀 다 덥는 금을쳐로 미즌 사랑思郎
　왕십리往十里라 답십리踏十里 춤욋 너출이 얽어지고 틀어져서 골골이 둘우 뒤트러진 사랑思郎
　암아도 이 님의 사랑思郎은 ㄱ 업쓴가 ㅎ노라. (청요*69, 박문욱)

---

2) 사물이 서로 어긋남.
3) 까다롭지 아니함.
4) 박문욱朴文郁(생몰년 미상) : 18세기 중반에 활동했던 가창자. 자는 여대汝大이다. 서리書吏 출신으로 〈해동가요〉의 「고금창가제씨古今唱歌諸氏」에도 이름이 수록되어 있으며, 당대의 가창자인 김수장과도 친밀한 관계를 유지했다.

48

본문1

님다리고山에가도못살거시蜀魄聲에이긋는듯물가에가도못살
거시물우희沙工과물아릐沙工이밤中만비떠날제地菊叢어이와
닷치는소릐에한숨디고도라눕네이後란山도물도말고들희가
살가ᄒ노라. (청육*686/전서#729)

본문2

임 다리고 산山에 가도 못 살 것이, 촉백성蜀魄聲에 애 끊난 듯.
물가에 가도 못 살 것이, 물 우희 사공沙工과 물 아래 사공沙工이 밤중
  中만 배 떠날 제 지국총地菊叢 어이와 닻 채는 소리에 한숨 지고 도
  라눕네.
이후以後란 산山도 물도 말고 들희 가 살가 하노라.

주註

못살 거시 : 못사는 이유理由가. 그러나 못살리로다처럼 쓰이어 있다.

촉백성蜀魄聲 : 두견杜鵑의 울음소리. 접동새의 울음소리가 슬픈 회포懷抱를 자아내는 것으로 조선 시가朝鮮詩歌에 널리 쓰이는 것은 다음 중국 고사中國故事에 의依해서다. 「화양국지華陽國志」에 '망제선위어개명望帝禪位於開明, 승서산은언升西山隱焉. 시적이월자규조제時適二月子規鳥啼. 고촉인비조명야故蜀人悲鳥鳴也.'[1] 또 「환우기寰宇記」에 '촉지후주蜀之後主, 명두우명杜宇, 호망제號望帝. 양위별령讓位鼈靈, 망제자도望帝自逃, 후욕복위부득後欲復位不得, 사화위견死化爲鵑. 매춘월간每春月間, 주야비명晝夜悲鳴. 촉인문지왈蜀人聞之曰. 아망제혼야我望帝魂也.'[2]

이 찟는듯 : 애는 창자. 창자를 끊는 듯. 여단장如斷腸. 보 '애끊다'는 몹시 슬퍼서 창자가 끊어질 듯하다는 의미다.

밤중中만 : 꼭 밤중中에.

지국총地菊叢 어이와 : 지국총地菊叢 어사와於思臥. 노櫓를 저으며 부르는 외마디 소리. 고려高麗 때부터 전전해 오다가 이현보李賢輔에 이르러 산정刪定[3] 되고, 뒤에 다시 윤선도尹善道가 시작試作한 「어부사漁父詞」의 첩구疊句[4].

닻 치는 소리 : 닻은 배를 정박碇泊시킬 때 물 속에 채우는, 나무나 쇠로 만든

---

1) 이 부분의 해석은 다음과 같다. "망제가 개명에게 왕위를 내어주고, 서산으로 들어가 숨어 살았다. 이때가 마침 이월이었는데 자규새가 울었다. 이 때문에 촉나라 사람들이 새의 울음소리를 슬퍼하였다."
2) 이 부분의 해석은 다음과 같다. "촉나라 후주의 이름은 두우이고, 호는 망제이다. 별령에게 왕위를 내어주고, 망제는 스스로 도망했다. 후에 왕위에 복위하고자 했는데, 뜻을 이루지 못해서 죽어 두견새가 되었다. 매년 봄에 밤낮으로 슬피 울어, 촉나라 사람들이 이 소리를 듣고 말하길 '우리 망제 임금의 혼이다.'라고 말했다."
3) 글자나 글귀의 잘못을 깎아내어 개정改正함.
4) 원래의 내용에 덧붙는 구절, 곧 후렴구를 일컬음.

까꾸랑자리5). 채는 소리는 올리는 소리.

들희 : 들에.

감상·비평

고려高麗 때 노래라고 추정推定되어 있는 「청산별곡靑山別曲」과 동일同一한 모티프다. 그러나 그 격조格調나 문학적文學的 가치價値에 있어 멀리 「청산별곡靑山別曲」에 떨어진다.

연애지상주의자戀愛至上主義者6)의 애인愛人과의 도피행逃避行을 내용內容으로 한 것은 이 시대時代 문학文學으로 좋은 착상着想이나, 표현表現이 평판적平板的7)이어서 그다지 강强한 이메지8)를 주지 못하는 것을 유감遺憾으로 생각한다.

[참] 〈병와가곡집〉를 비롯하여, 모두 13종의 가집에 수록.

---

5) 갈고리.
6) 연애가 인생 최고의 목적이고, 결혼의 유일한 조건이 된다고 주장하는 사람.
7) 내용이나 흐름의 변화가 없는.
8) 이미지(image). 곧 영상, 또는 심상을 일컫는다.

49

본문1

어졔런지그졔런지밤이런지낫지런지어드러로가다가눌이런지맛낫던지오날은너롤만나시니긔네런가ᄒ노라.(청육*689/전서 #1971)

본문2

어제런지 그제런지 밤이런지 낮이런지
어드러로 가다가 눌이런지 만났던지
오날은 너랄 만낫이니, 긔 네런가 하노라.

　전체全體의 문의文意 : 어저께였었는지 그저께였었는지, 밤이었었는지 낮이었었는지, 어디론가 가다가 누군가를 만났던 것 같은데 도무지 확실確實하지 않더니, 오늘 너를 만나 가만히 기억記憶을 더듬어 보니 정녕 그것이 너였는가 보다.

■ 감상·비평 ■

　이러한 작가作歌 수법手法도 띠엄띠엄 보이는데, 이것은 일종一種의 재담식才談式의 어희시語戱詩1)라 할 것이다.
　사내가 마음에 드는 기녀妓女를 만난 경우境遇의 농시弄詩2)라 판단判斷되는 이 노래는, '어드러로', '눌이런지 맛낫던지' 등等의 능청스런 애매曖昧3)한 말투를 효과적效果的으로 쓴 데 기교技巧가 엿보인다.

　참 〈청구영언 육당본〉을 비롯하여, 모두 2종의 가집에 수록. 〈영언유초〉에는 다음과 같은 이 작품의 이본異本이 수록되어 있다.

○어제런지 그제런지 밤이론지 낫이론지
　어듸런지 가다가 눌이런지 만나 보니
　각별各別이 반갑든 아니 ᄒ되 즌슷치 이시라.(영류*129)

---

1) 말장난으로 이루어진 시.
2) 장난스럽게 쓴 시.
3) 한 개념과 다른 개념과의 구별이 충분하지 못함.

50

본문1

둣텁이던파리몰고두엄우희치다라셔셔건넌山바랴보니白松骨이써잇거놀가슴이아죠금즉ᄒ여펄젹뛰여닉닷다가因하야그아릐도로업드러지니마츔에날닐셰만정힝혀鈍者ㅣ런들瘀血질번ᄒ괘라. (청육*690/전서#3159)

본문2

두텁이 젼 파리 몰고 두엄 우히 치달아 서서 건넌 산山 바라보니 백송골白松骨이 떠 있거늘,
가슴이 아조 금즉하여 펄젹 뛰어 내닫다가, 인因하야 그 아릭 도로 엎드러지니,
아츔에 날낼세만정, 행혀 둔자鈍者ㅣ 런들 어혈瘀血질번 하괘라.

주註

둣텁이 : 두꺼비.

던 파리 : 절름거리는 파리. 또는 크고 푸른 파리.

몰고 : 쫓아.

두엄 : 웅덩이에 짚·풀 같은 것들을 넣어서 썩힌 걸음 무더기.

치다라 서서 : 올라서서. 치는 내 또는 내리의 반대反對. 치닫는단 말은 고가요古歌謠에 많이 쓰이는 투어套語의 하나다.

백송골白松骨 : 백송골白松鶻. 매의 일종一種. 보 백송골은 등의 깃에 'V'자 모양의 얼룩무늬가 있으며, 온 몸이 흰 매의 한 종류를 일컫는다.

금즉ᄒ여 : 끔찍해서. 선뜻해서. 돌연突然히 위기危機에 당면當面한 때의 경악驚愕의 모貌.

펄젹 : 펄쩍.

마츰에 날닐세만정 힝혀 : 마침 민첩敏捷했으니 다행多幸이었지 만약萬若⋯⋯. '마침⋯⋯만정'은 말기末期 장시조長時調 특유特有의 종장終章 허두虛頭 상투구常套句의 하나다.

어혈瘀血질번 ᄒ괘라 : 어혈瘀血은 뇌충혈腦充血, 혈림血淋. 뇌충혈腦充血이 되어 죽을 번했구나. 보 어혈은 무엇에 부딪히거나 타박打撲을 입어 한곳에 퍼렇게 피가 맺혀 있는 것을 일컫는다.

감상·비평

전형적典型的 말기末期 장시조長時調의 하나다.

첫째, 이 노래는 순전純全히 이야기로 된 노래인데, 그 이야기가 간명簡明하면서도 완전完全히 서술敍述되어 있다. 둘째, 종장終章이 장시조長時調 특유特有의 상투구常套句로 되어 이여爾餘의 부분部分과 빈 틈 없는 균형均衡을 보전保全하고 있다. 세째, 골계적滑稽的 내용內容을 가졌다. 그러나 그 골계미滑稽味[1]는 약육 강식弱肉强食[2]을 풍자諷刺[3]한 신랄辛辣[4]한 것으로, 우리는 백성百姓을 못살게 굴던 양반兩班이 일단一旦 한족漢族[5]이나 왜인倭人[6]이나 북방北方 후진 민족後進民族[7]의 침략侵略에 직면直面하면 여지餘地 없이 굴복屈服하는 추태醜態[8]를 여기에서 보는 것이다.

참 〈청구영언 진본〉을 비롯하여, 모두 6종의 가집에 수록. 〈병와가곡집〉 등 4종의 가집에는 다음과 같은 이본異本이 수록되어 있다.

○ 흔눈 멀고 흔다리 져는 두터비 셔리 마즈 ᄑᆞ리 물고 두엄 우희 치다라 안자
   건넌 산山 ᄇᆞ라보니 백송골白松骨리 쩌 잇거늘 가슴에 금죽ᄒᆞ여 플썩 쒸다가
      그 아리 도로 잣바 지거고나
   못쳐로 날닌 젤싀만졍 힝혀 둔자鈍者ㅣ런들 어헐질번 ᄒᆞ괘라. (병가*964)

---

1) 익살스러운 맛.
2) 약한 것이 강한 것에게 먹힘.
3) 현실의 부정적 현상이나 모순 따위를 빗대어 비웃으면서 공격하는 것.
4) 수단이나 방법이 몹시 날카롭고 매서움.
5) 중국 민족.
6) 일본인을 낮추어 일컫는 말.
7) 중국의 한족漢族을 제외한, 북방의 이민족異民族들을 통틀어 일컫는 말.
8) 더럽고 지저분한 태도.

색인索引

번호	초구(初句)	면수
가		
16	가마귀싹싹아모리운들	139
08	각씨閣氏네더위들사시오	112
28	각씨閣氏네하어슨체마소	177
46	강원도江原道설화지雪花紙롤제장광長廣에연鳶을지어	229
14	개성부開城府쟝스북경北京갈졔	133
05	고대광실高臺廣室나눈마다	102
07	곡구롱谷口哢우는소리의낫잠씨여니러보니	110
03	귀돌이져귀돌이어엿부다뎌귀돌이	91
나		
22	나무도바히돌도업슨뫼희	160
11	논밧가라기음미고	124
48	님다리고산山에가도못살거시	235
다		
45	달바즈는쩡쩡울고	226
09	댁宅드레동난지들스오	115
24	쩟쩟상常평할평平통할통通보뷔보자寶字	167

	21	도都련임任날보려홀제	158
	50	듯텁이던파리몰고	240
마	44	모시를이리져리삼아	224
	40	물아레셰가락모리아무리밟드발즈최나며	215
	06	물우희사공沙工물아레사공沙工놈들이	105
바	19	바독바독뒤얽근놈아	148
	12	바독이검동이청삽사리靑揷沙里중中에	128
	02	바롬도쉬여넘는고개	89
	20	발운갑이라하눌로날며	155
	13	붉가버슨아해兒孩ㅡ들리거뮈줄테를들고	131
	27	백발白髮에환양노는년이	174
	42	병풍屛風에압니쟛근동부러진괴그리고	219
	35	북두칠성北斗七星ㅎ나둘셋넷다셔여셔일곱분긔	201
사	47	스랑스랑고고이미친스랑	233
	41	스랑을챤챤얽동여뒤셜머지고	217
	43	스랑이엇더터니	221
	10	산山밋터집을지어두고	122
	38	싱미줍아길드려두메꿩산녕보니고	209
	15	쇼경이밍관이를두루쳐메고	136
	25	슈박것치두렷혼님아	169

	33	시嫂어미며르아기낫바벽壁바닥을치지마소	193
아	37	아쟈아쟈俄者俄者나쓰던되황모시필黃毛試筆	206
	39	압니나뒤니나중中에소먹기는아희놈들아	211
	18	어이려뇨어이려뇨이롤어이려뇨	144
	49	어제런지그제런지	238
	01	어흠아긔뉘오신고	85
	30	이졔ᄉ못보게ᄒ여이	183
	32	일신一身이사쟈ᄒ니물것계워못살리로다	190
	04	일으랴보ᄌ일으랴보ᄌ	97
자	34	지넘어막덕莫德의어마네막덕莫德이쟈랑마라	198
	29	져건너님이오마커늘	179
	26	져건너명당明堂을어더셔명당明堂안에집을딋고	172
	23	져건너월암月岩바회우희밤중맛치부헝이울면	164
	31	졔얼골졔보와도더럽고도슬믜웨라	188
차	17	창窓니고져창窓니고져이니가슴에창窓니고져	141
	36	초당草堂뒤헤와안져우는솟젹다시야	203

부록

국문학의 형태◇
인간성의 해방◇

부록 1

국문학의 형태
- 형태상으로 본 국문학의 유대 -

1. 형태形態와 장르 … 장르의 어의語義와 형태形態 … 브륜티에에르의 「장르의 발전發展」. 국문학계國文學界와 장르의 문제問題 … 독선적獨善的 문학관文學觀의 해독害毒.

2. '향가鄕歌' 이의異議 … 향가鄕歌의 완성完成 정형定型 … 향가鄕歌 습작기習作期 문학文學과 진정 향가眞正鄕歌(광협廣狹 양의兩義의 향가鄕歌). 쇠잔기衰殘期 향가鄕歌(광의廣義 향가鄕歌의 일一).

3. 향가鄕歌 발전發展의 두 갈래 길 … 경기하여체가景幾何體歌와 고려가요高麗歌謠의 상사성相似性과 이질성異質性. 고려가요高麗歌謠의 성격性格 … 시조時調의 파생派生. 경기하여체가景幾何體歌의 성격性格 … 가사歌辭에의 발전發展.

4. 장가長歌·단가短歌의 차별 의식差別意識과 그 역사적歷史的 관계關係. 가사歌辭의 완성完成 형태形態 … 3·4음三四音에서 4·4음四四音으로의 발전 … 대중적大衆的 토대土臺에 선 가사歌辭 … 가사歌辭와 소설小說과 창극唱劇의 삼각형三角形 … 가사歌辭는 중세기中世紀의 산문散文 … 가사歌辭 형태形態의 신문학新文學에 끼친 유산遺產.

5. 시조時調와 가사歌辭의 교호 작용交互作用. 시조時調의 정형定型과 그 발

전發展 … 시조時調의 두 장르(평시조平時調와 장시조長時調). 신문학新
文學에 끼친 시조時調의 영향影響.

6. 소설小說의 3형태三形態 … 번역적飜譯的 소설小說 … 가사체歌辭體 소설小說 … 내간체內簡體 소설小說 … 그 발전發展.

7. 소설小說 이외以外의 내간체內簡體 산문散文 … 수필문학隨筆文學.

8. 민요民謠의 두 종류種類 … 민요民謠의 고전적古典的 가치價値 … 민요民謠의 형태形態 … 유대紐帶의 관점觀點에서 본 민요民謠.

9. 연극演劇의 종류種類(가면극假面劇・인형극人形劇・창극唱劇・구극舊劇・신파극新派劇・신극新劇).

10. 국문학國文學을 문학文學과 민속적民俗的 문학文學으로 이분二分하고 중국中國・서구 문학西歐文學의 영향影響을 고려考慮에 넣은 국문학國文學 발전상發展相 일람표一覽表.

1.

이 소론小論에서 나는 국문학國文學의 형태形態의 변천變遷을 종관적縱貫的으로 더듬어 보려 한다. 형태形態는, 장르란 말로 대치代置되어도 좋으나, 장르는 형태形態보다는 더 넓은 말이다.

불란서佛蘭西말의 장르(genre)는 나전어羅典語 '게에누스'(genus)에서 온 말로서, 지금은 영어英語에서나 독일어獨逸語에서나 그대로 쓰이는데, '게

---

* 이 글에서의 주석은 모두 원저자가 붙인 것이다. 원래는 각 항목 끝에 미주尾註의 형식으로 되어 있었으나, 본서의 편집 의도에 따라 각주의 형식으로 통일하였다.

에누스'는 나라·영사전英辭典에 의依하면 race, lineage, kind, class(종족種族·혈통血統·종류種類·부문部門) 등等으로 번역飜譯되어 있다. 또 간단한 불어사전佛語辭典에서 장르란 말을 찾아보면, 유류類·속屬·형型·양식樣式·취미趣味 등等의 대치어代置語가 적혀 있다. 다시 좀 더 상세詳細[1]한 자전字典에서 불어佛語 장르를 밝혀 보건대, 1, 본질적本質的인 특징特徵으로써 유사類似한, 제 존재諸存在의 자연적自然的인 무리(군群). 2, 여러 가지 조건條件을 공유共有하는 것들에 대對해서 그 차이差異를 없애고, 정신精神이 그것을 종합綜合하는 데 쓰는 일반 관념一般觀念. 3, 한 사물事物의 본질적本質的인 성격性格의 총체總體. ―이렇게 설명說明을 들을 수 있다.

이상以上으로 장르란 말이 문학文學에 쓰일 때 무엇을 의미意味하는가도 대개大槪 밝혀질 것으로 믿으나, 문학 작품文學作品이란 여러 각도角度에서 관찰觀察될 복잡複雜한 성질性質을 가진 문화 현상文化現象이므로, 문학文學의 장르의 문제問題는 그렇게 간단簡單히 처리處理되지는 않는다. 문학文學의 유별類別이 결정決定되는 요소要素로서 우리는 그 형태形態·제재題材·양식樣式(진행형進行型)·목적目的(태도態度) 등等을 생각할 수 있으며, 이 요소要素들은 다시 기다幾多한 파생 요소派生要素들을 내포內包하고 있는 것이다. 내가 여기서 말하려고 하는 문학文學의 장르는 이 중中에서 특特히 형태形態를 의미意味한다.

장르의 관념觀念은 서구西歐서는 일찍부터 있었다. 그러나 장르의 관념觀念에 명확明確한 역사적歷史的 성격性格을 부여賦與한 것은 브류티에르[2]였다. 그는 다아윈의 진화론進化論의 원리原理를 그의 강의講義「문학

---

1) Hatzfeld, Darmester et Thomas, Dictionnaire general de la langue francaise.
2) Ferdinand Brunetiere(1849~1906).「문학사文學史에 있어서의 장르의 발전發展」은

사文學史에 있어서의 장르의 발전發展」에 적용適用했던 것인데, 『종種의 기원起源』이 발표發表된 지 30년三十年, 이 지배적支配的 학설學說을 모르는 체하는 것은 현명賢明한 짓이 아니다. 이미 철학哲學은 확실確實히 진화론進化論에서 이익利益을 보고 있다. 이번에는 문학사文學史와 문학비평文學批評이 이것을 이용利用할 수 있느냐 없느냐를 검토檢討할 차례다. 라고 전제前提하고, 회화繪畫와 중세기中世紀 불란서 문학佛蘭西文學을 끌어 사적史的인 장르의 발전發展에 대對해서 실지實地로 검토檢討한 것이다. 그가 제시提示한 장르의 발전 계열發展系列은 회화繪畫에 있어 더욱 명백明白하므로 그것을 도시圖示하면 이러하다. ―즉 종교화宗敎畫 → 고대古代 신화화神話畫 → 역사화歷史畫 → 초상화肖像畫 → 풍속화風俗畫 → 동물화動物畫・풍경화風景畫・정물화靜物畫…….

그러나 브륜티에에르는 테인느의 자연과학적自然科學的 방법론方法論과 대척적對蹠的인 독단적獨斷的 비평가批評家였으므로, 문학文學 장르의 발전發展과 사회社會의 진전進展 사이의 긴밀緊密한 교호 관계交互關係에는 비교적比較的 등한等閒했던 듯 하다.

우리 국문학계國文學界를 돌아 보건대, 이 방면方面의 연구硏究는 아직까지 대단大端히 소홀疎忽하다. 향가鄕歌・고려가요高麗歌謠・시조時調・가사歌辭・소설小說 기타其他로 범칭汎稱되고 있는 일반 호칭一般呼稱에 내포內包되어 있는 작품作品들은, 때로는 아주 이질적異質的인 작품作品들인 경우境遇가 있음에도 불구不拘하고, 혹或은 시대時代를 가치하는 관계關係로 혹或은 다소多少의 형식상形式上 유사類似로 말미암아, 한 묶음이 되어

고등 사범학교高等師範學校에서의 1889년年의 강의講義 서설序說. 촤알즈・다아윈의 『종種의 기원起源』은 1859년年에 발표發表되었었다.

동일同一한 장르의 작품作品인 것처럼 간주看做되어 왔다. 그러나 장르의 발전상發展上으로 보면 그러한 그릇된 기성 관념旣成觀念은 시정是正되어야 할 것이며, 또 시정是正됨으로써 비로소 우리 문학 발전文學發展에 대對한 정당正當한 관찰觀察이 가능可能하게 될 것이다.

이 기회機會에 내가 장르의 문제問題를 논의論議하려는 것은, 고전문학도古典文學徒가 자칫하면 빠지기 쉬운 독선적獨善的 문학관文學觀을 서로 경계警戒하자는 평소平素의 염원念願의 일단一端에 불과不過하다. 독선적獨善的 문학관文學觀이 단순單純히 세계 문학世界文學의 조류潮流에 무지無智한 동안은 그래도 해독害毒을 남에게 끼치는 일이 크지 않을 것이나, 일단一旦 그것이 고루固陋하게 굳어 허황虛慌한 자신自信을 갖게 되면, 그러한 문학관文學觀은 그것을 포회抱懷한 그 학도 자신學徒自身의 불행不幸일 뿐 아니라 우리 문학文學 전체全體의 손실損失이라 아니 할 수 없을 것이다.

2.

국문학國文學 최고最古의 형태形態를 향가鄕歌에서 찾을 수밖에 없다는 것은 움직일 수 없는 사실事實이다. 향가鄕歌는 종래從來, 6세기六世紀 경頃의 「서동요薯童謠」에서 시작始作해서 10세기十世紀 경頃의 「보현시원가普賢十願歌」로 끝막는 약約 4세기四世紀 간間의, 이두吏讀로 기사記寫된 신라新羅 때 노래로 처리處理되어 왔었다. 그러나 첫째 균여均如의 작품作品은 고려高麗 4대왕四代王 광종光宗 때 성립成立되었고, 고려조高麗朝의 작품作品으로 이두吏讀로 기록記錄되어 전전傳하는 노래는 균여均如의 작품作品 외外에도 「도이장가悼二將歌」가 있고, 「관동별곡關東別曲」・「죽계별곡竹溪別曲」이 있다. 그렇다면 왜 유독唯獨히 여조麗朝 작품作品 중中 균여均如의 노래만을 향가鄕歌라고 일컫고, 다른 여대麗代 작품作品들은 향가鄕歌라고 부르지 않는가. 이것은 물론勿論 고기록古記錄에서 쓰인 호칭呼稱에 따른 것이기도 하겠지만, 균여均如의 작품作品과 「관동별곡關東別曲」·「죽계별곡竹溪別曲」을 비교比較해 볼 때, 그 형태形態가 현저顯著히 다른 때문일 것이다. 그러나 종래從來의 향가鄕歌의 정의定義의 애매성曖昧性은 의연依然히 면免할 수 없다.

그러면 향가鄕歌의 전형적典型的 형태形態는 대체大體 어디서 바르게 파악把握될 것인가. 그것은 인멸湮滅한 향가집鄕歌集『삼대목三代目』이 편찬編纂된 지 1세기一世紀도 채 못되어 제작製作되었고, 또 현재現在 11수十一首란 다량多量의 작품作品이 동일同一한 형식形式으로 남아있는 균여均如의「보현시원가普賢十願歌」의 형태形態가 향가鄕歌의 완성完成 정형定型이란, 종래從來의 정설定說을 그대로 시인是認함으로써 용이容易히 파악把握된다.

그런데 한 문학 형태文學形態는 어느날 돌연突然히 한 작가作家의 손으로 이루어지는 것이 아니다. 그것은 여러 가지 사회적社會的 조건條件이 발생發生·성숙成熟함에 따라 점차漸次 성장成長해서 완성完成되는 것이다. 삼국시대三國時代의 문학文學으로서의 향가鄕歌는, 외래 세력外來勢力에 의존依存해서 성취成就된 삼국 통일三國統一, 당 문화唐文化의 급격急激·강대强大한 침투浸透로 말미암아 섭취攝取된 한자漢字 사용 능력使用能力·문학 의식文學意識·불교적佛敎的 신앙信仰 등等이 전래傳來 고유固有의 민요民謠·전설傳說·샤마니즘 등等과 융합融合해서 이루어진 것이며, 7세기七世紀에 이두 문자吏讀文字가 정리整理·집성集成됨에 이르러 향가鄕歌 발전發展에 결정적決定的인 표현 수단상表現手段上 조건條件이 부여賦與된 것이다.

이 이두吏讀 기사記寫란 표현 수단表現手段은 향가문학鄕歌文學의 원시 성격原始性格의 소치所致로, 한 문학文學장르로서의 향가鄕歌의 정당正當한 파악把握을 오랫동안 모호模糊하게 해왔으니, 민요民謠의 정착定着과 문학文學으로서의 향가鄕歌와의 혼동混同이 곧 그것이다.

『삼국유사三國遺事』 소재所載 민요民謠 중中 「서동요薯童謠」・「풍요風謠」・「헌화가獻花歌」・「처용가處容歌」, 그리고 「원왕생가願往生歌」・「천수대비가千手大悲歌」까지도, 이 노래들은, 『증보문헌비고增補文獻備考』・『고려사高麗史』・『삼국사기三國史記』・『삼국유사三國遺事』 등等에 노래 이름 또는 그 노래에 부수附隨된 전설傳說 등等이 기록記錄되어 있는 「회소곡會蘇曲」・「명주가溟州歌」・「지리산가智異山歌」 등等과 꼭 같은 민요民謠의 정착定着인 것으로, 확고確固한 문학文學인 향가鄕歌와는 본질적本質的으로 다른 노래들이다. 과연果然 그 형태形態도 4구四句로 된 단형短形으로 남아 있어 원시 민요原始民謠의 형태形態가 역연歷然하다.

다만 민요民謠가 정착定着될 때에는 그 이전以前의 구전 과정口傳過程과는 비길 수 없을만치 비약적飛躍的인 형식形式의 세련洗煉과 개변改變이 따른다. 8구八句로 된 「처용가處容歌」가 진정 향가眞正鄕歌의 형식形式에 심甚히 접근接近하고 있는 것은 당시當時 민요民謠의 정착定着이 향가문학鄕歌文學의 지배支配 하下에서 향가식鄕歌式으로 세련洗煉・개변改變되었단 증좌證左에 불과不過하다.

그러면 우리 문학文學 ― 특特히 상대 문학上代文學 ― 의 역사歷史에 있어, 이렇게 민속적民俗的인 문학文學과 본격적本格的 문학文學과를 절연截然히 구별區別하는 것은 문학사文學史의 방법론方法論으로서 타당安當한가. 그것은 일률적一律的으로는 말할 수 없을 것이다. 예例컨댄, 여조 작품麗朝作品으로 추정推定되는 「가시리」와 동조同朝 작품作品 「한림별곡翰林別曲」의 경우境遇는 양자兩者가 시대時代를 같이하고 또 첩구疊句를 가졌다 하더라도 양자兩者는 전연全然 별별계통系統의 작품作品일 것이며, 「심청전沈淸傳」과 「홍길동전洪吉童傳」을 비교比較해 본다면, 전자前者는 민족 설화民族說話의 정착定着, 후자後者는 작자作者가 분명分明한 개인個人의 창작創作임에도 불구不拘하고 양자兩者 간間에는 하등何等의 장르상上 차별差別을 인정認定키 어렵다.

종래從來 향가鄕歌 속에 일괄一括되어 온 정착 민요定着民謠는, 작품作品이 인멸湮滅한 50수五十首나 되는 다른 삼국시대三國時代 노래나, 『삼대목三代目』이 이에 전전해 왔다면, 『시경詩經』에 수록收錄된 고대 중국古代中國의 민요民謠처럼, 한 엄연儼然한 장르를 이루었을 것이다. 그러나 현존現存 노래 수數는 극極히 소수少數이며, 그 형태形態도 대체大體로 4구四句란 것 외外에는 공통적共通的 요소要素를 추출抽出할 수 없을뿐더러, 완성 향가完成鄕歌에서도 오히려 그 잔영殘影을 인정認定할 수 있는, 원시 민요原始民謠에 불가결不可缺한 첩구疊句조차도 탈락脫落하고 없으므로, 이들 노래에서 한 형태形態를 파악把握하는 것은 전연全然히 불가능不可能한 일이며, 또 기술旣述한 바와 같이 명료明瞭한 민요民謠인 「처용가處容歌」가 본격적本格的 향가鄕歌의 형식形式에 육박肉迫하고 있고, 대체大體로 민요民謠의 정착定着과 문학文學의 창작創作이 혼동混同·병행倂行되었던 당시當時의 원시적原始的인 문학 의식文學意識으로 보아, 나는 이들 정착 민요定着民謠를 향가 습작기鄕歌習作期 문학文學으로 규정規定하고, 이를 광의廣義의 향가鄕歌로서 향가鄕歌 속에 포섭包攝한다.

9세기九世紀에서 10세기十世紀에 걸쳐 전성全盛한 듯한 향가鄕歌는, 고려조高麗朝에 들어 그 내용內容의 주主된 세력勢力이었던 불교佛敎가 더욱 보편화普遍化해 갔음에도 불구不拘하고 중국 문화中國文化의 압도적壓倒的인 지배支配로 인因한 문학어文學語로서의 우리말의 위축萎縮을 초래招來

해서 급속急速히 쇠망衰亡 과정過程에 떨어졌다. 그러나 향가鄕歌란 문학
형태文學形態가 형성形成되기까지에 그 습작기習作期가 있었듯이, 그 쇠퇴
衰退에 있어서도 칼로 벤 것처럼 균여均如에서 일조一朝에 단절斷絶될 리
理는 없다. 우리는 첫째 12세기十二世紀 초初의 「도이장가悼二將歌」에서
쇠잔衰殘한 향가鄕歌의 형태形態를 명확明確히 파악把握한다.

「도이장가悼二將歌」는 1구一句가 좀 짜르기는 하나, 광의廣義의 향가鄕
歌의 하나인 「모죽지랑가慕竹旨郞歌」와 같은 8구八句로 된 노래이며, 광의
廣義의 향가鄕歌가 연정戀情·노동勞動 등等을 노래하여 불교佛敎 중심中心
의 종교적宗敎的 내용內容으로 일관된 정통 향가正統鄕歌의 부외埠外에 서
있었듯이, 「도이장가悼二將歌」도 군주君主가 개국 공신開國功臣을 찬양讚揚
하는 내용內容으로서, 완성 향가完成鄕歌의 전통傳統에서 벗어나고 있다.
그리고 쇠퇴기衰退期의 향가鄕歌로서의 이 노래의 형태形態로 간과看過할
수 없는 특질特質은 그것이 분장分章으로 기사記寫되어 있다는 점點이다.
이 특질特質은 「도이장가悼二將歌」가 향가鄕歌에서 고려가요高麗歌謠로 발
전發展한 우리 문학文學의 유대紐帶의 중요重要한 중계자中繼者란 것을 표
명表明하고 있는 사실事實로서, 특特히 유의留意할 바다.

한 걸음 더 나아가, 12세기十二世紀 초초에 일국一國의 군주君主로서 우
리말로 노래를 지었을진댄, 그 뒤 반세기半世紀가 못되어 제작製作된 「정
과정鄭瓜亭」도 향가鄕歌 쇠잔기衰殘期에 된 광의廣義의 향가鄕歌로 처리處
리할 수 있지 않을가. 「정과정鄭瓜亭」은 그 기사記寫가 국자國字로 되어
있고, 지금 우리가 볼 수 있는 것은 15세기十五世紀 말말에 된 『악학궤범
樂學軌範』에서 이지만, 그 연대年代가 여대麗代 초기初期이며, 특特히 그 형
태形態는, 다소多少 일반 향가一般鄕歌보다 길기는 하나 틀림없는 10구十句
노래이어서 향가鄕歌의 전형典型에 흑사酷似함으로서다. 다만 향가鄕歌에

는 제 9구第九句 머리에 감탄적感歎的 후구後句가 붙어 있고 이 노래엔 제 10구第十句 머리에 붙어 있을 다름이다.

3.

향가鄕歌의 형태形態는 13세기十三世紀 이후以後 고려조高麗朝 문학文學에 두 갈래로 발전發展해 갔다. '경기하여체가景幾何如體歌'와, 「쌍화점雙花店」・「서경별곡西京別曲」・「청산별곡靑山別曲」・「가시리」 등等을 전형典型으로 삼는 일군一群의 '가요歌謠'로.

'경기하여체가景幾何如體歌'와 '가요歌謠'는 빠짐없이 후렴後斂이 중요重要한 형태상形態上 특질特質을 이루고 있는 점點과 분장식分章式으로 구성構成된 점點으로 공통성共通性을 가지고 있으나, 문학文學 장르로서는 전연全然 별개別個의 것이다. 향가문학鄕歌文學 계승면繼承面으로 보면 '경기하여체가景幾何如體歌'는 정통 향가正統鄕歌의 뒤를 따른 문학文學이다. 매장每章 말末 첩구疊句는 정통 향가正統鄕歌의 낙구落句의 발전發展이고, 한구漢句의 나열羅列은, 향가鄕歌 작자作者의 아직 민족적民族的 개성個性을 상실喪失하지 않은 종교적宗敎的 지식성知識性이, 모화 사상慕華思想에 사로잡힌 귀족 관료적貴族官僚的 고답성高踏性으로 대치代置된 결과結果다. 이와 반대反對로 '가요歌謠'는 진정 향가眞正鄕歌 이전以前의 민요民謠의 발전發展이다. 그 정신精神에 있어 이미 그러하고, 그 형식形式도 첫째 첩구疊句의 세력勢力이 큰 점點에서 원시 민요原始民謠의 발전發展임을 쉽사리 이해理解케 한다. 『삼국유사三國遺事』에 남은 몇 수首의 광의廣義의 향가鄕歌가 민요民謠의 정착定着된 작품作品이면서도 첩구疊句를 결缺한 사실事實 같은 것은, 민요民謠가 첩구疊句 사이에서 발달發達한 것이란 민요 기원론

民謠起源論을 믿는 우리로서는 그다지 문제問題가 되지도 않는다. 「서동요薯童謠」나 「풍요風謠」의 첩구疊句는 그것이 정착定着될 때 탈락脫落하고 만 것은 의심疑心할 여지餘地도 없으니까.

'가요歌謠'는 그러나 일률一律로 단순單純한 민요民謠의 정착定着은 결決코 아니다. 「정읍사井邑詞」나 「사모곡思母曲」 같은 노래는 부전不傳의 여요麗謠 「사리화沙里花」나 「탐라요耽羅謠」 같은 민요民謠의 정착定着일 지 모르나, 「서경별곡西京別曲」이나 「가시리」 같은 노래는 그 세련洗鍊된 고도高度의 문학성文學性으로 미루어 '사리부재詞俚不載'로 인멸湮滅한 수다數多한 여대麗代 시가詩歌와 더부러, 최초最初엔 뚜렷한 작자作者가 있었을 것으로 생각된다. 다만 그 제작 형태製作形態와 계승 과정繼承過程이 불명不明하고, 또 그보다도 개인個人의 모(각角)가 마멸磨滅되어 민요적民謠的인 향기香氣를 풍기고 있기 때문에 원시 민요原始民謠의 계열系列에 속屬한다고 생각하는 것이다. 그러나, 일단一旦 그 제작 정신製作精神에 입각立脚해서 생각한다면 '가요歌謠'는 확실確實히 진정 향가眞正鄕歌 이전以前의 전 민족적全民族的인 순수 민요純粹民謠의 맥맥을 끄은 노래라고 단정斷定하기에 조금도 서슴을 필요必要가 없다. 후세後世에 소중所重히 전傳해질 것을 예상豫想도 못하고, 또 실지實地에 있어 그 대부분大部分은 '사리부재詞俚不載'로 무시無視되었고 '남녀상열지사男女相悅之詞'로 경멸輕蔑 당當하였지만, 노래하지 않으랴 않을 수 없었던 그들 '가요歌謠' 작자作者는 두 말 할 것 없이, 한시漢詩에 연緣이 엷은 민중民衆이었거나 불연不然이면 한시漢詩에의 반발 정신反撥精神을 다소多少라도 지닌 민족적民族的인 시인詩人이었을 것이기 때문이다. 이것은 '가요歌謠'의 주제主題 가운데 남녀 상열男女相悅이 압도적壓倒的인 세력勢力을 잡고 있는 것으로도 추측推測할 수 있다.

그러면 '가요歌謠'는 그 뒤 어떻게 발전發展했는가. '경기하여체가景幾何如體歌'의 계보系譜가 13세기十三世紀 초초初에서 시작始作해서 16세기十六世紀 말엽末葉3)에 뻗어 있음에 반反해서, 첫째 '가요歌謠'(여기서는 특特히 문학적文學的 여대麗代 가요歌謠)의 형태形態는 여조麗朝 일대一代에 그치고, 둘째 여기서 파생派生한, 또는 이와 유사類似하면서도 '경기하여가景幾何如歌'적的 한취漢臭가 승勝한 「어부가漁父歌」계통系統의 시가詩歌가 단가短歌의 집합集合이면서도 분장식分章式 장가長歌 비슷한 형태形態를 갖추고 있는 점點으로 연시조連時調4)와 접근接近하고 있으며, 셋째 고려가요高麗歌謠 중中에도 「정읍사井邑詞」・「동동動動」처럼 형식상形式上・내용상內容上으로 시조적時調的인 것을 지닌 노래들이 있을 뿐 아니라 「만전춘滿殿春」같은 것은 연정戀情을 읊은 시조군時調群에 흡사恰似하여 후세後世의 연시조連時調를 상기想起케 하니. ─ 이런 제 점諸點에서, 나는 여대麗代의 가요歌謠는 시조時調로 발전發展해 갔다고 생각한다. 구체적具體的으로 말하면 '가요歌謠'의 분장分章이 독립獨立해서 시조時調의 형식形式을 구성構成했고, '가요歌謠'의 첩구疊句는 시조時調 종장終章 속에 녹아들어 그 흔적痕跡

───────────

3) 고려高麗의 「한림별곡翰林別曲」・「관동별곡關東別曲」・「죽계별곡竹溪別曲」 등等의 소위所謂 「경기하여체가景幾何如體歌」는 이조李朝에 들어 권근權近・변계량卞季良・정극인丁克仁・김구金絿・주세붕周世鵬 등등을 거쳐 권호문權好文(1531~1587)의 「독락팔곡獨樂八曲」에까지 뻗어 있다.

4) 이현보李賢輔의 「어부사漁父詞」(장가長歌), 주세붕周世鵬의 「오륜가五倫歌」, 이황李滉의 「도산십이곡陶山十二曲」, 이이李珥의 「고산구곡가高山九曲歌」, 권호문權好文의 「한거십팔곡閑居十八曲」, 장경세張經世의 「강호연군가江湖戀君歌」, 김상용金尙容의 「오륜가五倫歌」・「훈계자손가訓戒子孫歌」, 윤선도尹善道의 「오우가五友歌」・「어부사시사漁父四時詞」 같은, 몇 개의 시조時調가 일군一群이 되어 다소多少의 연결성連結性을 가지고 있는, 분장식分章式 장가長歌와 비슷한 형태形態의 시조군時調群을 이른 말이다.

을 보유保有하고 있다고 생각하는 것이다.
　그러면 시조문학時調文學의 귀족성貴族性은 어떤 것이며, 민요民謠의 전통傳統은 시조 형식時調形式에 참여參與하고 나서는 어디로 흘러갔다는 말인가.
　'가요歌謠'에서 시조時調가 발전發展한 것은 비유譬喩하자면 봉건 사회封建社會의 서민 계급庶民階級이 시민 사회市民社會의 선구자先驅者가 되고 또 그 주체主體가 된 경우境遇와도 같으며, 민요民謠는 일단一旦 문학文學인 시조時調를 배태胚胎・분만分娩하고는, 문화文化 일반一般의 발달發達과 국자國字 제정制定으로 말미암아 점차漸次 융성隆盛해 진 국어 문학國語文學과, 심화深化해 간 계급 분화階級分化에 눌려, 전통적傳統的 고유 문화固有文化의 쓸쓸한 보금자리인 서민庶民의 품에 안기게 되었던 것이다.
　'경기하여체가景幾何如體歌'가 진정 향가眞正鄕歌의 정통적正統的 발전 형태發展形態란 것은 앞에서 이미 언급言及한 바이어니와, 그러나 양자兩者는 시대적時代的 조건條件을 달리함에 따라 여러 가지로 상이相異한 성격性格을 가졌다. 첫째, 향가鄕歌는 불도佛徒・화랑花郞의 문학文學임에 대對해서 하여체가何如體歌는 관료官僚・유학자儒學者의 문학文學이며, 둘째, 전자前者는 상대인上代人의 절실切實한 종교 생활宗敎生活에 즉卽한 민요적民謠的 성질性質을 가진 생활시生活詩였음에 반대해서 후자後者는 상층 지식인上層知識人 간間에 국한局限된 풍류 문학風流文學이었고, 셋째, 향가鄕歌는 순전純全히 우리말로 기사記寫되었었는데 하여체가何如體歌는 한구漢句의 나열羅列이 대부분大部分을 차지하고 마지막에 가서 한 두 구句 우리말이 섞여 있을 뿐이다. 그러나 양자兩者가 다 각각各各 그 시대時代의 상층 지식인上層知識人의 작품作品이란 것, 향가鄕歌의 낙구落句에 해당該當하는 첩구疊句를 하여체가何如體歌도 갖추고 있다는 것, 부분적部分的이나마 하여

체가何如體歌도 향가鄕歌와 마찬가지로 이두吏讀를 쓰고 있다는 것. —이
런 여러 유사점類似點으로 하여체가何如體歌는 이를테면 향가鄕歌의 중첩
重疊으로 된 틀림없는 향가鄕歌의 정통正統 후계자後繼者인 것이다.

하여체가何如體歌의 기묘奇妙한 형태形態는, 여대麗代 지식인知識人의 한
문화漢文化 도취陶醉로 말미암아 일단一旦 단절斷絶되다싶이 된 우리 문학
文學에의 애고愛顧의 시초始初라 볼 것이다. 절대적絶對的인 한시문漢詩文
숭상崇尙 관념觀念에 사로잡혀 있었으면서도 그들이 의연依然 송宋나라나
원元나라 사람이 아니었다는 데서 생긴 자의식自意識의 가냘픈 발로發露
가 곧 하여체가何如體歌의 형태形態를 낳게 했던 것이다.

하여체가何如體歌는 그러나 16세기十六世紀의 도학자道學者 이황李滉으
로 하여금 '긍호방탕矜豪放蕩 겸이설만희압兼以褻慢戲狎 우비군자소의尤非
君子所宜'5)라고 배척排斥케 한 만치 풍부豊富한 문학성文學性을 풍기고 있
는 점點 유의留意할 만하다. 이 도덕道德으로부터의 자유自由는 고려시대
高麗時代의 사회 기구社會機構가 이조李朝처럼 아직 째이지 못했고 중엽中
葉 이후以後에는 차라리 문란紊亂했던 데서 재래齎來된 현상現象인 것인데,
이 자유自由야말로, 우리 문학文學의 추요樞要한 장르의 남상濫觴을 여조
麗朝에 구求하게 하며, 이조李朝는 단지單只 그것을 발전發展시키기에 급급
汲汲케 한 원동력原動力이 되었던 것이다.

'경기하여가景幾何如歌'의 형태形態는 전前에도 언급言及한 것처럼 적어
도 16세기十六世紀 말末까지 흘러갔다. 그러나 이것은 다만, 분장分章으로
되어 있고 장말章末에 '경景 긔엇더ᄒᆞ니잇고'란 구句가 붙었다는 순형식상
純形式上 사실事實을 의미意味하는 것이오, 하여체가何如體歌의 형태形態는

---

5) 이황李滉의 「도산십이곡陶山十二曲」 자서自序.

훨신 일찍부터 가사문학歌辭文學으로 발전發展했다. 가사문학歌辭文學과 하여체가何如體歌는 전자前者가 연속체連續體고, 따라서 첩구疊句가 소멸消滅하고, 우리말이 늘고, 운율韻律이 3언三言과 4언四言의 중첩重疊으로 집약集約되었기는 하나, 발생發生 당초當初부터 하여체가何如體歌는 후세後世의 가사歌辭로 발전發展할 인자因子를 내포內包한 형태形態로서, 본질적本質的으로는 동일同一한 장르의 문학文學이다. 일례一例로 15세기十五世紀의 가사歌辭「상춘곡賞春曲」을 1세기一世紀 후後의 경기하여체가景幾何如體歌「독락팔곡獨樂八曲」과 비교比較해 본다면, 우리는 거기에서 하등何等 이질적異質的인 성격性格을 찾지 못함으로써 용이容易히 그것을 이해理解할 수 있는 것이며, 더구나 「독락팔곡獨樂八曲」과 동시대同時代의 가사문학歌辭文學 작품作品 중中 가장 우수優秀한 작품作品을 적어도 네 편篇을 실은 가집歌集인 『송강가사松江歌辭』가 출현出現된 뒤에는 하여체가何如體歌가 거의 자취를 감추고 있는 것으로써 명확明確히 이해理解할 수 있는 것이다. 즉 경기하여체景幾何如體의 노래는 일찍부터 가사문학歌辭文學을 파생派生했으면서도, 문학 형태文學形態로서의 가사문학歌辭文學의 세력勢力이 아직 미미微微했던 동안에는, 점점漸漸 그것과 융합融合하면서도 오히려 그것과 병행並行하여 생명生命을 유지維持해 왔지만, 정철鄭鐵 같은 작가作家의 출현出現 등等으로 일단一旦 가사문학歌辭文學의 세력勢力이 엄청나게 커짐에 이르러, 하여체가何如體歌는 그 생명 신장生命伸長의 의의意義를 상실喪失하고, 그 지위地位를 전면적全面的으로 가사歌辭에 양보讓步하지 않을 수 없게 된 것이라고 생각生覺된다.

4.

조선시가朝鮮詩歌. 둘로 크게 분단分斷하는 장가長歌・단가短歌에 대對

한 옛 시인詩人들의 차별 의식差別意識은 오랫동안 분명分明치 못했다. 단가短歌를 장가長歌에서 구별區別한 시초始初는, 「도이장가悼二將歌」를 단가端歌 2장二章이라고 일컬은 데서 볼 수 있으며, 다음으로는 「한림별곡翰林別曲」・「죽계별곡竹溪別曲」・「청산별곡靑山別曲」・「서경별곡西京別曲」 등等의 별곡別曲이란 이름에서 간취看取되며, 또 「만전춘滿殿春별사別詞」에서 보는데, 장가長歌와 단가短歌의 형태 발전상形態發展上 관계關係를 천명闡明하는 데는 「어부사漁父詞」의 성격性格을 생각해 보는 것이 유효有效하다. 즉, 「어부사漁父詞」가 장長・단短 양형兩型으로 전승傳承되었고, 정착定着되면서는 이현보李賢輔・윤선도尹善道 등等에 의依해서 개작改作되었던 것은, 조선朝鮮 단가短歌가 분장식分章式 장가長歌에서 분가分家・독립獨立한 문학文學 장르라는 나의 전술前述 소신所信의 가장 뚜렷한 증거證據다. 장長・단短 형태形態의 연원淵源은 삼국시대三國時代 이전以前의 원시민요原始民謠에까지 소급遡及해서 찾을 수 있으나, 그것이 문학文學으로서 상승上昇하게 되면, 단형 문학單形文學이란 원래 지극至極히 엄격嚴格한 율조상律調上 제약制約을 받게 되는 것인 만치 어느 민족民族의 문학사文學史에서나 문학文學이 상당相當한 수준水準에까지 발달發達한 뒤에야 비로소 형성形成되는 것이다. 우리 문학文學에 있어 시조時調가 잡다雜多한 장가 시대長歌時代를 겪은 뒤에야 비로소 그 형성形成이 가능可能했다고 보는 나의 소신所信은 문학 형태文學形態의 일반적一般的 진화 과정進化過程으로 보아서도 결코決코 무리無理가 없다.

   사적史的으로 말하면 송강松江・노계蘆溪・고산孤山 이전以前은 장가 시대長歌時代라 할 것이며, 그 형태形態는 정통 가사正統歌辭에 이르기까지에 향가鄕歌・경기하여체가景幾何如體歌・고려가요高麗歌謠・어부사漁父詞・

연시조連詩調 등等의 제 양상諸樣相을 나타내고 있다. 이러한 형성 과정形成過程을 거쳐, 첩구疊句와 장별章別이 소멸消滅하고, 따라서 내용內容의 분단分斷도 없어진, 3언三言과 4언四言의 무제한無制限한 계속적繼續的 중첩重疊으로 된 정통 가사正統歌辭가 대체大體로 완성完成된 것은, 국자國字 제정制定과 동시대同時代의 정극인丁克仁부터이며, 그 도정途程에서 「처용가處容歌」・「봉황음鳳凰吟」・「북전北殿」・「신도가新都歌」 같은, 분장식分章式 장가長歌에서 연속적連續的 정통 가사正統歌辭에의 이행 상태移行狀態를 나타낸 작품作品들을 손꼽을 수 있는 것이다.

가사歌辭의 운율韻律은 송강松江・노계蘆溪 등等 가사문학歌辭文學의 대성자大成者들의 작품作品에 있어서는 대체大體로 3언三言과 4언四言의 중첩重疊이었다. 이것은, 역시亦是 3・4언三四言의 중첩重疊이라고 대체大體로 볼 수 있는 경기하여체가景幾何如體歌가 가사歌辭의 진정眞正한 조종祖宗이란 한 증좌證左다. 가사歌辭가 귀족 관료貴族官僚의 문학文學으로 국척跼蹐하고 있었던 동안은 그 기본 운율基本韻律은 어디까지나 3・4언三四言이었고, 그것이 4・4언四四言으로 발전發展한 것은 가사歌辭가 민요民謠와 교섭交涉을 맺은 후後부터라고 나는 생각하며, 또 가사歌辭가 민중화民衆化해 버린 뒤는 가사문학歌辭文學 주체主體의 성격性格이 달라져버린 것이라고 생각한다. 사실事實에 있어 노계蘆溪 이후以後에는 손꼽을만한 가사 작가歌辭作家의 출현出現을 볼 수 없고, 생동生動하는 문학文學으로서의 가사歌辭에 관關한 한限 내방가사內房歌辭의 파생派生, 창곡가唱曲家에 의依한 가사歌辭 가창歌唱 등等만이 오로지 문제問題가 될 따름이다.

이 현상現象은 임・병 양란壬丙兩亂을 계기契機로 봉건 체제封建體制가 사실상事實上 붕괴 과정崩壞過程에 떨어진 데 그 근본根本 원인原因이 있는 것은 물론勿論이나, 이에 이르면 가사歌辭는 이미 단순單純히 가사歌辭 장르 자체自體 내內의 발전發展에만 그치지 않고, 나아가 소설小說·창극唱劇 그리고 시조時調에까지 가사歌辭의 세력勢力이 뻗어간 사실事實에 눈을 돌리지 않을 수 없게 된다. 특特히 형태상形態上으로는 어디까지나 가사歌辭가 헤게모니를 갖는, 가사歌辭와 소설小說과 창극唱劇과의 삼각 관계三角關係에 착목着目하는 것은 우리 중세기中世紀 문학文學을 정당正當하게 이해理解하는 한 방법方法이 될 것이다. 이 경우境遇에 유의留意할 바는, 이들 삼자三者가 다, 이조李朝에 들어 일단一旦 중세기中世紀 귀족 문학貴族文學의 압력壓力에 눌려 문학文學의 세계世界에서 배제排除되었다가 서민 계급庶民階級의 대두擡頭에 따라 다시금 보다 더 강대强大한 세력勢力을 문학文學의 세계世界에서 잡게 된, 민요民謠의 정신精神과 운율韻律을 그 초석礎石으로 삼고 있다는 사실事實이다. 따라서 여기에 말하는 소설小說은, 고대소설古代小說 중中에서도 궁정 소설宮廷小說이나 숙종肅宗 시대時代를 앞선 작품作品들은 논외論外로 두고, 주主로 민족 설화民族說話가 정착定着된 소설小說, 너구나 창극화唱劇化해서 넓은 민족 문학民族文學이 된 「춘향전春香傳」·「심청전沈淸傳」·「홍부전興夫傳」 따위에 한정限定된다.

　소설小說이 설화說話의 정착定着일진댄, 그 소설小說은 소설小說로 정착定着되기 전前에 이미 언어言語가 가진 억양抑揚으로 물들어 있었으며, 그것의 정착定着에 제際하여서는, 장차將次 그 이야기책이 수數많은 사람에 의依해서 낭독朗讀되고, 그보다 몇 갑절이나 더 되는 사람들의 귀를 즐겁게 할 것이 예상豫想되었으며, 또 이렇게 해서 일단一旦 성립成立된 뒤라도 그것이 전사傳寫될 때는 또 자연自然 낭독朗讀에 적응適應되도록 기사記寫되었을 것이다. 이 어디까지나 낭독朗讀되는 것을 전제前提로 해서만 생각할 수 있는 중세기中世紀 소설小說의 기본基本 운율韻律이 대중적大衆的 토대土臺 위에 선 가창 가사歌唱歌辭와, 정통 가사正統歌辭에서 파생派生

했으면서도 언문 문학諺文文學의 주主된 향유자享有者였던 부녀자婦女子들이 개척開拓한 내방가사內房歌辭와, 유구悠久한 전통傳統을 가진 서민 계급庶民階級의 문학文學인 민요民謠와의 공통共通 운율韻律인 4음四音의 중첩重疊일 것은 의당宜當한 일이다. 여기에 있어 우리는 근본적根本的으로, 소설小說의 운율韻律을 결정決定한 것은 민요적民謠的 세력勢力임을 인정認定한다. 그러나 소설小說이 문학文學으로서 한 장르를 이루는 것은, 직접적直接的으로는 역시亦是 문학文學으로서의 긴 전통傳統을 배후背後에 가진 가사歌辭 형태形態의 연장延長의 소치所致라 아니 할 수 없는 것이다.

창극唱劇은 일종一種의 극문학劇文學이었고 후세後世에 와서는 완전完全히 서구西歐 가극歌劇 같은 형태形態를 갖추었기 때문에 소설小說과 가사歌辭 ―특特히 가사歌辭와 긴밀緊密한 관련성關聯性이 있다는 말이 다소多少 이상異常한 느낌을 주나, 중세기中世紀 문학文學의 진상眞狀을 알고 보면 창극唱劇은 소설小說보다 더욱 가사歌辭에 가까우며 창극唱劇 즉卽 가사歌辭라 해도 과언過言이 아니다. 창극唱劇은 소설小說 낭독자朗讀者가 전문가화專門家化하고 직업화職業化하고, 낭독朗讀의 억양抑揚이 악곡화樂曲化한 것인 동시同時에, 창극唱劇에 앞선 가사歌辭의 가창歌唱, 즉 창곡唱曲의 자연적自然的인 연장延長이다. 창곡唱曲이 길어진 것, 긴 창곡唱曲에 소설적小說的 성격性格이 융합融合된 것이 곧 창극唱劇이다. 그러므로 창극唱劇은 내용상內容上으로는 소설小說의 변형變形이면서 형태상形態上으로는 차라리 대중화大衆化한 가사歌辭의 자연自然스러운 연장延長인 것이다.

여상如上한 가사 형태歌辭形態의 무제한無制限한 확장擴張은 드디어 가사歌辭로 하여금 음악音樂과 결별訣別하게 하고 나아가서는 음성音聲과도 연緣을 끊게 해서, 여기에 산문散文의 발생發生을 유치誘致한 것이니, 비교적比較的 이른 시대時代의 소설小說과 및 궁정 소설宮廷小說, 분량分量으로는 보잘 것이 없으나마 엄연儼然히 한 중세기中世紀 문학文學의 장르가 된 수필隨筆・기행문紀行文은 일면一面 한문漢文의 번역 문장飜譯文章이 초래招來한 것이기도 하고 또 부녀자婦女子의 서간 문장書簡文章에서 발달發達한 정통적正統的인 국어國語 산문 문학散文文學인 것도 있으나, 또한 가사歌辭에서 음성音聲이 사라져서 이루어진 형태形態이기도 한 것은, 그들 산문散文이 자칫하면 운율韻律의 유혹誘惑에 빠지려고 하고 있는 사실事實에서 충분充分히 수긍首肯할 수 있다. 실實로 가사歌辭는 현대 소설現代小說이 '인생人生의 서사시敍事詩'라고 불리우는 것과 꼭 같은 의미意味에서 '중세기中世紀의 산문 문학散文文學'인 것이다.

중세기中世紀 문학文學에서 압도적壓倒的인 세력勢力을 가졌고 또 산문 문학散文文學의 씨를 배태胚胎한 가사歌辭는, 구시대舊時代 문학文學이 갑오경장甲午更張 이후以後의 신문학新文學으로 비약飛躍하는 역사적歷史的 과정過程에 있어서도 그 유산遺産은 타他를 압두壓頭하고 풍부豊富히 계승繼承되었다. 갑오경장甲午更張 직후直後의 '창가唱歌'에는 가사歌辭의 4음四音 중첩重疊의 연속형連續形이 그대로 적용適用되었었고, 창가唱歌는 여러 형태形態의 격조시格調詩 —즉卽 신체시新體詩로 발전發展하여 종말終末에는 자유시自由詩로 뻗어간 것이다. 신시대新時代 산문散文의 주체主體인 소설小說은 인쇄술印刷術의 발달發達로 말미암아 단번에 본격적本格的인 근대近代 서구적西歐的 산문散文으로 비약飛躍한 것이 사실事實이나 그러나 그 첫 단계段階인 신소설新小說에는 아즉도 오히려 가사맥歌辭脈이 꿈틀거리고 있음을 발견發見한다.

5.

시조時調는 가사歌辭에 비비比해서 대단大端히 폭幅이 좁은 문학文學이며,

그런만치 중세기中世紀 문학文學이 창조創造한 가장 티피칼한 문학 형태文學形態로서, 우리 민족民族의 문학文學은 시조時調 있음으로써 세계世界 각 민족各民族의 문학文學 가운데서 그 특이特異한 존재存在를 확보確保할 수 있다고 할 것이다.

나는 앞에서 시조時調 장르가 고려高麗의 가요歌謠의 분장分章이 독립獨立해서 점차漸次 응고凝固된 것이란 견해見解를 피력披瀝하고, 가사歌辭의 기원起源보다는 좀 더 민족民族 고유固有의 문학적文學的 전통傳統 속에서 양성釀成되었다고 말했다. 그러나 그것은 어디까지나 가사歌辭의 기원起源에 대비對比해서 한 말이고, 시조時調의 기본基本 운율韻律이 고민요古民謠와 고려가요高麗歌謠의 율조律調인 3·3음三三音에서 일찍부터 벗어나 경기하여체가景幾何如體歌의 율조律調인 3·4음三四音으로 이행移行한 것으로도 짐작이 가듯이, 그 소유 계급所有階級인 봉건 귀족封建貴族의 성숙成熟과 함께 급격急激히 한시적漢詩的 영향影響 하下에 서게 된 것이다. 한시漢詩에 토吐를 단 데 불과不過한 것 같은 외모外貌의, 이른 시대時代의 시조時調는 사실事實 경기하여체가景幾何如體歌와 다를 것이 없는 것이다. 즉 시조時調와 가사歌辭는 민족적民族的 전통傳統과 한시적漢詩的 교양敎養 속에서 각각各各 우러난 것이기는 하나, 이자二者는 이른 시대時代에는 거의 의식적意識的으로 절연截然히 구별區別되지 않았게끔 부단不斷의 교호작용交互作用 속에서 자라왔었다.

봉건封建 귀족 문학貴族文學으로서의 시조時調 형태形態의 전형典型이 3·4음三四音을 기조基調로 한 3장三章 45언四十五言 내외內外의 격조시格調詩란 것은 고시조古時調의 통계統計로 보아 이미 부동不動의 사실事實이 되고 말았다. 이 귀족 시조貴族時調의 형식形式이 흔들리기 시작始作한 것은 앞서 말한 가사문학歌辭文學의 대중화大衆化의 경우境遇와 마찬가지로

임・병란王丙亂 후後 양반 사회兩班社會가 몰락沒落하기 비롯한 뒤의 일이며, 민요民謠・가사歌辭・소설小說 등等의 정신精神과 형태形態가 잡연雜然히 시조時調 속에 혼입混入함으로서 였다.

 그 결과結果 시조時調의 발전發展은 양반 관료兩班官僚들의 손에서 중인中人 창곡가唱曲家를 주체主體로 한 서민 계급庶民階級의 장중掌中으로 넘어가고, 따라서 연군戀君・도덕道德・강호 시정江湖詩情・은일隱逸・무상無常 등等 귀족 사회貴族社會 특유特有의, 종래從來의 보편적普遍的인 시조 문학時調文學의 주제主題는 적나라赤裸裸한 연정戀情, 방약 무인傍若無人의 폭소爆笑, 추잡醜雜한 일상 생활日常生活 등등等等 르네상스적的 인간성人間性의 해방解放으로 대치代置되었으며, 그 당연當然한 결과結果로서 전래傳來 시조時調의 정형定型은 파괴破壞되었다.

 장별章別의 불명료不明瞭, 가사歌辭 또는 민요 운율民謠韻律의 도입導入, 새로운 종장 형식終章形式의 창조創造, 이야기의 침입侵入 등等은 그 가장 두드러진 특성特性인데, 이들을 총괄總括해서 종래從來의 시조 형태時調形態와 근본적根本的으로 다른 점點을 꼬집어 낼진댄 그것은 그 길이(장長)가 길어졌다는 점點이다. 그래서 나는 종래從來 시조時調를 '평시조平時調'라고 하고, 여상如上한 근세 시조近世時調를 '장시조長時調'라고 불러 시조時調를 이대분二大分하는 것이다. 세칭世稱 엇시조旕時調는 평시조平時調에서 장시조長時調로 이행移行하는 과도적過渡的 형태形態일 것이고, 사설시조辭說時調의 대부분大部分은 장시조長時調에 속屬할 것이나, 이러한 명칭名稱은 그 율조律調에만 치중置重한 이름이고, 시조문학時調文學의 역사적歷史的 발전상發展相은 도외시度外視했거나 불연不然이면 거기에 생각이 미치지 못한 데서 온 것이므로, 나는 귀족 시조貴族時調는 평시조平時調, 서민 시조庶民時調는 장시조長時調라고 이대분二大分해서 시조문학時調文學

의 장르를 명백明白히 하고저 하는 바다.

신문학新文學에 시조時調는 어떻게 계승繼承되었을가. 시조時調의 두 장르 중中, 평시조平時調는 이미 양반 계급兩班階級의 실세失勢와 함께 봉건封建 말기末期에 시들어버린 문학文學이므로 그것이 시민 문학市民文學에 영향影響을 줄 수는 없다. 시민 문학市民文學에 계승繼承된 것은 장시조長時調의 정신精神과 형태形態다. '창가唱歌'와 신체시新體詩에 그것은 스며있으며, 또 특히特히 현대現代 단편短篇 서사시敍事詩는 장시조長時調의 정통적正統的인 후계자後繼者다.

평시조平時調 형식形式도, 실지實地에 있어서는 갑오甲午 이후以後 금일今日까지도 가늘기는 하나마 그 여명餘命을 보유保有해 왔고, 외국外國에서도 중세기中世紀 단형시短形詩가 현대 문학現代文學 속에서 한 자리를 차지하고 있는 것을 보지만 그것은 어디까지나 구세대舊世代 정신精神의 타성墮性에 불과不過하다. 새로운 정치 문학政治文學이 그것을 이용利用하려고 했다 치드라도, 그것은 그 문학 형태文學形態의 매력魅力에 안겨 잠자려는 무리들의 정신精神을 탈환奪還하려는 의도意圖로밖에는 이해理解되지 않는다. 형태形態와 정신精神은 불가분리不可分離의 것이오, 우리가 형태形態의 발전상發展相을 탐구探究하려는 열의熱意도 궁극窮極엔 문학 정신文學精神의 역사적歷史的 추이 상태推移狀態를 알기 위爲함이다.

6.

소설小說의 형태形態는 셋으로 유별類別할 수 있다. 번역조飜譯調 문장文章으로 쓰여진 16·7세기十六七世紀 소설小說과, 가사체歌辭體 내지乃至 민요조民謠調로 정착定着·전승傳承된 숙肅·영英 이후以後의 설화 소설說話

小說과, 내간체內簡體 문장文章으로 기사記寫된 궁정 소설宮廷小說.

  첫째 것은 패관 문학稗官文學에서 발전發展한, 임·병란壬丙亂 즉후卽後 숙肅·영英 이전以前의, 허균許筠·김만중金萬重 등等의 봉건封建 양반 계급兩班階級 중中의 선각자先覺者에 의依해서 개척開拓된 소설小說이다. 중국 문학中國文學의 일一 아류亞流라고 할 한문 문학漢文文學인 패관 문학稗官文學은 삼국시대三國時代에까지 소상溯上할 수 있는 가장 오랜 전통傳統을 가진만치, 그들 작품作品은 조선 소설朝鮮小說 중中 가장 오래된 종류種類인 동시同時에 중국 소설中國小說의 냄새가 강强하다. 무대舞臺도 대부분大部分 중국中國이오, 그 문체文體·구성構成·수법手法, 모다 이국적異國的이어서, 한문 소설漢文小說과의 거리距離는 지극至極히 가깝다. 이들이 틀림없는 우리 문학文學이란 것은 겨우 우리말로 현금現今에 하여간何如間 전傳한다는 것, 작자作者가 조선朝鮮 사람이란 것으로서다. 이들은 조선 소설朝鮮小說의 선구자先驅者로서 애낄 작품作品들이나, 이 단계段階에 있어서는 소설小說은 아직 서민庶民의 소유所有가 되지 못했다. 「홍길동전洪吉童傳」의 주인공主人公의 혁명 정신革命精神은 박지원朴趾源의 한문漢文 단편 소설短篇小說의 반양반적反兩班的 혁신 정신革新精神과 더부러 반봉건적半封建的 문학 정신文學精神의 쌍벽雙璧이라 하겠지만, 우리는 서민 문학庶民文學으로서의 소설小說이 반봉건적半封建的 투쟁 의식鬪爭意識을 살포撒布함으로 해서 비로소 서민 문학庶民文學으로서의 본령本領을 발휘發揮하는 것이라고는 믿지 않는다. 그렇게 믿는 것이 당연할른지도 모르겠고 또 그렇게 믿고싶기도 하겠지만, 조선朝鮮 서민 문학庶民文學의 현실現實은 이를 거부拒否하고 있다. 서민庶民들이 소설문학小說文學에서 갈망渴望한 것은 웃음이었고 외설猥褻한 정담情談이었고 치사스런 그들의 생활상生活相의 여실如實한 반영反映이었고, 부귀 영달富貴榮達의 꿈이었던 것이며, 이러한 여러 가지 요소要素가 뒤섞인 소설小說은 예외例外없이 창극화唱劇化해서, 그들은 한자리에 모여 이것을 듣고 즐겼던 것이다.

　둘째 종류種類는, 혹或은 멀리 삼국시대三國時代 이래以來, 혹或은 가까운 옛날부터 민간民間에 전傳해 내려온 전설傳說・민담民譚・고담古譚・민족 설화民族說話가, 지금은 모다 그 작자作者를 알 수 없는 소설小說의 형태形態로 정착定着된 것으로, 이미 한 두 번 언급言及한 바와 같이 민요民謠 또는 대중화大衆化한 가사歌辭의 율조律調를 가졌으며, 시대時代의 흐름과 더부러 그 전사 과정傳寫過程에 부단不斷히 민중적民衆的・서민적庶民的 방향方向으로 개변改變되어 온 소설小說들이다. 이 종류種類의 소설小說들은 다 창극화唱劇化했기 때문에 현금現今에 전傳하는 작품作品들이 원소설原小說인지 창극본唱劇本인지 고증考證키 어려운 상태狀態에 놓여 있으나, 소설본小說本과 창극唱劇 대본臺本의 양편兩便이 다 율문律文이란 것, 창극화唱劇化도 결국結局엔 많은 개변 과정改變過程 중中의 하나에 불과不過하다는 것, 낭독朗讀 대본臺本과 창극唱劇 대본臺本과는 본질적本質的으로 구별區別될 아무런 이유理由도 없다는 것 등等으로 미루어, 이 고증난考證難은 차라리 당연當然한 결과結果며, 또 한 편으로는 창극본唱劇本으로서 처음으로 문자화文字化했고, 그 창극본唱劇本에서 후세後世에 여러 가지 이본異本이 생긴 경우境遇조차 없지 않을 것은 상상想像키 어렵지 않다.

　어떻든 이 종류種類의 소설小說이야말로 봉건封建 말기末期 서민 문학庶民文學의 주체主體이며, 고대소설古代小說은 특特히 이 종류種類의 소설小說을 의미意味하는 것으로, 여기에는, 오랫동안 양반 계급兩班階級의 정치적政治的・도덕적道德的 질곡桎梏에 얽매여 오다가 그 철쇄鐵鎖가 넋을 잃은 봉건封建 말기末期의 서민庶民들의 염원念願과 생활 감정生活感情이 여실如實하게 반영反映되어 있는 것이다. 그 염원念願과 생활 감정生活感情이 반

봉건적半封建的 의식意識으로 일관一貫되어 있지 않고, 그러한 계급 의식階級意識은 차라리 몹시 희박稀薄하고 예외例外란 것은 앞에서 말한 바이며, 그 대신代身, 우리는 거기서 광범廣汎한 의미意味의 인간성人間性의 해방解放의 양상樣相을 찾아 볼 수 있다는 것도 기술旣述했거니와, 우리는 이 인간성人間性의 해방解放을 몇 세기世紀 뒤떨어진 조선朝鮮의 르네상스 정신精神이라고 이것을 해석解釋함으로써 비로소 서민 소설庶民小說이 반중세기적反中世紀的 문학文學의 범주範疇 속에 들어가게 되는 것이라고 믿는다.

셋째 종류種類는 주主로 상류上流 부인婦人 사이에 주고 받던 편지 문장文章이 소설小說 서술敍述에 적용適用된 형태形態로서 번역조飜譯調 문장文章의 소설小說에 비比해서는 현저顯著히 조선적朝鮮的 고유 전통固有傳統에 뿌리박은 형태形態이고, 설화 소설說話小說에 비比해서는 훨씬 전아典雅하고 곡진曲盡한 소설小說들이다. 그러나 우리가 내간체 소설內簡體小說에 큰 관심關心을 갖는 것은 중세기中世紀 산문 문학散文文學을 오로지 여기에서만 발견發見하는 까닭이다. 내간체內簡體라 할지라도 그것이 상류上流 지식인知識人의 문장文章인만치 어려운 한구漢句가 섞이고, 따라서 자칫하면 번역조飜譯調로 흐르기가 쉽기는 하나, 번역체飜譯體 문장文章이 성음聲音을 매개媒介로 널리 전파傳播되고 시대時代를 좇아 전승傳承된 데 대對해서, 이 내간체內簡體는 문장文章으로서의 기능機能이 극極히 제한制限된 범위範圍안에서만 행사行使되었기 때문에 음악적音樂的 율조律調에의 타락墮落으로부터 안전安全했다. 만약萬若 내간체內簡體 궁정 소설宮廷小說이 설화 소설說話小說처럼 널리 낭독朗讀되고 선전宣傳되었더면 이 독특獨特한 아름다운 산문散文도 여지餘地없이 내방가사체內房歌辭體로 율문화律文化했고, 따라서 쓸 데 없는 대구對句와 명사名詞의 무의미無意味한 나열羅列을 일삼고 말았으리라고 나는 생각한다. 내간체 소설內簡體小說이 판본화

板本화板本化하지 않고 현전現傳 사본寫本도 희귀稀貴한 것은, 우리의 귀중貴重한 중세기中世紀 산문散文의 전래傳來를 위爲해서는 심甚히 다행多幸이라 할 것이다.

　갑오甲午 이후以後의 신소설新小說은, 설화 소설說話小說과 내간체 소설內簡體小說을 계승繼承하고 거기에 강렬强烈한 서구西歐 근대 문학近代文學의 압력壓力이 가해져서 이루어진 것이고, 서구 문화西歐文化의 거익去益 성盛한 흡수吸收는 춘원春園의 장·단편 소설長短篇小說을 낳았고, 이것은 다시 3·1운동三一運動 이후以後의 본격적本格的 근대 소설近代小說로 발전發展해 갔다.

7.

　비단非單 소설小說뿐 아니라 이여爾餘의 문학文學에 있어서도 완전完全한 오리지널한 산문散文은 내간체內簡體를 두고 달리 구求할 수 없다. 언해류諺解類의 문장文章도 때로는 훌륭한 산문散文을 이루고 있는 경우境遇가 없지 않으나, 그 대부분大部分은 문학文學의 권외圈外에 속屬하고, 중국 시中國詩의 번역飜譯 같은 것에는 문학적文學的 향기香氣가 짙은 명문名文이 많이 있지만, 이는 번역 문학飜譯文學이므로 해서 달리 취급取扱될 성질性質의 것일뿐더러, 그 문장文章은 현대인現代人의 안목眼目으로써 보면 일종一種의 부정형不定型의 율문律文일 것이다.

　소설小說 이외以外의 내간체內簡體 산문散文을 생각해 보려고 해도, 이 역亦 흔하지가 못하다. 그것은 넓은 의미意味의 수필隨筆이라고나 할 일기日記·기행문紀行文·서간書簡·희필戲筆 등等인대, 그나마도 이 중中에서 문학文學의 권내圈內에 들 것은 영성零星하다. 광의廣義의 수필隨筆의 장르를 풍성豊盛하게 할랴면, 앞서 내가 '중세기中世紀의 산문散文'이라고 한 가사歌辭를 수필隨筆 속에 집어넣어야 할 것이다.

8.

주요主要한 국문학國文學의 형태形態가, 상술上述한 바와 같이, 민요民謠와의 연관성聯關性을 무시無視하고는 충분充分히 구명究明되지 않을만치 대체大體로 다분多分히 민속 문학적民俗文學的 성질性質을 띠고 있는 것이 사실事實이므로, 민요民謠도 자연自然히 국문학國文學의 한 중요重要한 장르가 된다. 그러나, 문학文學으로서의 민요民謠에도 사실事實은 두 종류種類가 있다. 과거過去에 문자文字로 정착定着되어서 지금至今에 전傳하는 민요民謠와, 끝끝내 입에서 입으로 전傳해 오다가 근년近年에 채집採集된 민요民謠. 전자前者는 광의 향가廣義鄕歌나 고려가요高麗歌謠 중中에 포함包含된 몇 수首의 노래라던가, 서민 소설庶民小說 속에 산견散見되는 농부가農夫歌·방아타령 같은 것으로, 우리 문학사文學史에는 극極히 요요寥寥하다. 한역漢譯된 것이 차라리 많다. 그러나 다른 나라에는 이 종류種類의 민요民謠가 상당相當히 많이 남아 있다. 중국中國의 『시경詩經』에 남아 있는 고대古代 중국 민요中國民謠는 그 일례一例다. 민요民謠가 정착定着될 때는 언제나 문학적文學的으로 수식修飾됨을 면免치 못하는 만치 그러한 노래들이 그 시대時代의 민요民謠 그대로의 형태形態를 보여주는 것이라고는 믿기 어려우나, 우리 문학사文學史에 그러한 민요집民謠集이 이따금식 있었으면, 민요民謠와 문학文學과의 교섭 상태交涉狀態도 구체적具體的으로 밝혀질 수 있어 여간 좋을 일이 아니라고 생각된다. 그러나 사실事實은 그렇지를 못한 것은 섭섭한 일이다. 이 종류種類의 민요民謠

중中 특特히 상대上代의 것은 소박素朴한 상대 문학上代文學과 거리距離가 별別로 없으므로 대개大槪 상대上代 고전 문학古典文學의 지위地位를 차지하는 것은, 우리 광의 향가廣義鄕歌의 경우境遇로 보아서도 확실確實한데, 그러한 상대 민요上代民謠가 많이 수록收錄되었으리라고 추측推測되는『삼대목三代目』같은 책도 전傳함이 없으므로 고대 민요古代民謠가 차지할 고전 문학적古典文學的 지위地位도 심甚히 미약微弱하다.

그러므로 우리가 여기서 논의論議의 대상對象으로 삼을 민요民謠는, 현재現在 우리가 농촌農村 노구老嫗의 입에서 듣는 민요民謠가 주체主體일 수밖에 없으며, 또 우리가 조선 민요朝鮮民謠라고 할 때는 언제나 그러한 민속학적民俗學的 민요民謠를 지칭指稱하는 말이다.

그리고 보면 우리 민요民謠의 고전적古典的 가치價値는 아주 삭감削減된다. 옛모습을 많이 보전保全하고 있으면 있을수록, 또 지방적地方的 특성特性에 짙게 물들어 있으면 민요民謠의 고전적古典的 가치價値가 그만치 더 할텐대, 현존現存 민요民謠는 그 형태形態로 말하면 근근僅僅 4·50년四五十年6)의 고색古色밖에 지니고 있지 않다고 생각되며, 또 그러잖아도 이 조李朝의 중앙 집권적中央集權的 정치 체제政治體制로 말미암아 일반 문화一般文化의 지방적地方的 특색特色이 다른 나라의 봉건 사회封建社會에 비해서 옅은 데다가, 갑오甲午 이후以後의 교통망交通網의 발달發達로 인因해

---

6) 농촌農村 부녀자婦女子의 민요民謠 기억記憶 능력能力은 대개大槪 60세六十歲가 한도限度다. 그렇게 치고 보면, 그들이 10세十歲 내지乃至 20세二十歲에 민요民謠를 배웠다고 생각해도 그들이 부르는 노래는 40년四十年 내지乃至 50년五十年 전前 노래로 밖에 계산計算되지 않는다. 물론勿論 사실事實에 있어서는 이 4·50년四五十年이란 것조차도 의문疑問의 여지餘地가 있을 것이다. 나이가 먹어 감에 따라 시대時代가 급격急激히 변천變遷되어 갔고, 거기에 따라 말도 변變하고, 또 원지遠地로 시집간 사람일진대 새로운 그 지방어地方語에 물들지 않을 수 없었을 것이기 때문이다.

서, 일 지방一地方에만 국한局限된 민요民謠라고는 제주도濟州道 민요民謠를 제외除外하고는 손꼽을만한 정도程度에 지나지 않게 되어 버렸다.

그러나 민요民謠는 민족民族의 생성生成과 동시同時에 발생發生했고, 장구長久한 시일時日 동안 갖은 정치적政治的·사회적社會的 변천變遷을 겪어왔고, 음악音樂과 풍속風俗에 좌우左右되어 왔고, 또 부단不斷히 온갖 장르의 문학文學과 교섭交涉을 가지면서 현재現在까지 뻗어온 만치, 그 형태形態는 결決코 단순單純하지 않다. 그것은 거의 문학文學 전체全體의 유별類別에도 필적匹敵한다. 거기엔 시詩(서정요抒情謠)가 있고, 이야기(서사요敍事謠)가 있고, 또 연극演劇(유희요遊戱謠·민간신앙요民間信仰謠)이 있다. 운율상韻律上 형태形態도 4음四音이 여덟 포개진 32음三十二音이 일절一節을 구성構成하고 있는 것이 보편적普遍的이기는 하나, 그 진폭振幅은 상당相當히 넓고, 또 후렴後斂이 있는 것과 없는 것이 있다.

그리고 다른 문학 형태文學形態와의 관련성關聯性에서 본다면 가사歌辭와 소설小說에 가장 접근接近하고 있으니, 내방가사內房歌辭와 구별區別키 어려운 부요婦謠, 정통 가사正統歌辭의 일종一種이라고 해도 좋을 농부가農夫歌, 창극唱劇이나 서민 소설庶民小說의 압축壓縮 같은 감感이 있는 서사요敍事謠 등등은 그런 예例다.

국문학國文學의 유대紐帶의 관점觀點에서 민요民謠를 고찰考察하려면, 다른 모든 문학 형태文學形態가, 융체隆替하고 타他 형태形態로 발전發展해 온 데 대對해서, 통털어 한 문학文學 장르로서의 민요民謠는, 지금 구체적具體的인 작품作品으로써 각各 시대時代를 이어온 형적形跡은 천명闡明할 도리道理가 없다 치드라도 상고上古에서 현재現在의 지점地點까지, 가장 보수적保守的인 서민 계급庶民階級인 농민農民 속에서 면면綿綿히 지속持續되어온 사실事實에 착목着目해야 될 것이다. 민속적民俗的인 예술藝術은

―예예컨댄 연극演劇 같은 것도― 어느 것이나 이런 성질性質을 갖고 있기는 하지만, 민요民謠처럼 퉁겁고 연속적連續的인 전통傳統의 띠(대帶)는 없을 것이다. 그러나 이 띠가 민속적民俗的인 띠인 당연當然한 귀결歸結로, 문명文明의 앞에는 몹시도 취약脆弱함으로 해서 우리는 민요民謠의 인멸湮滅을 몹시도 초조焦燥히 두려워하는 것이다.

9.

조선 연극朝鮮演劇은 가면극假面劇・인형극人形劇・창극唱劇・구극舊劇・신파극新派劇・신극新劇으로 유별類別된다.

가면극假面劇은 배우俳優가 탈을 썼다는 것이 다른 연극演劇과 근본적根本的으로 다른 점點이고, 인형극人形劇은 인형人形만이 무대舞臺에 나타나고 사람은 배후背後에서 인형人形을 조종操縱하면서 인형人形 대신代身 대사臺詞를 지꺼린 연극演劇이고, 창극唱劇은 그 원 형태原形態로 말하면 다만 한 사람의 독연獨演으로 시종始終되던 극극劇이었고, 구극舊劇서부터 현재現在 우리가 가지고 있는 개념槪念의 극극劇은 시작始作되었다.

그 중中 가장 오래된 것은 가면극假面劇으로, 전쟁戰爭・수렵狩獵 등等의 실용적實用的 동기動機에서 기원起源해서 삼국三國 말末에서 고려高麗에 걸쳐 구역 의식화驅疫儀式化했으며, 또 점차漸次 오락화娛樂化했으니, 나례儺禮・처용무處容舞는 그 대표적代表的인 것이다. 가면희假面戱의 최근最近 형태形態 산대도감山臺都監놀이는 여말麗末서 시작始作되고 이조李朝에 들어 중국 사신中國使臣 영접용迎接用으로 쓰이고부터 성행盛行한 고대古代 조선 연극朝鮮演劇의 대표적代表的인 형태形態인대, 산대도감山臺都監놀이에 우리의 잡다雜多한 가면극假面劇은 단일적單一的으로 집성集成된 것이다. 산대극山臺劇은 향토적鄕土的 연중 행사화年中行事化한 「봉산鳳山탈춤」과, 산대도감山臺都監놀이의 일파一派인 「양주별산대楊州別山臺」가 최근最近까지 남아 있었다.

인형극人形劇의 대표代表는 「꼭두각씨」 또는 「박첨지朴僉知」이고, 무언극無言劇에 「만석중놀이」가 전전傳한다. 가면극假面劇과 인형극人形劇은 그 발전發展 도중途中에 각본脚本으로 정착定着된 것이 전무全無했음은 물론勿論이고, 인형극人形劇은 그 규모規模조차도 극極히 적고 미약微弱한 연극演劇 전통傳統 위에서 연명延命해 왔다. 개화開化 후後에 극소수極少數의 민속학도民俗學徒・국문학도國文學徒에 의依해서 고래古來 연극演劇의 각본脚本이 채집採集되었을 적에도 인형극人形劇 방면方面은 소략疎略했다.

가면극假面劇・인형극人形劇은 무용舞踊 기타其他의 동작動作이 주체主體이고 거기에 음악音樂을 반반純件한 순전純全한 민속학적民俗學的 대상對象으로서, 그 점點 음악音樂이 주체主體인 민요民謠와 유사類似하나, 처용희處容戲 외外에는, 가사歌辭・민요民謠가 혼입混入되어 있기는 하지만, 문학文學과의 교섭交涉을 거의 볼 수 없는 만치, 민요民謠보다도 또 한 단段 더 낮은 민속 문학民俗文學이다.

이에 대對해서 창극唱劇은 말하자면 서민 소설庶民小說의 가창歌唱이며, 이야기를 가진 장편 가사長篇歌辭의 극적劇的 음영吟咏이어서, 극극劇의 일一종류種類라고는 하나, 창극唱劇의 현실現實은 극극劇이라기보다 음악音樂이오, 음악音樂이라기보다는 서사시敍事詩인 것이다. 창극唱劇의 이러한 속성屬性에 변혁變革이 생겨, 조선적朝鮮的 가극歌劇으로 발전해서, 서사시敍事詩이기보다 연극演劇에 더 가깝게 된 것은, 갑오甲午 이후以後 원각사圓覺社 무대舞臺에 대규모大規模로 창극唱劇이 등장登場하고서 부터다.

구극舊劇은 시대극時代劇의 전신前身이며, 창극唱劇에서 음악적音樂的 요소要素가 배제排除되고 정상正常 연극演劇의 형태形態로 진화進化한 연극演劇으로, 계통적系統的으로는 소설小說의 극화劇化이고, 창극唱劇의 산문극화散文劇化인대, 이것이 갑오甲午 이전以前에 이미 있었음즉도 하지만 그 정확正確한 기록記錄은 없다. 역시亦是 원각사圓覺社 이후以後 신파극新派劇과 병행並行해서 발달發達한 것일 것이다.

신파극新派劇은 창극唱劇과 구극舊劇의 전통傳統에 서구西歐 근대극近代劇의 영향影響이 강强하게 작용作用된, 융희隆熙 연간年間에 신소설新小說 작가作家에 의依해서 기도企圖되기 비롯한, 현대극現代劇의 남상濫觴으로서, 소설小說에 있어서의 신소설新小說과 같은, 유형적類型的인 새로운 대중 연극大衆演劇으로, 신소설新小說을 「무정無情」이나 1920년대一九二〇年代 이후以後의 자연주의파自然主義派를 중추中樞로 하는 본격적本格的인 현대 소설現代小說과 구별區別하듯이, 우리는 신파극新派劇을, 1920년대一九二〇年代에서 점차漸次 활발화活潑化해서 1930년대一九三〇年代 초初에 이르러 '극예술연구회劇藝術研究會' 등等이 중심中心이 되어 전개展開된 본격적本格的 현대극現代劇을 신극新劇이라고 일컬어, 양자兩者를 구별區別한다.

10.

다음에, 서상敍上 관견管見을 종합綜合해서, 우리 문학文學을 정통 문학正統文學과 민속적民俗的 문학文學으로 이분二分하고, 거기에 중국中國과 서구西歐의 문학文學과의 관계를 고려考慮에 넣은, 형태상形態上으로 본 국문학國文學의 발전상發展相의 일람표一覽表를 제시提示하면 다음과 같다.

[『국문학개론』, 우리어문학회, 일성당서점, 1949.10.30.]

국문학 형태 발전표 1949. 2.

문학 형태의 발전을 표시하는 시표矢票의 연속선은 발전기, 점선은 쇠잔기.

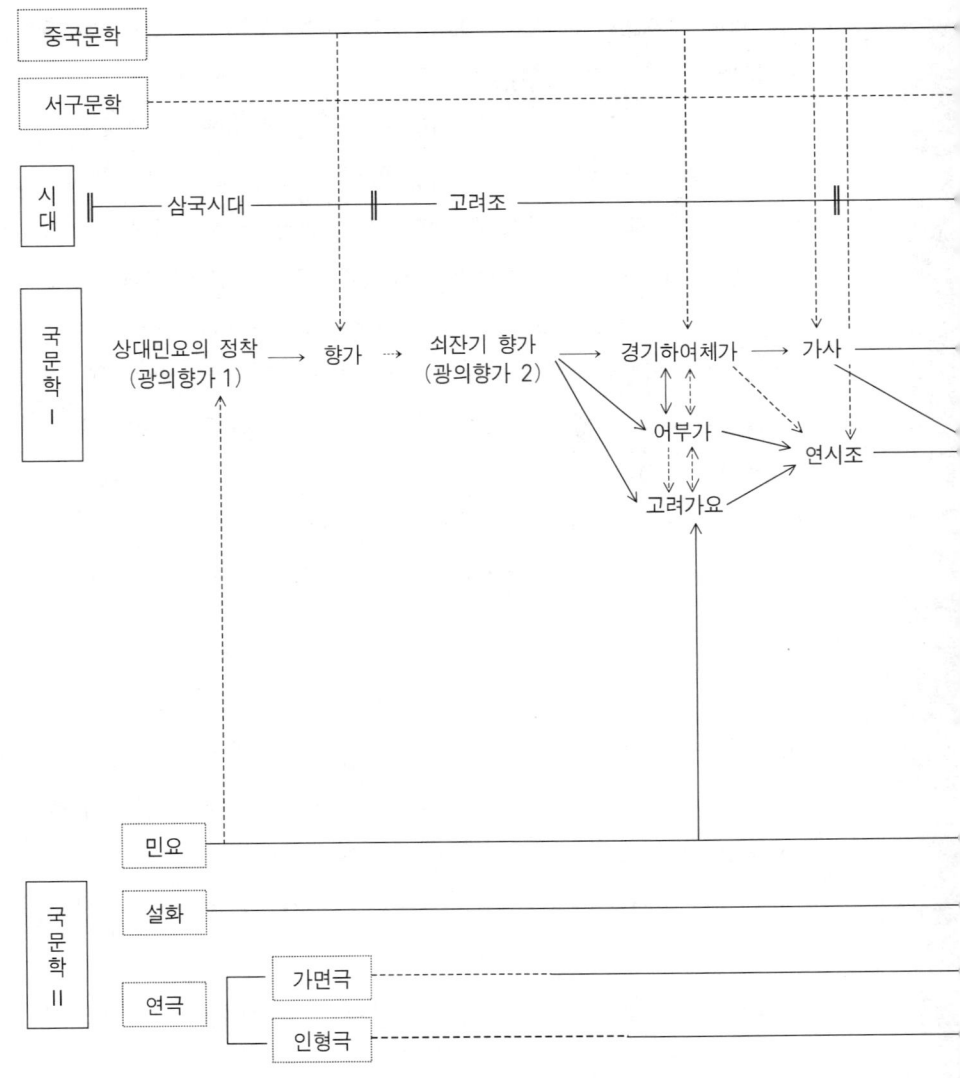

국문학의 형태 283

형태 상호간 외국 문학과의 관계를 표하는 시표矢票의 연속선은 직접 작용, 점선은 영향.

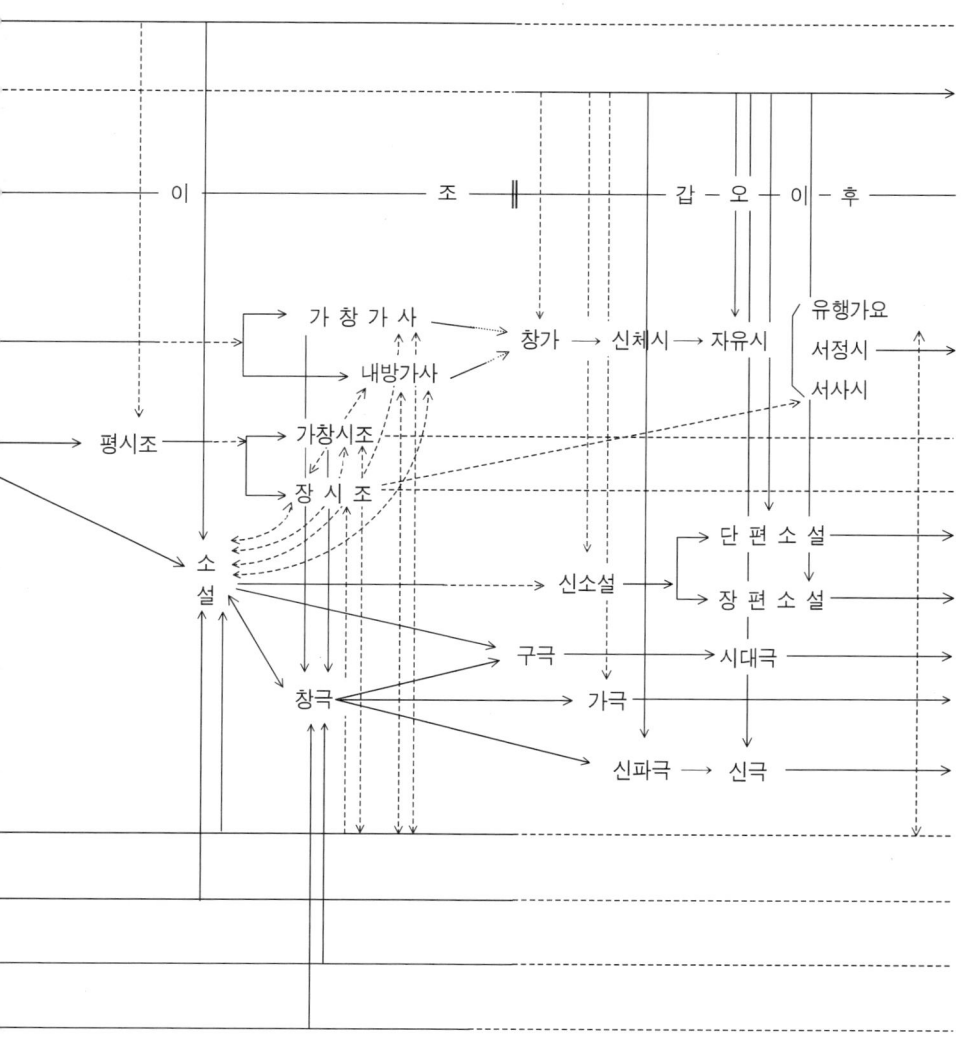

부록 2

인간성의 해방

　우리 문학文學의 성격性格 내지乃至 특질特質에 관關해서는 과거過去에 우리 문학文學의 개척적開拓的 역임役任을 다한 분들에 의依해서도 이미 말이 있었고, 또 최근最近에 이르러 서구 문화西歐文化를 이해理解하는 국문학國文學의 선구자先驅者로 자타自他가 용인容認하는 국문학자國文學者도 이에 관關해서 발언發言한 바가 있었음은 주지周知의 사실事實이다. 그러나 그 말들은 세계 문학世界文學의 입장立場에서 정당正當히 우리 문학文學을 처리處理하는 데서는 상당相當히 거리距離가 먼 것이었을 뿐 아니라, 조선 문학朝鮮文學의 전 역사적全歷史的 유대紐帶를 염두念頭에 두고 기도企圖된 것이 아니었다. 일一 민족民族의 문학文學의 성격性格이 논의論議되려면 그 문학文學이 설혹設或 외래 문화外來文化의 영향影響으로 기다幾多의 곡절曲折을 겪어 왔다 하더라도, 거기에서 종시終始 일관一貫된 요소要素를 탐색探索해 내어야 할 것이다. 조선 문학朝鮮文學의 특질特質을 구명究明한다고 하면서, 기실其實 갑오경장甲午更張 후後의 신문학新文學은 도외시度外視한다는 것은 결決코 정당正當한 입론立論이 아닌 것이다. 고대 문학古代文學이 중국 문학中國文學의 영향影響 하下에서 영위營爲되었었고, 신문학新文學이 서구 문학西歐文學의 영도領導 하下에서 움즉이고 있다는 차이差異는 있을지언정, 그것들이 다 같이 조선 문학朝鮮文學임은 누구나 부정否定치 못할 엄연嚴然한 사실事實이므로서다.

　그들이 조선 문학朝鮮文學의 성격性格이라고 내세운 것은 사실事實은 조선 문학朝鮮文學의 일부분一部分인 조선朝鮮 봉건 문학封建文學의 그것이었고, 더 적실適實하게 말하자면 봉건封建 귀족 문학貴族文學의 그것이었다. 그들의 머리 속에서는 5~6세기五六世紀 경頃에서 시작始作되어 19세기十九世紀 말엽末葉에 이르는 약約 13~4세기十三四世紀 동안의 우리 문학文學 가운데서 민요民謠라던가 봉건封建 말기末期의 서민 문학庶民文學이라던가 하는 부면部面을 무의식無意識 중中에 제외除外했거나, 또는 의식적意識的으로 구별區別하지 않은 막연漠然한 조선 문학朝鮮文學이 미정리未整理의 상태狀態로 고려考慮되고 있었다고도 생각할 수 있으나, 엄밀嚴密히 그 진상眞相을 따지고 본다면 봉건封建 귀족 문학貴族文學이 언제나 그들의 조선 문학朝鮮文學의 주체主體가 되고 있기 때문에 그러한 착오錯誤를 초래招來한 것일 것이다.

　내가 이 좁은 지면誌面에서 말하고저 하는 것은 이것과는 대척적對蹠的인 봉건 시대封建時代의 서민 문학庶民文學의 근본적根本的인 성격性格 구명究明에 관關한 것이다.

　봉건封建 서민 문학庶民文學 중中 역사적歷史的으로 뿌리 깊은 것은 두 말할 것 없이 민요民謠일 것이나, 민요民謠는 문학文學(정착 문학定着文學)과는 별개別箇의 것으로서 우리가 문학文學의 발전상發展相을 논의論議함에 있어서는 문학文學과의 교섭면交涉面은 망각忘却할 수 없는 중요重要한 일일지나, 그것이 문학文學의 연쇄連鎖를 이루어 낡은 것을 지양止揚하고 거기에 대치代置되는 성질性質을 갖지 못함으로 해서 역사歷史의 정면正面에 등장登場할 수는 없는 것이다. 또 그것은 개인個人의 제작製作이 아니기 때문에 특수特殊한 개인個人의 강렬强烈한 문학 정신文學精神이 여실如

實히 표현表現되어 있지 못하고, 전승 과정傳承過程에서 무난無難하게 둥글어지는 경향傾向이 있다. 그리고 민요民謠는 만인萬人에게 개방開放된 서민庶民의 음악音樂이며 문학文學이며 무용舞踊이며 종교宗教였으므로 해서, 최초最初의 적나라赤裸裸한 표출表出도 어느듯 과過히 숭없지 않은 의장衣裝을 가리게 된다. 그러므로 여기서 서민 문학庶民文學이라고 한 것은 물론勿論 민요民謠도 그 중요重要한 일부문一部門으로서 고려考慮의 대상對象 중中에 포섭包攝은 하지마는, 주主로는 다소多少 시대時代에 앞선 양반 계급兩班階級이나 중인 계급中人階級에 의依해서 제작製作되고 부녀婦女가 주요主要한 독자讀者가 되었던 서민 소설庶民小說, 광대廣大에 의依해서 각색脚色 또는 창작創作되고 가창歌唱되어 널리 민중民衆의 갈채喝采를 받은 창극唱劇, 창곡가唱曲家의 중인中人이나 유녀遊女들이 주요主要 작자作者였다고 추측推測되는 장시조長時調 등等을 이름이다.

민요民謠 외外에도 이와 유사類似한 것으로 가면극假面劇·인형극人形劇 등等과 그리고 민담民譚·속담俗談 같은 것도 물론勿論 서민 문학庶民文學이겠으나, 민요民謠와 동일同一한 이유理由로 잠시暫時 제이의적第二義的으로 생각하기로 한다.

서구西歐에 있어서의 중세기中世紀 문학文學에 대對한 반발反撥은 문예부흥文藝復興에서 비롯한 것이오, 르네쌍스 이후以後 불란서 혁명佛蘭西革命에 이르는 동안 기다幾多의 복잡複雜한 양상樣相을 나타내고 있기는 하지만, 관견管見으로써 하면 이 기간期間이 후일後日의 시민 문학市民文學의 태동기胎動期로서의 서민 문학기庶民文學期라고 생각한다. 우리의 역사歷史에 있어서는 단적端的으로 말하면 임·병란壬丙亂이 중세기中世紀가 서민기庶民期로 이행移行하는 역사적歷史的 모멘트이며, 양란兩亂 이후以後 갑오경장甲午更張까지가 곧 서민 문학기庶民文學期이다.

서민기庶民期에 들자 중세기中世紀 귀족 문학貴族文學은 사실상事實上 전진前進할 힘을 상실喪失했다. 정철鄭澈·윤선도尹善道 이후以後에 그들에 필적匹敵할 만한 대작가大作家가 나지 못한 것은 그 여실如實한 증좌證左라 할 것이다. 그 대신代身 문학사적文學史的으로 큰 변동變動은 고루固陋한 유학도儒學徒들의 대기大忌에도 불구不拘하고, 그 이전以前부터 점차漸次 활발活潑해진 패관 문학稗官文學이 신흥新興 대중大衆의 지지支持에 의依해서 급격急激히 보급普及된 국자國字로 번역飜譯되고 또 제작製作되었던 사실事實이다. 그러나 허균許筠·김만중金萬重의 시대時代는 기녀妓女에 의依해서 시조時調 제작製作이 기도企圖되었단 사실事實과 아울러 서민 문학庶民文學 시대時代의 초창기草創期에 불과不過했다. 혹자或者는 「홍길동전洪吉童傳」의 반항성反抗性을 추켜들고 이것이야말로 반봉건 문학反封建文學의 우렁찬 출발出發이 아니냐고 할 지 모르나, 이것은 후일後日의 박지원朴趾源의 단편短篇과 아울러 한 특수特殊한 서민 문학면庶民文學面에 불과不過한 것이다. 서민 문학庶民文學의 융성隆盛은 숙종肅宗 시대時代를 거쳐 영英·정正 시대時代에 이르러 비로소 도래到來했다.

개개箇箇의 작품作品의 제작 연대製作年代에는 상금尙今 여러 가지 의문疑問이 있다 할지나, 「춘향전春香傳」을 필두筆頭로 한 소설小說 작가作家들, 김천택金天澤·김수장金壽長을 선구先驅로 배출輩出한 허다許多한 무명無名 장시조長時調 작자作者들, 신재효申在孝를 중심中心으로 하는 창극가唱劇家들은 모다 영英·정正 이후以後의 서민 문학가庶民文學家 중中의 쟁쟁錚錚한 자者들이다.

이들 전형적典型的인 서민 문학庶民文學의 성격性格은 귀족 문학貴族文學의 그것과 어떻게 다른가. 첫째 그 형식면形式面을 보면 귀족 문학貴族文學이 단아端雅한 형식미形式美에 극도極度의 신경神經을 구사驅使한 데 반

反해서, 서민 문학庶民文學은 대체大體로 조잡粗雜하고 용만冗漫하다. 이것은 그 내용內容이 유치誘致한 결과結果이며, 또 서민 작가庶民作家의 역량力量 부족不足의 소치所致다. 그러나 우리는 여기서 서구西歐에 있어 고전주의古典主義의 반동反動으로 일어난 로맨티시즘의 자유분방성自由奔放性을 보는 느낌을 갖는다. 둘째 그 사상思想・내용內容 중中 먼저 그 문학 정신文學精神을 비교比較해 보건대, 귀족 문학貴族文學은 지나친 형식 윤리形式倫理의 질곡桎梏 속에 폐쇄閉鎖되어 어디까지나 중세기中世紀 문학文學의 전통傳統을 묵수墨守하려는 고착성固着性을 띠고 있다. '경기하여체가景幾何如體歌'의 오랜 역사歷史를 생각하고, 평시조平時調 종장終章의 천편일률성千遍一律性에 상도想到하면, 그들의 문학 정신文學精神의 고착성固着性이 얼마나 굳은 것인가에 놀라지 않을 수 없다. 소설小說의 면면에 있어서도, 예例컨댄 궁정 문학宮廷文學의 대표작代表作이라 할 「한중록閑中錄」을 들어보더라도 거기에는 하등何等의 전진적前進的인 비판 정신批判精神을 찾어 볼 수가 없다. 중세기中世紀 윤리倫理는 영원불변永遠不變의 섭리攝理처럼 긍정肯定되어 있는 것이다. 여기 대對해서 서민 문학庶民文學은 과거過去의 전통傳統의 기탄忌憚없는 개혁자改革者이며, 새로운 문학 정신文學精神의 창조자創造者다. 소설小說과 가사歌辭에서 창극唱劇을 만들고, 시조時調의 엄격嚴格한 규율規律을 깨트려 초初・중中・종장終章의 운율韻律을 송두리채 개조改造한 것은 그 현저顯著한 일례一例다. 그보다도 우리가 똑바로 인식認識해야 될 중대重大한 사실事實은 중세기中世紀 문학文學에 산문 정신散文精神을 도입導入한 점點이다.

 자유 분방自由奔放한 그들의 생활 감정生活感情, 눈에 보이는 구체적具體的인 것이 제시提示되지 않으면 만족滿足하지 못한 그들의 실증 정신實證精神, 신변身邊에 미만彌漫한 시정적市井的인 소재素材를 문학화文學化하지 않고는 두지 않은 그들의 문학 이념文學理念, 소설小說의 세계世界에의 침윤浸潤— 이러한 여러 가지 요인要因은 합류合流해서 중세기中世紀 운문 문학韻文文學의 정화精華인 시조時調를 드디어 산문散文으로 기울렸으니, 장시조長時調는 곧 서민적庶民的 이데올로기이가 중세기中世紀 문학文學을 산문散文으로 이끌어간 소산所産인 것이다. 소설小說이 인쇄술印刷術의 부진不振으로 언제까지나 낭독朗讀에 의依해서 감상鑑賞되고, 또 조선적朝鮮的 특수 현상特殊現象이라고 할 창극唱劇으로 발전發展했기 때문에 산문散文 원래原來의 길로 정당正當한 발전發展을 하지 못한 데 반反해서, 20세기 二十世紀의 산문 정신散文精神의 전초적前哨的인 발현發顯은 시조時調에 나타났다고 할 것이다. 중세기中世紀 율문 문학律文文學의 산문화散文化와 장시조長時調와의 관계關係를, 몸은 어디까지던지 중세기中世紀에 두고 있으면서 한 다리는 서민 시대庶民時代의 문門지방에 뻗은 위대偉大한 희곡가戲曲家 쉑스피어의 산문극散文劇 또는 운문극韻文劇 중中의 산문散文 대화對話와 그 내용內容과의 관계關係에다가 비교比較해 보는 것은 흥미興味있는 문제問題일 것이다.

　귀족 문학貴族文學과 서민 문학庶民文學의 내용적內容的·사상적思想的 근본根本 차이差異는 어디에 있는가. 한 마디로 말하면 물론勿論 그것은 전자前者가 귀족貴族의 생활生活과 의식意識의 문학文學인 데 대對해서, 후자後者는 서민庶民의 그것이다 할 것이다. 그러므로 서민 문학庶民文學이 내포內包하는 사상思想 가운데서는 반봉건적反封建的인 것도 때로는 발견發見할 수 있는 것이며, 또 그 반대反對로 양반兩班을 부러워해서 하로 바삐 출세出世를 해서 영화榮華를 누리고 싶다는 것도 사실事實에 있어 도처到處에 발견發見되며, 더구나 상놈의 처지處地에 있으면서 점잖은 체 가장假裝하려는 희극喜劇은 질펀하다. 그러나 이런 속성屬性은 우리 서민 문학

庶民文學을 정당正當하게 이해理解하는 데서 추출抽出된 티피칼한 성격性格은 되지 못한다. 봉건 문학封建文學의 성격性格은 양반 계급兩班階級이 점차漸次 몰락沒落함에 따라 오랫동안 주자학적朱子學的 억압 정치抑壓政治의 굴레에 얽매여온 서민庶民들이 인간人間으로 복귀復歸하고, 눌렸던 인간성人間性이 산문散文의 세계世界로 그 자기 표현自己表現의 길을 발견發見한 데서 구求해야 할 것이다. 이 해방解放된 인간성人間性은 본능本能의 기탄忌憚없는 노출露出이며, 하늘을 우러러 힘차게 쏟아놓는 속시원한 웃음이었다. 본능적本能的인 남녀 애정男女愛情의 적나라赤裸裸한 표출表出과 통쾌痛快한 해학諧謔이야말로, 우리 서민 문학庶民文學의 근본적根本的인 성격性格인 것이다. 소설小說에는 권선징악적勸善懲惡的 도덕률道德律이 어느 이야기에나 농후濃厚하게 침윤浸潤되어 있으나, 이런 요소要素는 차라리 봉건 정치封建政治의 타성墮性에 불과不過한 것이다. 「흥부전興夫傳」을 가지고 보더라도 그 징악면懲惡面은 이야기의 줄거리를 거기서 빌려온 데 불과不過하고, 전편全篇에 흐르는 문학 정신文學精神은 비근卑近한 시정 생활인市井生活人의 고뇌苦惱이다. 그러나 서민 문학庶民文學의 고뇌苦惱는 신문학新文學에 있어서의 자연주의自然主義 문학文學 같은 무기력無氣力한 가난뱅이의 기록記錄으로만 그친 것이 아니고, 생활生活의 고뇌苦惱는 걷잡을 수 없는 웃음으로 꾀뚤려 있는 것이다. 서민庶民들은 첫째 물론勿論 문학 작품文學作品에서 그들의 일상 생활日常生活의 여실如實한 재현再現을 요구要求했다. 그러나 그들은 결決코 눈물을 흘리는 것만으로 만족滿足하지는 않했다. 자기自己네들의 생활生活이 그려져 있으면서도 될 수 있는 대로 마음껏 웃을 기회機會를 많이 주는 이야기를 좋아했다. 가난한 살림, 억울抑鬱한 고생苦生을 그리면서도 그것이 코메디가 되기 위爲해서는 이야기의 결말結末마저 슬퍼서는 안될 것이니, 고대소설古代小說의 비현실적非現實的인 권선징악적勸善懲惡的 스토리도 이렇게 이해理解함으로써 수긍首肯하게 될 것이 아닌가 한다.

애정愛情은 귀족 문학貴族文學에 있어서는 의식적意識的으로 배제排除되어온 소재素材였다. 애정愛情 비슷한 외모外貌를 갖춘 노래가 있어도, 알고 보면 연군가戀君歌에 지나지 않는다. '남녀상열지사男女相悅之詞'란 낙인烙印을 찍어서, 우리 나라말로 된 노래와 한데 묶어 그들의 문학文學의 세계世界에서 추방追放한 도학자道學者들은 연암燕岩의 「양반전兩班傳」에서 여지餘地없이 그 가면假面이 폭로暴露되어 있는 것처럼, 숨어서는 음서淫書를 탐독耽讀했다. 위선적僞善的 이중 생활二重生活에서 그들의 억압抑壓된 인간성人間性을 엿볼 수 있는 것이다. 조선朝鮮의 주자학朱子學은 서구西歐에 있어서는 기독교基督教였다. 중세기中世紀의 암운暗雲을 뚫고 한줄기 빛이 방사放射되던 시기時期에 「데카멜론」 같은 작품作品이 나타난 것은 서구인西歐人의 서민 의식庶民意識의 선구적先驅的 발현發顯의 호적례好適例라 할 것이다. 이러한 서민 의식庶民意識은 시민 사회市民社會에 이르러 자유 연애自由戀愛로 발전發展하고, 또 연애 지상주의戀愛至上主義로 흘러갔다.

서구西歐에 있어 희극喜劇이 비극悲劇보다 늦게 일어났고, 중세기中世紀 문학文學 비평안批評眼으로서 희극喜劇이 비극悲劇보다 수 단數段 얕게 평가評價되었고, 희극喜劇의 대사台辭가 산문散文을 촉진促進시킨 것을 생각할 때 문학文學에 있어 해학諧謔이 어떤 계층階層에 속屬하는 것인가는 자명自明의 사실事實이다. 실實로 희극喜劇은 무대舞台에 서민庶民이 등장登場함으로써 비로소 본격적本格的인 발전發展이 약속約束된 것이다. 폭소爆笑・홍소哄笑는 위선僞善의 베일을 벗어재킨 인간성人間性의 작렬炸裂이며, 이 작렬炸裂되는 인간성人間性은 운문韻文의 질곡桎梏을 깨트리지 않을 수 없었다. 사옹극沙翁劇(교주자 : 셰익스피어의 연극을 지칭하는 듯)에 있어 희극적喜劇的 인물人物의 대화對話만이 특特히 산문散文으로 씨워 있는 것은 해학諧謔의 문학적文學的 규범성規範性을 가장 잘 나타내고 있는 것이라고 할 것이다.

이조李朝 중엽中葉 이후以後에 대두擡頭·발전發展한 조선朝鮮 서민 문학庶民文學의 특질特質은 애정愛情과 해학諧謔을 주축主軸으로 하는 인간성人間性의 해방解放에 있다. 위대偉大한 낭만 정신浪漫精神을 이 시기時期에 찾지 못하는 것은 우리의 역사歷史가 언제까지나 중세기적中世紀的 몽환夢幻 가운데서 헤매고 있다가, 갑짜기 외래 세력外來勢力에 밀려서 마지 못해 '개화開化'를 하게된 비자주성非自主性에 그 원인原因이 있는 것이다.

우리는 우리의 역사歷史의 특수상特殊相이 빚어낸 봉건封建 말기末期 문학文學의 성격性格을 이상以上과 같이 규정規定함으로써만 시민 문학市民文學에의 유대성紐帶性을 바로잡을 수 있을 것이다.(1949. 5. 5.)

[『어문』 창간호, 1949. 10. 25.]

▌고정옥 (저자, 1911~1968)

　경남 함양 출생. 식민지 시절 경성제대를 졸업하고, 해방 이후 서울대학교 사범대학 교수로 재직하였다. 당시 결성된 '우리어문학회'의 회원으로 활동하면서, 학회에서 간행한 『국문학사』(1948)와 『국문학개론』(1949)의 주요 필자로 참여하였다. 또한 비슷한 시기에 자신의 연구 결과를 모아 『국어국문학요강』(1949), 『고장시조선주』(1949), 『조선민요연구』(1949) 등의 저서를 출간하기도 했다. 1950년에 발발한 한국전쟁의 와중에 월북하여, 이후 북에서도 고전문학 연구자로서 활발한 활동을 하다가 1968년에 병으로 죽었다. 북에서도 『조선 속담집』(1954), 『전설집』(1956), 『조선구전문학연구』(1962) 등의 저서와 다양한 연구 성과를 제출하기도 하였다.

▌김용찬 (교주·해설자)

　전라북도 군산 출생. 고려대학교 국어국문학과를 졸업하고, 같은 대학의 대학원에 진학하여 석사학위와 박사학위를 받았다. 박사학위 논문의 제목은 「18세기 가집편찬과 시조문학의 전개양상」이다. 2000년 3월부터 동해대학교 국어국문학과 교수로 재직하면서 강의와 연구 활동을 하고 있다. 그밖에 독서비평에도 관심이 많아, 현재 오마이뉴스와 리더스가이드 등의 지면에 책을 읽고 이에 대한 생각을 펼쳐낸 리뷰(review)를 쓰고 있기도 하다. 저서로는 『18세기의 시조문학과 예술사적 위상』(월인, 1999), 『교주 병와가곡집』(월인, 2001), 『시로 읽는 세상』(이슈투데이, 2002), 『조선 후기 시가문학의 지형도』(보고사, 2002) 등이 있다.

교주 **고장시조선주** 古長時調選註

2005년 5월 25일 초판 발행

저　자　고정옥
교주자　김용찬
발행인　김흥국
펴낸곳　도서출판 **보고사**

등록　1990년 12월(제6-0429)
주소　서울시 성북구 보문동 7가 11번지
편집부　922-5120~1, 영업부 922-2246, 팩스 922-6990
홈페이지　www.bogosabooks.co.kr
메일　kanapub3@chol.com

ⓒ 김용찬, 2005
ISBN 89-8433- 298-4(93810)
정가 15,000원

* 잘못된 책은 바꾸어 드립니다.
* 저자와의 협의에 의하여 인지를 생략합니다.